新教育力译丛 名师工程

核心素养

专家型教师的成长必修课

[英]蕾切尔 · 佩奇（Rachael Paige）
[英] 休 · 兰伯特（Sue Lambert）
[英] 丽贝卡 · 吉森（Rebecca Geeson）
主编

赵鑫 周冠环 吴佩蓉 等 译

BUILDING SKILLS FOR EFFECTIVE PRIMARY TEACHING

A GUIDE FOR TRAINEES AND THEIR MENTORS

西南大學出版社
SWUP 国家一级出版社 全国百佳图书出版单位

图书在版编目（CIP）数据

核心素养：专家型教师的成长必修课 /（英）蕾切尔·佩奇 (Rachael Paige)，（英）休·兰伯特 (Sue Lambert)，（英）丽贝卡·吉森 (Rebecca Geeson) 主编；赵鑫等译．-- 重庆：西南大学出版社，2022.5

（名师工程·新教育力译丛）

书名原文：Building Skills for Effective Primary Teaching:A guide for trainees and their mentors

ISBN 978-7-5621-9885-7

Ⅰ．①核… Ⅱ．①蕾… ②休… ③丽… ④赵… Ⅲ．①小学教师—师资培养 Ⅳ．① G625.1

中国版本图书馆 CIP 数据核字 (2019) 第 190029 号

核心素养——专家型教师的成长必修课

HEXIN SUYANG —— ZHUANJIAXING JIAOSHI DE CHENGZHANG BIXIUKE

主　　编：[英] 蕾切尔·佩奇（Rachael Paige） [英] 休·兰伯特（Sue Lambert）
[英] 丽贝卡·吉森（Rebecca Geeson）

译　　者：赵　鑫　周冠环　吴佩蓉　等

责任编辑：郑先俐

责任校对：雷　兮

封面设计：闰江文化

排　　版：王　兴

出版发行：西南大学出版社（原西南师范大学出版社）
地址：重庆市北碚区天生路 2 号
邮编：400715　市场营销部电话：023-68868624

经　　销：新华书店

印　　刷：重庆邮政印务有限公司

幅面尺寸：185mm × 260mm　**印　张**：14.25　**字　数**：347 千字

版　　次：2022 年 5 月第 1 版　**印　次**：2022 年 5 月第 1 次印刷

著作权合同登记号：版贸核渝字（2018）第 271 号

书　　号：ISBN 978-7-5621-9885-7

定　　价：68.00 元

译者序

让教学充满思想,让思想彰显智慧。

《教育部关于实施卓越教师培养计划2.0的意见》中强调:“培养造就一批教育情怀深厚、专业基础扎实、勇于创新教学、善于综合育人和具有终身学习发展能力的高素质专业化创新型中小学教师。”《中国教育现代化2035》中强调:“创新人才培养方式,推行启发式、探究式、参与式、合作式等教学方式……培养学生创新精神与实践能力。”在教育改革风起云涌的新时代,如何才能实现教学方法现代化、多元化与高效化,持续提高课堂教学质量?这是每位教育工作者必须勇于面对和善于应对的挑战。

《核心素养:专家型教师的成长必修课》正面回应了这一难题,作为一本可以为我国广大教师提供有力支持和深刻启迪的“课堂教学实践操作手册”,既是教师教学活动的参考用书,也可用作教师教育的重要教材,帮助教师解开心中的教学谜团,这是我们致力于翻译此书的重要动因。身为研究者,我们有责任将国外基础教育界蕴蓄多年的教学技能与经验介绍给我国教师,解读品鉴,各取所需,从中受益。身为教师,如果正无策于课堂活动驾驭,此书将为你答疑解惑;如果正神伤于自身教学缺技巧,此书将为你指点迷津;如果正焦虑于教育研究少门道,此书将为你授之以渔。

一、写作团队

《核心素养:专家型教师的成长必修课》一书的主编是三位有着丰富教学经验、强烈责任担当且多年从事教师教育和培训工作的资深教育者,他们是英国的蕾切尔·佩奇(Rachael Paige)、休·兰伯特(Sue Lambert)和丽贝卡·吉森(Rebecca Geeson)。另外十位一线教师,作为资深教研人员亦倾情付出,共同完成此书。他们分别为埃玛·克拉克(Emma Clarke)、阿什莉·康普顿博士(Dr Ashley Compton)、安德鲁·迪肯森(Andrew

Dickenson)、伊丽莎白·法勒(Elizabeth Farrar)、亚当·霍恩斯洛·艾尔博士(Dr Adam Hounslow-Eyre)、史蒂夫·麦克尼科尔(Steve McNichol)、埃米·蒙哥马利(Ami Montgomery)、约翰·帕拉莫尔(John Paramore)、简·夏普(Jane Sharp)和肖恩·汤普森(Shaun Thompson)。

由这十三位作者组成的写作团队在中小学从教十余年甚至数十年,其中多位担任过校长等职务,可谓基础教育领域的权威专家。他们的教学专长遍及英语、数学、音乐、艺术、特殊教育等诸多领域,覆盖基础教育各个阶段,深谙各类学生的身心发展特点。他们不仅在课堂上勇于尝试、努力践行各种新方法与新技巧,而且善于总结教学经历和进行教学反思,在教学研究与职前教师教育领域造诣颇深,其观点在一定程度上反映了国外教育学界相关探索的新思想和新进展。欣喜的是,他们愿意慷慨分享自身的教学智慧和教学经历,译者团队虽与写作团队未曾谋面,但阅读和翻译本就是一种深度对话,超越了时空限制,共同徜徉于高效教学的"智慧海洋"!

二、内容概要

本书秉持以学生和学习为核心的教学理念,确保学生的福祉永远处于教师专业实践的最前沿。将教师专业发展及专业角色不同领域的密切关系类比为前后相连、左右贯通、无法分割的完整画卷,旨在为广大教师贡献高效教学技能的培养之策与操作之方。书中的教学理论、教学方法与操作指南并非"万金油",但各级各类教师皆可以结合自身教学经验形成适合的、可行的、独特的课堂教学技能。

全书内容共十五章,可以归纳为十个板块:

第一板块(第一章"以专业发展为导向的反思"),突出了教学反思的教育价值。先哲苏格拉底(Socrates)指出:"生命如不诉诸批评的省察,这种生命是不值得活下去的。"教师在教学中必须善思善存、慎思慎行,才能有所突破。本书有意将"反思"作为开篇之章,足以表明其重要性。该部分援引学者唐纳德·舍恩(Donald Schön)"沼泽洼地"的形象比喻,帮助读者理解"反思"的意蕴,强调"反思"是贯穿全书的基础。梳理了不同的反思类型,论述了确定反思重点的策略,列举了诸多案例引导读者开启反思之旅,并提供了具有实操性的反思模式,读者可以根据自身教学需要灵活选择和创新。

第二板块(第二章"教师威信"),阐释了教师威信的培养。洛克(John Locke)曾言:"我们幼小时所得的印象,哪怕极微极小,小到几乎觉察不出,都有极重大极长久的影响。"作为受过学校教育浸润的人,译者于此言心有戚戚焉。教师作为学生人生道路上具有引领性的"重要他人",树立教学威信尤为重要。该部分详细论述了"何谓具有威信",威信之师能在教学群体中脱颖而出,能让别人自愿暂放手中事,倾听他们的言说;"如何树立威信",则需教师使用积极的非语言行为,善用策略和技巧;同时,教师只有与学生真诚交往并建立良好关系,才能长久保持自身的威信。

第三板块(第三章“以学立教的原则”),倡导了教学活动的核心原则。该部分一方面立足于课堂教学的相关理论。例如,加德纳(Howard Gardner)的多元智能理论,尊重每位学生都有自己偏好的学习方式、思考方式和行为方式。另一方面,落脚于以学立教的实用方法。比如,爱德华·德·博诺(Edward de Bono)的“六顶思维帽”方法,强调每顶帽子代表相应的思维方式,教师应该在知识教学的同时,将重点聚焦于培养学生的思维能力和学习技能。

第四板块(第四章“教学计划”),指出了教学计划的必要性。“凡事预则立,不预则废。”该部分系统介绍了何为教学计划、为何制订教学计划以及如何制订教学计划。教师在制订教学计划时,首要职责是确保每位学生在课堂教学中都能积极上进,根据学生课堂反馈及时调整教学计划。在职业生涯的全过程,教师都要基于教学计划开展教学活动。鉴于此,教学计划的制订既是技术,更是艺术。教学计划应当成为教师教学的助推器,确保教学活动有的放矢;避免沦为课堂教学的绊脚石,让教师在课堂中束手束脚、无法施展。

第五板块(第五章“教学评价”),阐明了教学评价的必然性。不论学段还是学科,教学过程最终都指向学生发展。教师需要时刻关注学生学习的最新进展及其真实需求,并借助评价之力,找准症结,对症下药。该部分援引学者克拉克(Clarke)和哈蒂(Hattie)的园艺类比,形象地区分了形成性评价和终结性评价:将学生比作植物,终结性评价是对生长情况的最终衡量,不影响植物的生长;而形成性评价相当于给植物施肥和浇水,直接作用于其生长。教师应秉持成长型思维模式看待学生,拒绝给学生“贴标签”,善用多种评价方法帮助学生持续进步。

第六板块(第六章“提高教学参与度的良策”、第七章“掌握学习”、第八章“以教学对话为导向的提问策略”和第九章“学生行为管理”),分享了诸多教学方法,如主题教学法、沉浸式学习、探究性学习、森林学校法、掌握学习法等。“工欲善其事,必先利其器。”上述这些富有现代性、前沿性与创新性的方法都经过实践检验并有相关理论支撑,能帮助教师在课堂上创设吸引学生主动参与的教学环境,营造积极的课堂氛围,确保教学任务的顺利完成;有助于我国教师开阔思路视野,酌情借鉴运用,开创课堂教学的一片新天地。

第七板块(第十章“教学中的弱势学生”和第十一章“支持英语非母语学生”),探讨了两类特殊且重要的教学对象。一类是弱势学生,他们在学校教学中需要教师有针对性的支持与帮助。同时,教师也不能忽视学习能力强或学习成绩好的学生。教学对象的多样性和差异性要求教学以问题解决为导向,体现出更强的合作性、开放性、理解性与包容性。另一类是近年来数量大幅增加的进入欧美国家英语教育系统的英语非母语(EAL)学生。本书顺应时代发展,及时回应了该趋势,向广大读者提供了培养英语非母语学生语言能力的系列策略,帮助师生从容自若于多元语言的世界。

第八板块(第十二章“与教学助理的合作策略”和第十三章“教师的专业责任”),明确了教师承担的专业职责。教学的复杂性呼唤多方联动、协同发力。教学助理无论对于主讲教师还是整个班级都是宝贵财富,各类教学主体搭配得当、相得益彰可以使教学活动事半功倍。该部分详细探讨了各类教学主体应承担的不同角色,以及学校和主讲教师对教学助理的期望及安排。教学助理是主讲教师的辅助而非替代,主讲教师在教学中承担着为学生保驾护航的角色和责任,需重点关注存在安全问题的学生,为学生创建安全、自主的课堂环境。

第九板块(第十四章“教师学术写作策略”),阐述了教师学术写作的要旨。自20世纪60年代,英国学者斯腾豪斯(Lawrence Stenhouse)提出的“教师作为研究者”理念便深入人心。对于教师而言,学术写作是促进其专业发展必不可少的要领,本书所呈现的写作技能必能发挥“用武之地”。该部分为广大读者呈现了教师学术写作的特征和标准,说明了写作过程中“概述”“改述”和“引用”的使用要领,介绍了规范的学术写作步骤,分享了教师写作时可用的资料。

第十板块(第十五章“国际培训师导师指南:训导与教导”),剖析了训导与教导的区别。本书末章通过“教人学骑自行车”的生动比喻,帮助读者理解教导关系是教导者与被教导者之间“手把手”的关系;训导关系可以描述为在两者之间适当“保持一定距离”的关系。但两类关系都是建立在教导者(或训导者)与被教导者(或被训导者)相互信任的基础之上。教师厘清教导方法和训导方法之间及内部的要素与机制,便可以在专业发展中游刃有余。

三、全书特色

本书篇章逻辑清晰明了,简明易懂。各章伊始呈现了学习目标,给读者清晰的导向和指引;每章结尾设有小结,帮助读者全面回顾和梳理该章内容;正文内容多处设有“反思与讨论”活动,以理论与实践相结合的方式通过某个学说或教学案例引导读者互动和交流,由此联系自身教学实践,进行角色代入,对自己的教学问题勤于反思,积极探寻解惑之策。

本书理论基础广泛扎实,深入浅出。立足于相关领域知名学者的教学理论,引导读者站在巨人的肩膀上去思考和应对教学实践中的问题与挑战。许多章节设有专门的内容板块,从教育学和心理学等视角系统梳理了影响课堂教学的理论,包括行为主义理论、认知主义理论、认知建构主义理论、社会建构主义理论等,阐明了各类理论的代表人物、核心观点、实践策略及案例分析,确保读者有所思、有所取、有所获,把握运用理论之方。

本书编写体例紧扣实践，学用结合。根据各章节主题，精选大量相关的榜样性和反思性案例，以便读者“择其善者而从之，其不善者而改之”。如此贴心的写作方式使本书在体现理论价值的同时，凸显出鲜明的实践指导意义。每一位读者，都能从这些案例中看到自己的影子，或见贤思齐，或警惕自勉。既可以让刚踏入教育领域的新任教师避免对教育理论“一头雾水”“不知所云”的尴尬，又能够让教学阅历丰富的专家教师在案例分析中体悟升华自身经验之道。

全稿译完后，译者深感本书篇幅精悍、观点新颖、语言生动，从教育教学理论、课堂实践案例到反思与讨论，一应俱全，且要言不烦、层次清晰、逐步推进，将读者引入课堂教学的智慧胜境。在此，非常感谢西南大学出版社高等教育分社郑持军社长将翻译任务交付给我们，让我们有机会将如此出色的著作介绍给广大读者。同时，感谢具体负责编辑出版的郑先俐女士的辛勤付出，为本译著添彩增色。译者团队在翻译过程中如履薄冰，既要忠实于原文意蕴和风格，又要符合我国读者的思维表达和阅读习惯，力求保“信”、至“达”、求“雅”。对每个术语、每句话语都仔细琢磨、反复推敲、切磋探讨。初译稿完成后，又经历了一年多打磨，终将其筑成团队增智添慧、集体攻关的心血结晶。本书翻译团队及分工如下：导论，赵鑫；第一章，赵鑫、周冠环；第二章，周冠环；第三章，赵鑫、吴佩蓉；第四章，吴佩蓉；第五章，吴佩蓉；第六章，吴佩蓉、周冠环；第七章，周冠环、权琪；第八章，赵鑫、权琪；第九章，权琪、赵鑫；第十章，吴佩蓉、权琪；第十一章，权琪；第十二章，权琪、吴佩蓉；第十三章，周冠环、谢小蓉；第十四章，谢小蓉；第十五章，谢小蓉、赵鑫；最后由赵鑫、周冠环和吴佩蓉统稿、定稿，涂梦雪协助完成了部分章节的校稿工作。尽管译者兢兢业业、小心谨慎，但限于水平拙、经验薄，译文中仍然难免纰漏与错误，诚恳期盼各位读者不吝赐教！

赵鑫

2019年3月于西南大学田家炳教育书院

主编和各章作者简介

一、主编简介

蕾切尔·佩奇(Rachael Paige)是英国圣公会林肯教区格罗斯泰特主教大学(Bishop Grosseteste University)小学和学前教育专业负责人。她的职业生涯始于小学教师,精通学生特殊需求、英语和音乐等学科。担任小学校长之后,攻读了领导学和管理学双学位硕士,研究如何基于分布式领导优化个体行为系统。蕾切尔在职前教师教育领域关注教师专业教学技能尤其是专业教学行为的优化,研究兴趣是课堂中的社会交往活动,其博士论文旨在探讨教师威信的相关现象。

休·兰伯特(Sue Lambert)是英国圣公会林肯教区格罗斯泰特主教大学小学和学前教育专业教师学位证书(PGCE)课程负责人。她曾在小学任教19年,执教过小学所有学段。先后担任学生特殊需求和残障教育协调员(SENCo)、历史学科顾问教师与副校长等职务,着力培养参训教师、刚获得教师资格的教师以及其他教职员工的教学指导能力。在攻读教育学硕士学位期间,她的研究聚焦于提问的教学功能以及学校课程体系开发。当前兼任英国高等教育学会研究员,对参训教师的反思实践开展持续研究,对职前教师教育领域的关注涉及教学专业角色(特别是安全保障员角色)、教学测评、领导学习、创造性课程、行为管理和体育等领域。

丽贝卡·吉森(Rebecca Geeson)是英国圣公会林肯教区格罗斯泰特主教大学小学教育专业国际培训师(ITT)课程负责人。她曾在小学任教12年,专注英国义务教育第二个关键阶段,是数学与艺术学科的领导者和高级教师。她的安生学业水平测试(AST)工作大都致力于帮助刚获得教师资格的教师以及更富经验的教师提升课堂教学实践活动质量。丽贝卡攻读教育学硕士学位时专注教师同伴指导的功能以及教师教育的有效教学方法。她的博士论文旨在探索教师的角色、反思教师专业发展以及教师参训期间专业认同的变化。

二、各章作者简介

埃玛·克拉克(Emma Clarke)在小学任教18年,并在培育学习团队和小学生收容等领域颇具经验。她攻读硕士学位时关注挑战性行为的管理,博士学位论文探索助教的管理行为。

阿什莉·康普顿博士(Dr Ashley Compton)曾经是一名小学教师和数学学科顾问教师,目前在英国圣公会林肯教区格罗斯泰特主教大学担任小学教育专业的高级讲师,与人合写了数学、音乐与创造力领域的系列著作。她作为硕士生导师和博士生导师,为本科生和研究生授课。阿什莉还主持了数学教师(包括数学专家教师,MaST)专业发展研究项目,并对数学、测评与创造力等领域具有广泛的研究兴趣。

安德鲁·迪肯森(Andrew Dickenson)是英国圣公会林肯教区格罗斯泰特主教大学教师发展专业的高级讲师,教授本科生和研究生课程,并致力于推进英国中部地区的教师专业发展项目,开展与项目有关的各类教学活动。他还为丹麦乐高教育集团工作。安德鲁目前的研究领域主要围绕"认真玩创新"(serious play)和社交媒体中的心理健康问题。

伊丽莎白·法勒(Elizabeth Farrar)曾是一名小学教师和校长,特别是在小型学校和混合年级分组教学方面经验丰富。她目前担任英国圣公会林肯教区格罗斯泰特主教大学高级讲师与英国高等教育学会研究员,教授本科生和研究生课程,以及教师指导和辅导技能专业发展课程。伊丽莎白正在开展的博士学位论文研究关注英国义务教育第二关键阶段小学生语言贫乏的问题,尤其是国际培训师学员怎样认识教师在解决这类问题中所发挥的作用。

亚当·霍恩斯洛·艾尔博士(Dr Adam Hounslow-Eyre)曾是一名小学教师和校长,在小型学校和混合年级分组教学方面经验丰富。目前担任英国圣公会林肯教区格罗斯泰特主教大学社会科学学院教育研究高级讲师,教授本科生和研究生课程,以及旨在培养学校教师指导与辅导技能的教师专业发展课程。他目前的研究兴趣主要为复杂性理论和循证教学法。

史蒂夫·麦克尼科尔(Steve McNichol)目前是英国圣公会林肯教区格罗斯泰特主教大学小学教育专业的高级讲师,负责培养参训教师的行为管理技能。在此之前,他曾在小学任教并先后担任专业行为指导教师、特殊教育需求和残障协调员以及副校长等职务。史蒂夫的研究兴趣主要集中在学校午餐时间小学生的行为表现及其对后续课程教学活动的影响。他还致力于参训教师有效行为管理技能培养策略的研究。

埃米·蒙哥马利(Ami Montgomery)曾是一名小学教师,在多元文化课堂教学方面经验丰富,担任过各种职务,诸如帮助和支持英语为非母语的学习者(EAL)。在此期间,她全面深入地理解了英语语言教学实践的专业能力和理论意义,运用大量时间指导新生学习英语。埃米目前是英国圣公会林肯教区格罗斯泰特主教大学对外英语教学(TESOL)教育学硕士的负责人,并担任本科生和研究生课程教师发展团队的高级讲师。她注重实践与理论相结合,熟练于向英语非母语学习者教授英语的专业知识和实用技能。埃米的研究兴趣主要集中在英语非母语学习者英语教师的培训与发展。

约翰·帕拉莫尔(John Paramore)曾在小学任教18年,2006年开始专注对新任教师的教育。他目前在英国圣公会林肯教区格罗斯泰特主教大学教授小学教育专业教师学位证书课程,研究兴趣主要集中在地理、测评和批判教育学。

简·夏普(Jane Sharp)是英国利兹贝克特大学(Leeds Beckett University)特殊教育需求(SEN)协调专业研究生学位证书课程的讲师,研究领域主要是研究生的学术写作经验与实践。她曾是圣公会林肯教区格罗斯泰特主教大学学习发展导师,温切斯特大学(University of Winchester)小学教育和信息通信技术(ICT)专业高级讲师,以及埃克塞特大学(University of Exeter)研究员。

肖恩·汤普森(Shaun Thompson)曾在各类主流教育和特殊教育机构担任教师。在从事小学教师教育工作之前,还担任过小学校长一职。他目前的研究领域为自闭症学生与数学教学。

目　录

导论

一、关于本书

(一)本书为谁而著

各位参训教师与专家教师,本书为你而著!促进参训教师尤其是新手教师在专业实践的关键领域发展核心技能,并通过在训导与教导中的探讨,鼓励教师反思自身的教学实践。这不仅能让你在每次的教研探讨中收获满满,还会为你的深度理解与反思创造良机。

(二)各章作者的贡献

在每一章节,你都会感受到本书写作团队对教育的热情和担当,各章作者全都任职于小学教育或教师教育岗位,你可以领会这些重要岗位的特殊价值。作者们都是各自章节相关领域的专家,分享了基于教学研究的实践理念。

本书探讨的基础性主题将帮助你着手构建支持自身成为卓越教师的关键技能。我们用一块块拼图来表示教育学不同领域与各个主题之间的相互联系。当你尝试关联不同板块的内容时,整体图像会变得更加清晰且更富连贯性。以教学评价和教学计划为例,虽然刚开始你可能会将教学评价视为教师实施的一项活动(一块拼图),教学计划则是另一项与此毫无关联的活动(另一块拼图),随着你在专业领域更加成熟,便能够逐渐掌握这两块拼图之间的内在关系,生成更为宽广的视野。或许你已经意识到教学计划和教学评价之间的重要联系,但是,专业角色的其他领域也彼此关联。例如,关于如何让小学生主动学习、如何优化教学管理行为以及怎样同教学助理开展合作等相关策略,这些(甚至更多)领域都相互联系并且彼此促进。对于参训教师而言,一开始你可能会觉得似乎有很多任务,随着慢慢熟悉教学领域,你会发现所有的领域都指向一个最重要的对象:你的学生。对于专家教师而言,我们建议你将这本书的活动作为你与参训教师之间开展教研探讨的素材,从而更加深入地联系并理解教师需要掌握的各类高效教学技能。

二、本书的主要特征

反思与讨论

我们在每一章节都设计了“反思与讨论”板块，作为本书非常重要的部分，旨在促进参训教师和专家教师之间深层次的反思与高质量的对话。参训教师和专家教师可以在对话中共同运用这些操作建议，并根据自身的目标选择有针对性的教研活动。作为一项新尝试，让我们通过以下活动开启反思与讨论之旅吧！

反思与讨论

（一）反思

参训教师和专家教师，请你们反思自己决定成为一名教师时的初心，明确两到三个有关这一决定的核心影响因素。通过思考这些影响因素与自身价值观之间的关联，进一步思索从业动机。比如，影响你决定的因素可能和蕾切尔（Rachael）一样，教育创造了她在学校就像在自己家里一样便利的选择权和可能性，这同机会均等理念以及全纳理念紧密相关；对于休（Sue）来说则是关于学习热情，并反映了她的价值观——人人都有获得成功并达成自我实现的机会；丽贝卡（Rebecca）受父母和祖父母的影响。所有鼓舞人心的优秀教师都重视教学中的创造性并真正关心自己所教的学生。

（二）讨论

现在，请你们互相讨论自己反思的结果。从最初决定成为一名教师到现在身处教学岗位，你对教育目的和学校教学目标的理解发生了哪些变化？

上述活动旨在帮助你主动思考激励自身从事教师职业的动机何在。当然，对政治、社会和经济状况的认识也会作用于自身对教师职业的理解并间接影响或改变从教动机。作为资深教育工作者，我们鼓励你们每个人都不忘初心，怀揣自己最初的价值观和动机，深入理解学校教育工作的重要作用。

这类“反思与讨论”活动将我们引向一个贯穿全书的核心观点，即你所从事的教学工作是一项卓越职业——确保学生的福祉永远处于自身专业实践的最前沿。本书写作团队的共同价值观为：以学习者和学习为核心。这意味着整个团队都致力于确保自身的时间和精力直接用来践行这一价值观，并有助于大家取舍各类写作素材。教育领域中的“待办事项”清单似乎永远没有尽头。教师的关键技能是优先处理并考虑教学任务的重要性。遗憾的是，有时候我们会把与其他专业人士共同反思和讨论视为没有时间开展的奢侈品；有时候参训教师和专家教师之间的对话充斥着毫无意义的琐事，而非富有建设性的讨论。但我们始终坚信，专业而细致的反思对促使你成为一名卓越教师乃至专家教师发挥着强有力的作用。

请你花点时间认真阅读第一章中丽贝卡·吉森对反思及其影响的探索，以及亚当·霍恩斯洛·艾尔关于训导与教导的内容（第十五章）。

拓展性资源

每章作者都以一种能够让读者轻松思考核心理念的方式呈现相关内容，这些理念反映了作者所开展的教学研究和循证方法。如果你想寻获更多，本书的另一特点是提供了你自主选择参与深度的可能性。我们在特定章节提供了实践性理念或相关拓展性资源来进一步阐释或分享更多信息。此外，还提供了许多学术写作的相关资源，例如学术期刊论文。考虑到不同教学主题的侧重领域各异，本书的这些特别之处需要你更加积极和深度地参与。

案例研究

本书巩固核心观点的另一种方法是提供了各种教学案例，将每一个章节的教学主题置于实际教学场景中。在部分章节，例如蕾切尔·佩奇编写的“教师威信”（第二章）中，你可以通过多名教学参与者的简短摘录来跟踪案例的进展情况，以便引导自己加深对某个教学主题的理解。在其他章节，比如在阿什莉·康普顿编写的“掌握学习”（第七章）中，提供了数个案例来说明不同学校是如何选择教学方法的。本书的这一特点能够帮助你理解诸多教学理念和方法怎样在课堂中转化为教学实践。阿什莉·康普顿编写的章节里的案例也能帮助你认识到学校组织、开展教学活动的方法是丰富多元的。对于参训教师而言，关键在于真正理解激发教学法决策的原则。为此，你需要努力成为富有评价性和批判性的教学思考者。千万不要仅仅模仿观察到的操作性教学实践方式，而是要真正把握某种教学方式背后所蕴含的理念。本书中的案例研究将会帮助你达成此目标。

三、感谢

本书是我们研究团队共同努力的成果，作为主编，我们要对许多人表示深深的谢意和敬意。首先，各章作者都非常努力地通过清晰表述来帮助读者成长为卓越教师。第二章中的照片由埃米莉·贝内特（Emily Bennett）拍摄，朱莉·廷尼恩（Julie Tinnion）欣然同意将她的照片用于阐释章节内容的要点。对这些支持和贡献，我们深表感谢。丽贝卡·吉森提供了每章开头部分的插图，增强了本书的生气。海伦·费尔利（Helen Fairlie）一直助力于本书的各类编辑工作，并为我们提供了宝贵建议。最后，还要感谢埃米（Amy）及其学习团队：我们非常荣幸有机会分享自身的想法并为教师发展尽一份绵薄之力。

希望此书能够让读者多多受益。你可以在自身的特定教研活动中选择最适合的章节，并将反思与讨论作为专业性对话的组成要素。

第一章　以专业发展为导向的反思

丽贝卡·吉森

本章目标

1. 对回溯型反思和思辨型反思的理解；
2. 思考反思能力如何影响教学实践；
3. 思考反思的内容，以及运用哪些策略可以确保反思更有效；
4. 思考开展反思的不同方法。

一、引言

我们特意将反思放在本书第一章，并非别的章节不如它重要，而是因为它是本书所有内容的基础。我们通过每章中的活动与讨论，鼓励作为参训教师或专家教师的你基于反思性实践来培养自身作为教师尤其是专家教师所具备的、有效的专业实践能力。

二、有影响力的学者

唐纳德·舍恩(Donald Schön)在反思性实践领域是颇富影响力的学者之一，通过非常形象的比喻来帮助人们理解反思的意蕴。在理想的世界中，我们可以设想自己身处高山，能够预览将要发生的所有事情，从而可以绘制职业生涯的蓝图。然而，事实上我们身处"沼泽洼地"(舍恩，1987)、视野受限，甚至有时还深陷泥潭，对未来一无所知。我们只能从自身所犯的错误和遭遇的人事中总结经验、砥砺前行。舍恩建议我们可以通过反思来绘制专业发展蓝图，以此明确前行的方向。

舍恩的研究(1983)主要揭示了即时反思和事后反思的区别。即时反思是指在任何情况下，都要针对当下发生的事情立即做出回应的思考过程。我们可以充分利用自身已有的知识和对理论的理解来决定接下来将要采取何种行为。事后反思是指在事情发生之后，仔细回顾事情发生经过的思考过程。

对这两个概念的理解是探讨教师反思性实践的核心主题。贝蒂(Beaty，1997)反对人们成为这样的教师：虽然积累了二十年的教学经验，但二十年的教学却是日复一日地单调重复。如果你只是机械地对教学情况加以回应，缺少积极的反思，那么接下来也许仍会一直进行重复性教学。这样做也许是最合适的教学行动，不会产生消极影响，但你怎么知道经过深刻反思后自己无法构建不同的、更好的教学情境呢？如果经常践行事后反思，你就会有更多选择，进而将实践和理论紧密结合。更重要的是在之后的即时反思中，你脑海中的对策就会如泉水般喷涌而出。

需要强调的是，专家教师对鼓励和发展参训教师的反思性实践能力发挥着关键作用。专家教师通常在教学伊始就会指出实践中的哪些领域值得进一步反思，支持并鼓励参训教师将专业发展中的理论与实践相联系〔阿吉里斯(Argyris)和舍恩，1974〕。教师同行讨论是反思性实践的一种有益途径。参训教师应当珍惜每一次分享自身经验的机会，了解彼此的想法，感激有人鼓励自己阐释并论证内心的想法，使其更有意义〔贝恩(Bain)等人，1999〕。

舍恩的探索建立在约翰·杜威(John Dewey)的研究基础之上，以帮助人们理解反思性实践的价值。杜威(1933，1938)倡导学习者应主动参与学习过程，在教师的鼓励下构建自己对世界的认识，教师为此需要在课堂学习活动中践行实验教学法。

反思与讨论

（一）反思

请参训教师深入思考舍恩提出的有关即时反思和事后反思的理念（1987），仔细回顾最近发生在自身课堂上的事件：可以是你如何应对课堂中的干扰因素，也可以是英语课堂中你寻获了帮助特殊学生学习的资源，抑或是体育课上你对学生进行分组的方法等。不必选择会产生消极结果的事件。但是，指导你的专家教师当时必须在场，并且见证了事情的发生经过。

1.请让指导你的专家教师知道你要记录的内容，并简要写下已经发生的事情以及你当时采取的行动。

2.请写下你认为自身所具备的相关知识和理论，是什么促使你当时采取了相应的行动？

请专家教师回顾你指导的参训教师所描述的事件或情境。

1.请简要写下你对事件的了解：当时发生了什么？你指导的参训教师采取了什么行动？

2.请思考面对这种情境时你会怎样处理，写下你类似的经历以及当时的做法。

在和你指导的参训教师讨论之前，请回顾杜威的观点（1933，1938）：学习者（或在这种情境中，你的参训教师）应该在专家教师（或者作为指导教师的你）的鼓励下投身其中并且构建自己对教学世界的认知。

（二）讨论

参训教师和专家教师，请对比你们的教学笔记。首先，思考你们是否运用了同一方式看待这件事情，你们是否借助了一些先在知识和理论来指导自己的行为。

现在请回到舍恩（1987）描述的“沼泽洼地”。你正在通过即时反思来提高下次事后反思的效率。你该如何将学过的知识融入参训教师的“专业发展蓝图”呢？

三、回溯型反思、思辨型反思和反思性实践

与“反思”相关的英文术语，诸如“reflection”“reflexivity”“reflective practice”有时被错误地交替使用。实际上，高效的反思性实践是由回溯型反思和思辨型反思共同构成的。

回溯型反思是对整个事件或情境的细致思考，回顾发生了什么，谁参与其中以及整个事件的经过。思考事件发生的原因和方式，哪些理论可以应用到之后类似的情境中。你在一开始可能会觉得这个反思过程没什么作用，但对之后发生的事件却能产生意想不到的深刻影响。

思辨型反思强调对事件或情境进行更深入的思考，并且蕴含了更深远的影响。阿吉里斯和舍恩（1974）把思辨型反思视为参训教师或专家教师所主张的价值（信奉理论）与所践行

的价值(实用理论)之间的矛盾。为了培养思辨型反思能力,你需要持续反问自身有关价值观和信念的事件及情境,你在学校或者课堂中所扮演的角色以及你所具有的相关背景知识等。

博尔顿(Bolton)建议反思性实践者可以提出以下多种类型的问题:

1.为什么这件事会发生在我身上?

2.让我有所忽视的理论假设是什么?

3.哪些因素(例如,压力或意识形态)妨碍了我的认知?

4.我的行为应该以何种方式被他人感知?

(博尔顿,2014,第7-8页)

马修斯和杰塞尔(Matthews, Jessel, 1998)曾经在文章中引用过以下案例研究,旁边的评注诠释了我们前述的观点。

案例研究

参训教师的反思日志	评注
	回忆和撰写反思日志的过程被称作回顾型反思。
我和所教班级的学生关系不好。他们都不尊重我,我也没有树立自己的威信。	参训教师在课堂上进行即时反思。尽管具体原因无从得知,但是参训教师对社会交往的理解以及期望学生在课堂上对教师的回应或许是根据教师之前的教学经验,也可能是观摩其他教师讲课所借鉴的经验。
学校的指导教师建议我利用课间和学生们坐在一起聊聊天,了解他们的想法与感受……	学校的专家教师提议开展一项活动(阿吉里斯和舍恩,1974),可能会有助于参训教师理解自身的教学情境。
我和学生交流的时候发现他们觉得大部分学习任务很无聊,他们也不会尊重那些忽视学生的教师。学生只会尊重某些教师,教师也应该主动去争取学生的尊重。	参训教师再一次进行即时反思(再一次,想象一下),或者在压力不那么大的环境中(引导全班学生,考虑到整堂课的各个方面而不是只盯着某一件事),就能从不同的视角看待教学情境。
我开始意识到自己的潜意识里一直都错误地认为尊敬长辈既然是传统美德,那么学生也一定会尊重教师。	参训教师开始进行反思,质疑自己之前的信念(信奉理论)……

这对我来说是多么痛的领悟呀！	……参训教师对教学情境的情感反应以及他从中所学所获……
接下来，我必须主动赢得学生对我的尊重。通过和学生的聊天我也意识到，教师要赢得学生的尊重，前提是尊重学生。我相信自己已经这样做了，并且会坚持下去，也许只是我没有向学生直接表达对他们的尊重，这是我需要改进之处。	……参训教师开始思考解决这件事会对自身行为管理能力产生什么影响。
（摘录自马修斯和杰塞尔，1998，第223-224页）	他沉浸于反思性实践当中。

反思与讨论

参训教师和专家教师，请回顾上述案例和博尔顿(2014)提出的问题，并思考更深层次的问题，你们也可以通过反问自己来开展进一步的反思。

我们也不知道上述案例中的专家教师是否确定他提到的活动一定能给予参训教师想要的答案。这也是参训教师和专家教师都应该考虑的问题，即便是富有经验的教师和专家教师在舍恩的“沼泽洼地”(1987)中也要艰难前行，虽然最终一定会使自己的专业发展蓝图更加清晰，但也并非每次都能得偿所愿。

四、选择反思的重点

在我们思考如何反思之前，首先要明确反思的对象。

当你开始反思时，为每次反思选择一个重点是非常重要的。正如学术写作(参见第十四章)，最好能够就自身一到两次经历进行深入阐述，而不是“眉毛胡子一把抓”。比如，不要用“今天的数学课”作为你的反思主题，而应该把反思焦点放在“在称重教学活动中接受能力强的学生所取得的进步”或者“当马克斯(Max)提出不同的解题方法时，我感到……”为此，你离不开专家教师的帮助。

随着时光的流逝，你要确保你已经积累了足够的经验而不仅仅局限于专家教师所建议的专业发展领域。请回顾自身积极的和消极的教学经历，务必从中选择具体的教学事件作为自身反思的重点。不同类型的经历及经验能够支持你在相应的领域获得专业发展。以下观点可以帮助你开始进行反思。

(一)一次非常成功的经历

参训教师往往聚焦于消极的教学经历,从而忽视了成功的教学经验。相对于消极经历而言,能够发现教学实践中的闪光点尤为重要(当然,这需要持续地练习)。请回想这样一类时刻:你计划某事会发生,随后真的如你所愿。当你反思这次经历时,可以着力思考为什么会获得成功,以及怎样把这些经验迁移到其他教学情境中。

(二)一次超乎预期的经历

在你的职业生涯中,你时常会给自己惊喜,有时事情进展得比想象中更顺利。这些都是宝贵的学习经验。你怎样才能让惊喜重现呢?

(三)进展不太顺利的经历

你或许在课程方案中设计了某件预期一定会发生的教学活动,但最终没有发生,此时你的教学自信一定很受挫。但这些经历也是非常宝贵的教学财富,可以成为你努力发展的方向。更重要的是,你应当直面这些消极经历,思索怎样才能在下次获得成功。

(四)专家教师明确了你所忽视的经验领域(或是积极的领域,或是有待提升的领域)

指导教师经常提出你所没有意识到的课堂经历。你不仅要思考他们观察到的领域,更要反思你自己未能察觉的原因。

反思与讨论

(一)反思

参训教师,请回顾你的教学经历,尝试搜寻同上述经历分类相对应的教学情境。

(二)讨论

请参训教师和专家教师注意,一次关注太多方面难以实现深度反思。请针对你们可以选择的四个方面,讨论决定哪个方面最值得深入反思。

在本书接下来的章节中,你将反思自身教学的诸多方面。当你在反思时,一定要考虑到:

1.他人的想法:他人会有怎样的观点?

(1)请回想教学情境或教学经历所涉及的人(比如,你、学生、你的指导教师或课堂里的其他成年人)。

(2)其他的知情人士(学校同事、其他参训教师、家长或你的大学导师)。

(3)文献中的类似经历(谁撰写过这类经历),思考为什么他们会以独特的方式理解教学情境。

2.因果关系:是什么导致了各种教学经历的发生?

思考其中涉及的人员、时间和教学情境(试想如果发生在不同的教学活动当中或者参与者的组合不同,所经历的结果是否会有所不同)。

五、怎样进行反思:运用反思模式

许多学者都提出了支持反思的模式,这些模式大多是在描述教学经历的基础上加以解释和分析,以便今后出现类似的教学情境时及时调整应对方法。反思模式对培养参训教师的反思性实践很有帮助。在逐渐积累经验之后,你将能构建自身的反思方法。但在刚开始运用时,熟悉并精通一种反思方法对自己大有助益。

科尔布(Kolb,1984)和吉布斯(Gibbs,1988)向我们展示了两种非常实用的循环性反思模式。

(一)科尔布的学习循环(模式)

科尔布的学习循环(1984)展示了如何通过反思和分析教学经历吸取经验,从而支持后续的教学活动。

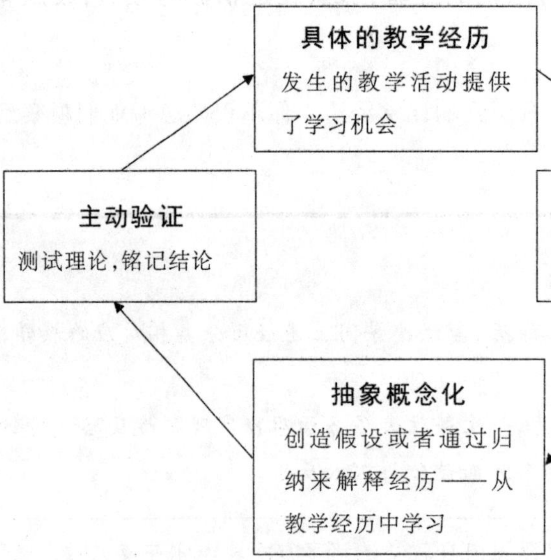

图1.1　科尔布的学习周期〔改编自科尔布(1984)〕

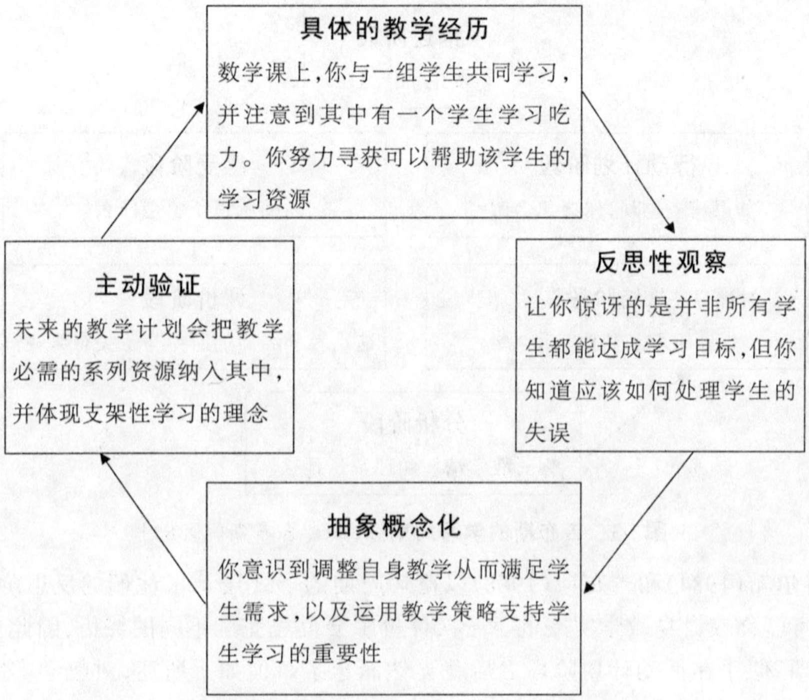

图 1.2　附有实例的科尔布学习周期〔改编自科尔布(1984)〕

科尔布(1984)认为，任何教学情境都会提供学习机会，但前提是我们得有机会反思、阐释并检验自身的理解。

(二)吉布斯的反思周期

吉布斯(1988)的反思周期包括六个阶段，也鼓励教师从教学经历中学习，以便以后出现类似的情况时能够更好地应对(参见图 1.3)。

你需要对每个部分加以简短的叙述，这点至关重要，这样就有机会深入思考而非简单回应周期中的每一个阶段。

1. 在描述阶段，你需要设置教学情境——一些情境信息可能会派上用场，但切记要选择跟情境相关的信息。

2. 随后进入感受阶段，请你思考在事情发生时、结束伊始、一段时间之后这几个不同时段自己感受的变化。

3. 在评价阶段，你应该记录自己对事情进展顺利与否的看法。

4. 在分析阶段，有必要思索相关理论，并从不同角度剖析当下的教学情境以及与之类似的情境。

5. 在总结阶段，你可以思考自己是否采取了不同的举措，从这次教学经历中学到了什么。

6. 在行动计划阶段，你需要思考在今后发生类似的教学情境时，可以采取哪些不同的策略。

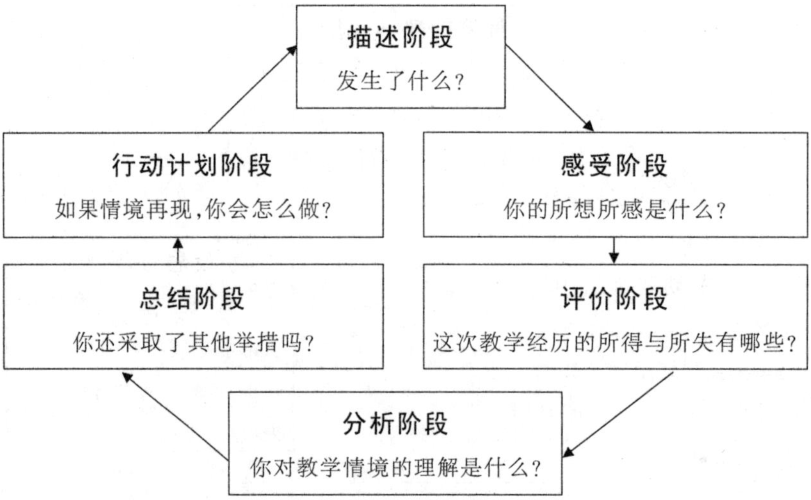

图 1.3　吉布斯的学习周期〔改编自吉布斯（1988）〕

虽然科尔布（1984）和吉布斯（1988）以循环周期的形式展示了他们的反思阶段，但在实际操作中，可能你在自身教学实践的下一次评价中会反思完全不同的经历，因此你可能会觉得“循环周期”似乎在行动计划阶段之后就戛然而止了。但如上所述，对教学实践的反思仍会使你受益颇多，当下次再出现类似情境时，你将拥有更为丰富的知识体系协助自己做出决策、明确行动的方向；反思的循环周期将一直持续，但在某些阶段之间可能会出现断裂。

六、从反思中学习

穆恩（Moon，1999）和贝恩等人（1999）提出了通过线性模型反思开展学习的方式。

（一）穆恩有关学习及学习日志的阶段

阶段一 注意	学员记录在某些方面相对有趣或重要的主题、事件或者小插曲
阶段二 理解	学员仔细回想自身所注意的、努力深入理解的对象
阶段三 联结	学员开始提出问题并且将所有的观念联系在一起
阶段四 建构	学员联系其他观念或事件，他们通常倾向相关文献和研究。此刻，学习反思开始被激活
阶段五 迁移学习	学员能够产生新的观念，当未来相似的情境再现时，他们知道应该如何应对

图 1.4　穆恩的学习阶段〔改编自穆恩（1999）〕

穆恩(1999)认为,对学习的反思只有在最后两个阶段才有可能发生——这一观点在其后续研究中持续发展。他探讨了对学习日志中特定关键事件的反思过程。要想更加深入地理解事件就必须进一步分析更深层次的问题,并反复记录和完善对事件的描述(穆恩,2006)。

(二)贝恩的反思架构(5Rs)

贝恩等人(1999)也提出了一个类似穆恩的五阶段反思模型,研究对象是被要求在教学实践中开展反思活动的澳大利亚参训教师。

阶段一 汇报	学员真实细致地描述、汇报并重现教学情境,尽可能不掺杂自己的观点或见解
阶段二 回应	学员运用重现的情境,要么对其加以深入观察或判断,要么反思情境中的经验,要么分享自身对该情境的情感体验
阶段三 关联	学员确认具有个人意义的情境领域,将其同当前或先前的经验相关联,寻求一种浅层理解,从而明确发展的优势或方面,并对情境中某些事件发生的原因加以浅层解释,或确定自身需要计划、行动或改变的领域
阶段四 推理	学员将此次经历同理论学说、个人经验相整合,寻求对事件发生原因的深层理解。他们提出假设、发现问题、寻找答案、考虑替代方案,进而尝试以更深层的理解来阐释自身或他人的行为
阶段五 重构	学员能够产生新的观念,当未来相似的情境再现时,他们知道应该如何应对

图1.5　贝恩的反思架构〔改编自贝恩等人(1999)〕

反思与讨论

(一)反思

参训教师,请回顾上述的反思模型。博尔顿建议我们必须立足于写作进行反思(博尔顿,2014)。在接下来的几周时间里,分别使用上述每一种模型来反思自身四种不同的教学经历。

专家教师,请你也认真思考自己的反思性实践,并且在特定时间内运用上述模型开展反思。想一想你作为专家教师所体验过的四种不同的教学经历。同时,请借鉴贝恩等人(1999)的研究成果——为你指导的参训教师提供关于他们反思的书面反馈。

（二）讨论

参训教师和专家教师，请回顾每一种反思模型并确定你们认为哪些领域最具挑战性，哪种模型或哪些模式对自身最有帮助。你们可以通过调整其中任何一个模型，或者借鉴多个模式来构建一个满足你们需要的反思模式吗？专家教师的书面反馈能够提供怎样的帮助呢？

拓展性资源

反思模式的类型非常丰富，包括线性模式或垂直模式，如穆恩(1999)或者贝恩等人(1999)的模式；迭代模式或周期模式，如科尔布(1984)和吉布斯(1988)的模式。还有其他一些经常被运用的模式，如由罗尔夫等人(Rolfe et al.，2001)和约翰斯(Johns，2009)为护理工作者设计的，但也可以用于教师培训。

（一）罗尔夫等人的反思模式基于以下三个问题：

1.发生了什么？

2.接下来怎么样？

3.现在怎么样？

Rolfe，G，Freshwater，D and Jasper，M (2001) *Critical Reflection in Nursing and the Helping Professions: A user's guide.* Basingstoke: Palgrave Macmillan.

（二）约翰斯的反思模式关注“外审”和“内省”，让正在反思的人去询问他人的看法，了解自身行为对他人产生的影响。

Johns，C (2009) *Becoming a Reflective Practitioner.* Chichester: Wiley-Blackwell.

七、为什么反思

为了“内化”反思这一理念，有必要简要思考为什么我们都应该投身于反思性实践。博尔顿(2014)总结了我们应该立志成为反思性实践者的原因。反思性实践促进了以下探究活动：

1.我们所了解、希望或需要进一步探索的领域；

2.我们已经知道却没有意识到自己已经知道的领域；

3.我们不知道但想知道的领域；

4.我们对自身角色及能力范畴的看法、感受、信念、价值和理解；

5.我们的行为与信念的相符程度；

6.评估和考量个人感受的方式。

（博尔顿，2014，第2页）

然而，在培训的特定阶段，明确反思性实践的短期价值也非常重要。我们在与新进教师交谈时，了解到他们不经常开展结构化反思实践的原因主要在于：一是没有时间；二是不清楚反思会对自己的课堂教学产生助力；三是觉得反思过程很难为情或者让他们感到沮丧。

在理想的世界中（假设每人每天远不止24个小时！），你将有机会深入思考专业实践的方方面面。然而，需要一种现实的方法来确保反思性实践是有价值的、有意义的，也是可以持续的。

案例研究

教师埃玛（Emma）有两年的教学经验，以前不会每天都撰写详细的反思日志。但通过在培训中发展和践行反思之后，现在每天都会自觉反思学生的进步、教学计划实施的成功之处以及出现的问题。她谈道："对每一节课进行反思很重要，无论是与教学助理进行十分钟的简短交谈，还是对教学主题进行深入讨论，都有助于下一次教学。反思可以确保我能够提供有吸引力的、特定的课程来满足学生的需求。换言之，后续课程要使用类似的还是不同的方法，取决于之前的教学结果。与同事共同反思可以提供关于课程建构与实施，以及教学活动方面的建议和支持，从而有助于专业发展。"

本章小结

在本章中，你能够了解诸多不同的、帮助你进行反思的操作模式，但是如何运用反思模式完全取决于自身的努力。有时，你可能会致力于综合运用不同反思模式中的方法。

本章阐述了教师反思对优化教学实践的重要价值。

参考文献

[1] Argyris, C and Schön, D (1974) *Theory in Practice: Increasing professional effectiveness*. San Fransisco, CA: Jossey-Bass.

[2] Bain, J, Ballantyne, R, Packer, J and Mills, C (1999) Using journal writing to enhance student teachers' reflectivity during field experience placements. *Teachers and Teaching: Theory and Practice*, 5(1): 51-73.

[3] Beaty, L (1997) *Developing Your Teaching Through Reflective Practice*. Birmingham: SEDA.

[4] Bolton, G (2014) *Reflective Practice, Writing and Professional Development* (4th edn). London: SAGE.

[5] Dewey, J (1933) *How We Think: A restatement of reflective thinking in the educative process*. Boston, MA: DC Heath & Co.

[6] Dewey, J (1938) *Experience and Education*. New York: Kappa Delta Pi.

[7] Gibbs, G (1988) *Learning by Doing: A guide to teaching and learning methods*. Oxford: Further Education Unit.

[8] Kolb, DA (1984) *Experiential Learning: Experience as a source of learning and development*. Upper Saddle River, NJ: Prentice Hall.

[9] Matthews, B and Jessel, J (1998) Reflective and reflexive practice in initial teacher education: A critical case study.*Teaching in Higher Education*, 3(2): 231-243.

[10] Moon, J (1999) *Reflection in Learning and Professional Development: Theory and practice.* London: Kogan Page.

[11] Moon, J (2006) *Learning Journals* (2nd edn). London: Routledge.

[12] Schön, D (1983) *The Reflective Practitioner: How professionals think in action*. New York: Basic Books.

[13] Schön, D (1987) *Educating the Reflective Practitioner*. San Fransisco, CA: Jossey-Bass.

第二章　教师威信

蕾切尔·佩奇

本章目标

1. 介绍帮助你在课堂上树立威信的实践策略；
2. 讨论威信的含义，包括教学技巧的运用和培养你在课堂上的自信心；
3. 帮助你思考哪些特质有助于树立威信以及怎样发展教学技能。

一、引言:威信是影响教学的"X因素"吗

请思考:在你认识的人中谁具有威信?他们有什么特征呢?是他们的穿着打扮还是他们的肢体语言?是他们说话的方式还是与他人互动的方式?很难确切地说是什么赋予了这些人特殊的气质,即X因素,让他们能在人群中脱颖而出或者能让别人自愿放下手中的事倾听他们的言说。

威信不仅在课堂上,而且在你所希望产生影响力的会议和教学情境中都发挥着非常重要的作用(有时甚至是必不可少的)。事实上,威信在许多领域,比如领导与管理〔森奇(Senge)等人,2004〕、商业〔卡尼(Carny)等人,2010〕以及行为管理〔琼斯(Jones),2007〕中都备受重视。威信在人际交往中同样不可或缺,但很难对其加以完整的界定。在本书由埃玛·克拉克和史蒂夫·麦克尼科尔所著的第九章中,你将会读到坎特(Canter)的"果断纪律法",强调教师对学生(严格的)教导,这可以解释为教师的一种威信。本章我们将要论述的有效威信比坎特所描述的更为微妙,但教师角色的重要性(坎特,1992)仍然是一个值得研讨的主题。

在教育活动中,教师威信并非常见的、明确的写作主题(当然也不像我们在本章中所介绍的那样被定义为一种交往方式),却是经常谈论的主题。事实上,缺乏威信无论对于参训教师还是专家教师而言,都会成为他们鼓励学生积极投身学习并在课堂中引发积极影响的障碍。我们将在本章更加深入地剖析"什么是教师威信",并且会介绍一些技巧来帮助你树立教师威信。对于专家教师而言,本章将引导你反思自己提供给参训教师的反馈,并确保诸如"威信"等模糊性术语在促进教师专业发展的过程中被特别关注。

反思与讨论

(一)反思

在阅读本章的下一部分之前:

作为参训教师,请列出你认为有助于教师在课堂上树立威信的品质或者特征。你或许认识某个"威信教师",从而正在努力描述这些特质,那么促使你确定这位教师具有威信的原因是什么呢?

作为专家教师,请回想在你的指导过程中何时才会使用"威信"这一术语?把你希望从参训教师身上看到的特质列入其中,越详细越好。

(二)讨论

作为参训教师和专家教师,现在请对比你们的列表,讨论其中的异同。威信是一些人特有的还是我们可以学习的策略呢?

二、威信是什么，可以后天习得吗

在刚才的反思活动中，参训教师和专家教师可能已经明确了谁是具有威信的教师。"威信教师"所具有的部分特征很可能与非言语交流有关，例如，课堂中姿态、微笑、站位的恰当运用以及热情的表达。你们可能也列出了一些关于言语交流的方式：语调、音量变化等。有威信的人通常也表现出自信，无论是真正的自信还是通过特定方式表现出来的自信〔参见图2.2和埃米·卡迪（Amy Cuddy）在本章中呈现的内容〕，这些我们都将一探究竟。当我们开始解释"教师威信"这一概念时，希望你明白我们可以习得一些在课堂中有助于自身发展的技巧（以及需要影响力和有效沟通的其他专业领域）。诚然，有些人似乎天生具备威信并能够影响课堂。部分特质与他们（真实的或故意表现出来的）自信有关，或与克服一切困难也要吸引学生投身学习的意志相关。然而，技巧的确认相对容易，教师需要更多的自我反思和重复练习才能表现出真正的自信，并形成对学生具有吸引力的教学风格。要做到相信自己真正拥有作为一名教师所需要具备的能力，并在课堂上彰显十足的信心，是非常复杂的。这也是为什么我们强调以下几个方面重要性的原因：教师要成为一名反思性实践者，专家教师要指导参训教师学会反思、主动尝试新事物（尽管有时会失败）并在自身专业实践中增强自信心。

在探讨这类现象时，无论增强威信的技巧能否后天习得或着力发展，都有必要做一些初步的了解。首先，有学者将威信视为一种交往工具，与吸引他人注意和产生影响力密切相关。读过本章中的一些研究和案例后你们将会发现学者是如何论证这种观点的〔例如巴巴多（Babad）等人，2004；罗杰斯和雷德-罗斯（Rodgers，Raider-Roth），2006；科思根和瓦萨勒斯（Korthagen，Vasalos），2009〕。这种观点的重要性在于其强调沟通对营造积极课堂环境、促使所有学生都能积极主动地学习非常关键。其次，文献记载了威信与真我的存在之间存在非常有趣的区别。威信涉及教师使用的技巧并反映了一种偏向行为主义的沟通方式（参见第九章）。从最广泛的意义上而言，行为主义是指某种刺激可以激发特定的反应，比如使用贴纸或其他奖励来强化积极行为。具有威信的教师在教学中表现出的积极热情可能会感染学生主动投身学习。相反，真我的存在（由罗杰斯和雷德-罗斯提出的概念，2006）则有不同的侧重点。虽然教师积极沟通的重要性不可否认，但这些学者认为建立在相互尊重和信任基础上的真挚师生关系比作秀或技巧的习得更重要。正是由于"真我的存在"与"此时此刻"，只有学习、学生和教学主题在起作用时，才最终形成了真正的教师威信。

这两种关于威信的不同观点将有助于深入探讨本章的内容。

案例研究

戴维(David)是一名参训的小学教师,严格按照学校的规定开展教学。他在一所之前支教过的、非常熟悉的学校开始了第一个学期的教学工作。戴维在这所学校过得很开心,他和指导教师蒂姆(Tim)一直都保持着非常好的关系。工作初期,戴维一直出色地担负着教学小组领导的职责,还同蒂姆以及小组成员们合作开展了多次英语课堂教学。戴维对英语教学充满信心,因为他是英语专业的毕业生,并且经常观摩蒂姆的英语课。

本周戴维教授了一堂科学课,蒂姆观摩了此课。课后蒂姆建议他专门反思学生在课堂上取得的进步和投入的程度。戴维意识到许多学生没有专注于课堂,在实践活动中也没有完成任务。戴维解释了自己有效使用行为管理系统的方法,他认为孩子们上课时应该更加投入并听从教师的指令。第二天,蒂姆向戴维提供了正式的书面反馈,蒂姆在专业发展领域建议戴维"提升教师威信"。

反思与讨论

对于专家教师而言,尽管我们可能觉得已经同参训教师讨论过教学情境,他们也明确所设定的教学目标,但有时我们还是难免做出假设。请你思考蒂姆当时可能做出了怎样的假设。蒂姆建议的"提升教师威信"的真正含义是什么?接下来向参训教师提供书面反馈时,你怎样同参训教师交流更加复杂的概念,比如教师威信、教师角色?

对于参训教师而言,在这一案例中我们只了解戴维的想法以及蒂姆提供的书面反馈。稍后我们会再次回到该案例中,挖掘蒂姆口头反馈的内容。请你花点儿时间思考要达成的目标:提升教师威信。你认为其意蕴是什么?是什么导致了这堂课中教师威信的缺失呢?

参训教师和专家教师,请你们着手构思一个更具体的目标来帮助戴维进步。也许你们的目标同戴维在科学课中的教学自信心相关,这样他就能全身心地投入教学活动当中;又或许你们会专注于他的非言语行为或声音的运用。

三、树立威信:培养技巧

你可能听说过"福克斯博士效应"(Dr Fox Effect)。这一术语是指20世纪70年代内夫图林、韦尔和唐纳利(Naftulin, Ware, Donnelly, 1973)主持的一项研究。在研究中,学生对迈伦·L.福克斯博士(Dr Myron L. Fox)所做的演讲"应用于医生教育的数学游戏理论"进行了等级评价。福克斯博士在演讲中通过各种技巧吸引听众,比如以幽默和热情感染听众。然而,学生(这些学生自身都是社会工作者等富有经验的教育者)没有注意到福克斯博士正在进行一场毫无意义的演讲。演讲内容中充斥着种种矛盾,新词和结论都无法支撑先前的陈述。你可能已经意识到福克斯博士是个很棒的演员。据内夫图林等人描述,他的友好和热情"引诱"了这群听众。

然而,最近越来越多的研究批判了"引诱"这一理念,内夫图林等人(1973)使用该术语阐释了学习者由于被诱惑致使他们自认为从一个有魅力的教师那里学到了很多知识,即强调作为教师,表达和呈现自己的方式非常重要。如果你期望学习者能够全情投入,那么你自身首先需要展示出对表达主题的热情和兴趣。我确信在你参与的教学活动中一定有过这样的体验,当内容非常"干瘪"甚至"无聊"时,无论多么认真的学习者也很难专心听讲。这种现象再正常不过了。但是对于参训教师来说,有时需要同时考虑多种事项:主题内容、正在使用的教学方法、确保积极的学习行为、可能正在你课堂中观摩的专家教师等。诸多需要优先考虑的事项很容易让人不知所措,导致参训教师往往无法按照自己真实的意愿表达对学习的热爱和对主题的欣赏。皮尔与巴巴多(Peel,Babad,2014)再次证实了内夫图林等人的研究,虽然他们发现学习者并不像原始研究团队最初提出的那样天真——仅仅因为教师很有魅力就认为自己学到了新东西,但这项研究确实支持了以下观点:学习者非常重视教师在教学中所展现的热情和活力。尼尔和卡斯韦尔(Neill,Caswell,1993)将其称为"非言语魅力",怀特和加德纳(White,Gardner,2012)称其为"课堂中的X因素",而你可以总结出的一个关键因素就是热情,即(表现出)享受对课堂中学习活动的主导。

由此可知,课堂上教师表现出的热情以及与学习者建立的融洽关系是一个积极的起点。基于此观点,我们将开始发掘教师用于沟通和树立威信的不同方式,其中包括一些你即将尝试的练习。另一位我们所熟悉的、曾经(错误地)印证过的研究者引导我们思考非言语交流。梅拉布赖恩(Mehrabrian,1972)因其在非言语交流领域的研究而闻名,他在1972年的著作中总结出了跟交往态度和情感相关的"7—38—55"百分比理论:交往时的态度和情感7%体现在我们的言说内容中,38%体现在我们说话的方式中,55%体现在面部表情中。该研究的意义已经远远超越了这个简单的公式,一些研究者对此观点予以激烈反驳,强调我们的言说内容与说话方式以及非言语行为同样重要。然而,不容忽视的是,言说内容和非言语行为会对教师的课堂威信产生重大影响。事实上,当教师的言说内容、说话方式(语调)和非言语交流三方同步时,此时交流的信息最具说服力。

四、什么样的非言语行为能够帮助教师树立课堂威信

一些有趣的研究关注教师的非言语行为和学生对教师的看法,比如艾姆贝迪和罗森塔尔(Ambady,Rosenthal,1993)、巴巴多等人(2003,2004)的研究。这些研究人员特别感兴趣的内容为:当只观看没有声音的非言语行为的短片时,不熟悉短片中教师的参与者们会怎样对这些教师进行评分(他们称为"第一印象")。研究者随后将这些初始评分与现实班级学生期末的总体评分进行对照,结果显示那些最初的"第一印象"预示了现实班级中学生对教师

的最终评价。有鉴于此，我们的交往大多是通过肢体语言和非言语行为进行的，而且这些初始印象似乎存在于较长一段时间的教学活动中。有必要注意的是，这些研究人员关注的范围只集中在美国和以色列的高中与大学，但巴巴多和其他研究者〔巴巴多等人，1991；巴巴多和泰勒(Taylor)，1992〕将研究范围扩展到了四年级(相当于英国的五年级)。

这项研究指出了影响课堂交往的三个重要方面：

1.自我呈现；

2.社会感知；

3.社会交往。

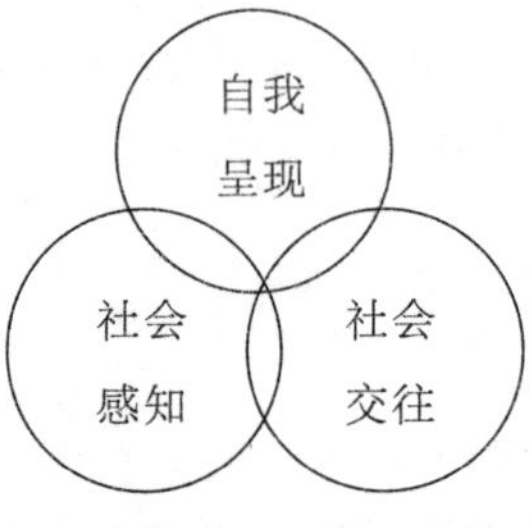

图2.1　威信作为一种综合性社会经验〔改编自巴巴多等人(2004)〕

这些研究为我们提供了洞察教师威信的实践途径，包括你所做的事、你作为教师的呈现方式(自我呈现)、你的学生感知你的方式(社会感知)以及你与学生的关系(社会交往)。

在本章接下来的部分，当我们读到"真我的存在"的意蕴以及课堂中人际关系重要性方面的内容时，社会感知和社会交往的内涵自然就会清晰。所以，请你从一名教师的角度来思考如何通过技巧的运用，以一种自信且有影响力的方式呈现自我。

自我呈现

最需要反思的关键点在于你如何以一种自信且冷静的方式在课堂中呈现自我。卡尼等人(2010)的研究不仅探讨了我们的肢体语言如何给观众留下自信的印象，而且也指出了当我们以一种有力且自信的姿势站立时，通常也会促进我们产生真正的自信心。

在你准备开始课堂教学时，请尝试一些"高能量"的姿势吧！

你要时刻留意自己的肢体语言，尤其是当你的肢体语言没有表现出自信时。正如你在视频演讲中所见，卡尼(2012)用了"装着装着就成真了"这一理念。请思考如何通过非言语行为和言语行为呈现出你想要成为的教师形象。

五、课堂上我们应该使用哪种肢体语言来展现自信并树立威信呢

与埃米·卡迪一样，这一领域的其他研究者〔例如，伊莱沙·巴巴多(Elisha Babad)〕也认为肢体语言的运用是很有讲究的。一个关键技巧在于仔细考虑开放性肢体语言和封闭性肢体语言的使用。当我们收起双臂或交叉双腿时，可以被视为封闭性肢体语言，给人的感觉是我

们不容易接近或者我们很紧张。相反，应呈现开放性的、积极的肢体语言，具体建议如下：

姿势：挺直后背，保持肩膀伸直，而不是弯腰驼背，从而确保你的姿态得体。

图2.2 后背挺直，肩膀伸直

姿势的运用：摊开手掌是一种积极的交流方式，表现出愿意倾听对方，传达出开放的思想，让学生感受到温暖。

图2.3 摊开手掌

坚定的姿势：“掌心向下”是一种坚定的姿态，能有力地表达你的观点，或者表明讨论已经结束。

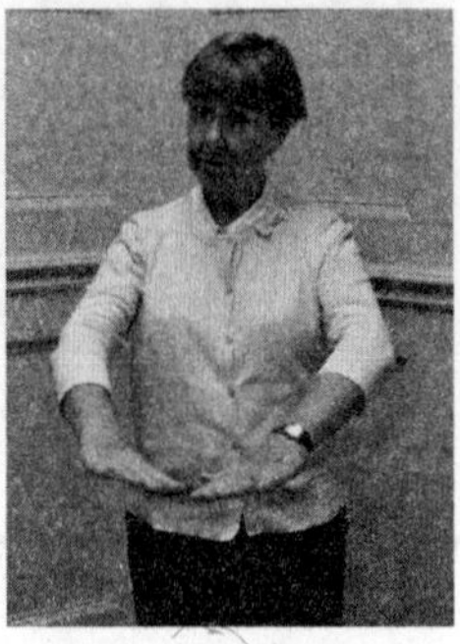

图2.4 掌心向下

面部表情：确保自己展现出积极的表情。微笑对建立融洽的关系和创造融洽的学习氛围非常有效。然而，对方可以区别真实的微笑和勉强的微笑。真实的微笑也可以从眼睛和嘴巴流露。眼神交流可以很好地表现出你对学生正在说或正在做的事情感兴趣(或者表明你已经看到了学生正在努力付出)。

图2.5 微笑

巴巴多等人(2004)也明确了优秀教师教学行为的一些其他特征:

1.具有积极肢体语言的轻松角色;

2.面对全班讲课时站立而不是坐着;

3.通过手势、身体、表情和声音来表达;

4.适当走动(但不要太频繁);

5.对学生有清晰的定位。这意味着你不仅仅只是与学生交谈,而是要真正参与其中并时刻关注他们,确保你和学生进行更深入的探讨(而不是将精力分散到课程计划中的下一个重点)。

"接地"站姿:当你在课堂上使用"接地"站姿〔丘奇斯和特里(Churches, Terry), 2007〕在学生面前表现你的自信和自如时,需要确保双腿并排站立,自身的体重平均分布在两条腿上(不倾斜到某一侧),姿势得体(肩膀伸展不弯曲),手臂自然伸直(没有放在口袋里、弯曲或背后)。确保你正在注视着全班学生并表现出正在对学生的举动做出回应。

图2.6 "接地"站姿

拓展性资源

在培训接近尾声时,我和部分参训教师共同开展了一项研究。我把参训教师分成两个独立的观察小组,请他们分别观看了四个三十秒的关于教师教学的短片。与艾姆贝迪、罗森塔尔(1993)以及巴巴多等人(2003)的研究不同,这些参与者在观看短片时不仅能洞察教师的非言语行为,而且关注了教师的言论。看完短片后他们开始讨论:哪些特征使教师树立了威信?通过对参与者的回答进行主题分析(从他们的谈话内容中提炼出关键主题),这两个研究小组的讨论都得出一个关键主题:自信或者至少显得自信是很重要的。从开始阅读本章到现在,你应该看出这与卡尼等人的研究成果密切相关(2010)。

参训教师认为这类自信明显体现在以下四个方面:教师展示的积极的肢体语言、眼神交流(包括"教师的眼神")、说话语调以及为了促进课堂交流和保持学生兴趣而对自己声音的谨慎使用。此外,教师在课堂上所处的位置以及教室空间的布置也很重要。

拓展性资源

这次小规模研究所确定的四个方面有助于我们着手发掘一些可以在课堂中运用的技巧。然而,当这些参与者已经能够在课堂上通过将这些技巧语言化来树立威信或展现自信时,师生关系和教师了解每位学生的重要价值就不言而喻了。参与研究的这群参训教师体会到,如果没有与学生建立真正的联系,一切技巧都是空谈。科纳森(Kornelsen,2006,第79页)提出了"从做事方式转变为存在方式"的理念,教师将其描述为自身职业生涯发展的写照。尽管在此次研究中,参研教师并没有阐述科纳森在与新教师交流时所发现的这一理念,但达成了一种共识,即技巧在真实的课堂中无法孤立存在。

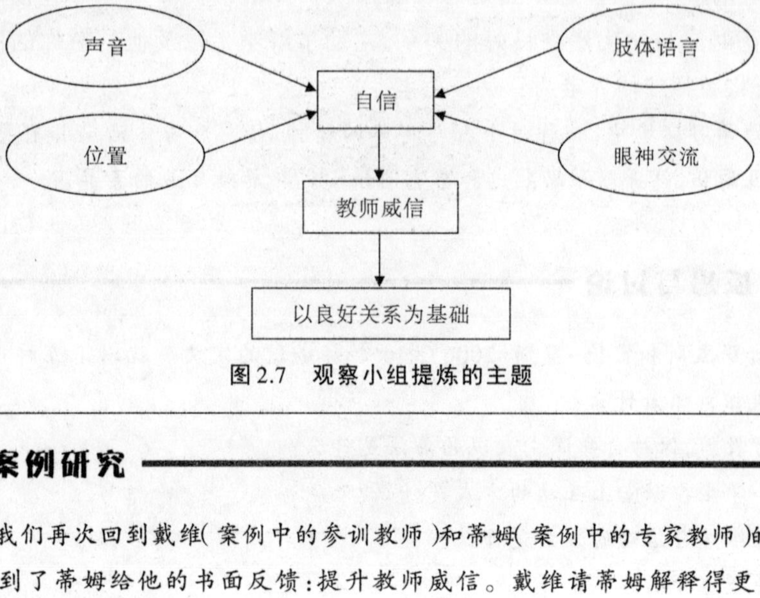

图2.7 观察小组提炼的主题

案例研究

现在让我们再次回到戴维(案例中的参训教师)和蒂姆(案例中的专家教师)的谈话中。

戴维收到了蒂姆给他的书面反馈:提升教师威信。戴维请蒂姆解释得更清楚一些。以下是关于他们谈话的摘录。

蒂姆:当我们就你的课堂进行讨论时,你承认学生们没有聚焦教学任务,当你开展教学活动时也没有真正关注你。你一直在角落里用很小的声音给他们讲课,而且正在辅导你所在小组的学生。我能看得出来你很担心有学生在课堂上不专心听讲,因为你不再环顾四周,只专注于自己所在小组,导致其他小组的教学效果并不好。

戴维:我确实意识到了有些学生并没有参与教学任务。但是在参与小组活动之前,我已经告诉每位学生应该做什么,那么他们就应该主动参与教学任务。

反思与讨论

参训教师与专家教师，请浏览你们之前拟定的目标。现在你们会倾向哪一个呢？有什么好的建议可以支持戴维践行自我反思并接受建设性反馈吗？

在这项案例研究中，很显然课堂上戴维的很多行为都表明他缺乏自信。他一直待在一个地方，无暇顾及整个班级(位置)，也没有通过眼神交流和积极的肢体语言来重塑自己的威信。事实上，据蒂姆观察，戴维要么是在逃避(因为他缺乏信心去有效应对那些分心的学生)，要么就是太专注于自身所在小组的学生，从而忘记了把控课堂全局的重要性。蒂姆还提到了声音的运用，因为合理使用语音、语调和音量对于教师而言非常重要。

(一)真我的存在

通过本章的学习，你会意识到要想在课堂上树立威信仅靠掌握一些技巧是远远不够的。你必须花时间与学生建立良好的关系，主动了解学生以及他们对你的回应。罗杰斯和雷德-罗斯将教师威信界定为：

在他们的学习环境中，一种对个人与群体的精神、情感和身体活动具有警觉意识、接受能力与连通性的状态，并以深思熟虑和富有同情心进行后续反应的素养。

(2006，第266页)

反思与讨论

请阅读罗杰斯和雷德-罗斯(2006)关于教师威信的定义。就以下五种观点而言，你觉得教师威信意味着什么：

1.作为教师，你对自身课堂表现的看法是什么？

2.你和学生在课堂上互动的方式是什么？

3.你组织学习活动的方式是什么？

4.你管理课堂的方式是什么？

5.你构建学习环境的方式是什么？

请回想自己的教学实践，思考怎样才能够改变妨碍学生学习的所有习惯与做法。

该定义富有启发性，尤其是对小学课堂教学，提醒我们谨记：每位学生都是独立的个体，正是这些个体动态形成了班级。任何可能对学生产生影响的变化我们都要时刻保持敏感和警觉，并及时做出恰当的回应。舍恩(1983)称之为“即时反思”，即思考什么是此时此刻正在发生的事情，以及什么是解决问题最有效的行动。你也会注意到该定义的作者使用了诸如“同情心”这样的词。在课堂上，我们与学生真诚地交流非常重要，而不只是死板地按照教学计划从头到尾把课上完就行。只有这样，我们才能真正成为帮助学生解决问题并确保他们成为在各个方面都有所进步的教师。正如罗杰斯和雷德-罗斯所说的，真我的存在。

这些作者明确表示教学不能被简化为一系列行为或技巧。他们关于"教师威信"的概念(如前所述)对课堂教学产生了很大影响，并明确了"教师威信"的四个维度：

1.自我意识或自我联结；

2.与学生的联结；

3.同教学主题和相关教学知识的联结；

4.教学情境或者当下状况。

(二)四个维度的启示

如果我们将上述四个维度视为自身专业实践的基础，那么所需要培养的就不能局限于那些经常出现在专业能力列表中的技能。这四个维度对教师培养课堂威信来吸引学生的注意力至关重要。不是因为你正在使用的技巧和戏剧性行为吸引了学生，而是因为学生已经形成了对你的尊重并且想要倾听你的言说，是需要你投入时间培养的专业身份要素。为了建立这种信任和尊重，需要让学生相信你能够管理自己的情感并为他们提供一个安全的环境。丹尼尔·戈尔曼(Daniel Goleman，2006)在《情感智力》一书中强调管理自身的情感和清楚地了解自己尤为重要。只有这样我们才能在保持真我的同时，以一种有节制的、平静的方式做出反应并合理行动。这也是"具有威信"和"真我的存在"之间的区别。"具有威信"是以某种特定的方式表现自己，但如果你的真实想法、真实感受和真实情感同你的外在表现不一致，那么你就很难继续保持这种人格魅力。例如，你可能会对某种情况感到非常焦虑和担忧(也许指导你的专家教师正在观摩你的课堂)。你可以使用一些技巧，就像本章前述内容所建议的那样，相关研究也证明了这些技巧有助于课堂中的交往活动。但一直强迫自己保持这种人格魅力可能会耗尽我们的精力并使感觉与真实情境相脱离。如果我们必须长时间保持这种虚假的人格魅力，情况尤其如此。小学生学习生涯的大部分重要时间都和我们在一起，必然会发现这种不一致。科思根和瓦萨勒斯(2009)在他们的研究中借用了本章所界定的"威信"概念，认为真正的威信是"u模型"的一部分：从自我反思和自我认知开始——他们称为"开放的思维、开放的心胸、开放的意愿"(第9页)——进而形成了威信(正如罗杰斯和雷德-罗斯所定义)，这也确保个人能够在应对不同情境和问题时始终保持开放的心态。

总之，这些作者相信只有反思性实践者才会在课堂上表现出真实的行为和行动，因为他们勇于展现真我，已经形成了开放的心态并且明白自己存在的意义。这些绝不是通过习得戏剧性姿势和调整非言语行为就能做到的。这段来自梅杰(Meijer)等人(2009)的谈话摘录向我们展示了参训教师如何在与专家教师的对话中产生这一认识。保利恩(Paulien)一直试图在课堂上树立威信，也致力于使用反思模型进行反思，并通过与指导教师安杰洛(Angelo)进行训导谈话来帮助自己进步。在此，他对教师威信的理解取得了重大突破。

保利恩(参训教师):“我始终相信能够在课堂上越来越真实地呈现自己。这给我愉悦的感觉(笑)。我突然有了这种认识,紧接着就是随之而来的洞察力,然后我顿悟了。最后我惊喜地发现:是的,就是这样,我做到了!”

安杰洛(指导教师):“当你能够基于真实的自我开展教学,或者作为一名教师能够基于内在的真我进行教学时,这对你意味着什么呢?想象一下你已经能够做到每节课都可以基于自我的感受——内在的真我开展教学,这又意味着什么呢?”

保利恩:“……这样的话就可以节约精力。如果达到了真我的状态——我知道这样说很奇怪,然而时刻保持真我绝非易事——但是如果你最终能够成功做真实的自己,一切就会自然而然地发生。但对我来说真的很难,尤其是每当我迷失自己、需要重新找回自我的时候。”

梅杰等人(2009,第306页)

反思与讨论

请阅读保利恩和安杰洛之间的谈话摘录。你和你的指导教师可以讨论里面一些有趣的想法:

1.保利恩描述的教师“真我的存在”,这一概念应该怎么理解?安杰洛开始通过“基于真实的自我开展教学”来解释这个概念。你是如何理解的?

2.保利恩说当他迷失自己时很难重新找回自我。这可以解释为教学中的这类时刻:因为不同的压力和干扰,我们在教学中不再感觉轻松或者不能再做真实的自我。请你回想在自身的教学经历中,是否有过和保利恩类似的感受呢?这些阻碍或干扰是什么?在这些情境中,你又将怎样重新找回自我?

本章小结

本章探讨了一些课堂上教师用来吸引学生注意力的技巧:热情的人格、积极的肢体语言以及开放的课堂管理方法。本章第一部分介绍了一些有助于我们高效交流的非言语行为,如张开的手势和坚定的姿态。我们已经探讨了自信的重要性,或者假装自信直到真正能够自如地和学生进行互动(装着装着就成真了)。最后,我们另辟蹊径,从不同的角度探讨了教师威信,不再依赖于技巧的使用。和学生真诚交往(而不是表演)以及在相互尊重的基础上建立良好的师生关系至关重要。这种类型的威信需要时间来树立,这也是我们在本章中一直区分两个不同观点的原因所在。技巧可以帮助我们在课堂上给学生留下美好的第一印象(这非常重要),也可以帮助我们以一种有趣且吸引人的方式同学生进行交流。然而,技巧包装下的威信转瞬即逝,因此我们必须明白教师持久的威信一定是建立在良好的师生关系、教师对学生真诚的同情以及教师在课堂中灵活应变的基础之上的。

参考文献

[1] Ambady, N and Rosenthal, R (1993) Half a minute: Predicting teacher evaluations from thin slices of non-verbal behavior and physical attractiveness. *Journal of Personality and Social Psychology*, 64(3): 431-441.

[2] Babad, E, Bernieri, F and Rosenthal, R (1991) Students as judges of teachers' verbal and nonverbal behavior. *American Educational Research Journal*, 28: 211-234.

[3] Babad, E and Taylor, P (1992) Transparency of teacher expectancies across language, cultural boundaries. *Journal of Education Research*, 86: 211-234.

[4] Babad, E, Avni-Babad, D and Rosental, R (2003) Teachers' brief nonverbal behaviors in defined instructional situations can predict students' evaluations. *Journal of Educational Psychology*, 95(3): 553-562.

[5] Babad, E, Avni-Babad, D and Rosental, R (2004) Prediction of students' evaluations from brief instances of professors' nonverbal behavior in defined instructional situations. *Social Psychology of Education*, 7(1): 3-33.

[6] Canter, L and Canter, M (1992) *Assertive Discipline: Positive behavior management for today's classroom* (2nd edn) Santa Monica, CA: Lee Canter & Associates.

[7] Carney, D, Cuddy, A and Yap, A (2010) Power posing. *Psychological Science*, 21 (10): 1363-1368.

[8] Churches, R and Terry, R (2007) *NLP for Teachers: How to become a highly effective teacher.* Wales: Crown House Publishing.

[9] Jones, F (2007) *Tools for Teaching: Discipline, instruction, motivation.* CA: Fredric H Jones & Associates.

[10] Goleman, D (2006) *Emotional Intelligence.* New York: Bantam Books.

[11] Kornelsen, L (2006) Teaching with presence. *New Directions for Adults and Continuing Education*, 111: 73-82.

[12] Korthagen, F and Vasalos, A (2009) From reflection to presence and mindfulness: 30 years of developments concerning the concept of reflection in teacher education. EARLI Conference, The Netherlands.

[13] Mehrabian, A (1972) *Nonverbal Communication.* New Brunswick, NJ: Aldine Transaction.

[14] Meijer, P, Korthagen, F and Vasalos, A (2009) Supporting presence in teacher education: the connection between the personal and professional aspects of teaching. *Teaching and Teacher Education*, 25(2): 297-308.

[15] Naftulin, D, Ware, J and Donnelly, F (1973) The Doctor Fox lecture: a paradigm of educational seduction. *Journal of Medical Education*, 48: 630-635.

[16] Neill, S and Caswell, C (1993) *Body Language for Competent Teachers*. London: Routledge.

[17] Peel, E and Babad, A (2014) The Doctor Fox research (1973) re-revisited: 'educational seduction' ruled out. *Journal of Educational Psychology*, 106(1): 36-45.

[18] Rodgers, C and Raider-Roth, M (2006) Presence in teaching. *Teachers and Teaching: Theory and Practice*, 12(3): 265-287.

[19] Schön, DA (1983) *The Reflective Practitioner: How professionals think in action*. New York: Basic Books.

[20] Senge, P, Scharmer, C, Jaworski, J and Flowers, B (2004) *Presence: Exploring profound change in people, organizations and society*. London: Nicholas Brearley.

[21] White, J and Gardner, J (2012) *The Classroom X-Factor*. London: Routledge.

第三章　以学立教的原则

休·兰伯特

本章目标

1.提供机会思考我们通常所谈论的“学习”的含义；

2.了解不同的理论和方法如何影响以学立教；

3.进行反思，意识到什么时候以及为什么一些特殊的方法有助于或无益于课堂教学。

一、引言

作为教师，有必要铭记“学习”可以通过多种方式解释和界定，由于学习内容的不同，对学习的理解也各异。

反思与讨论

（一）反思

参训教师，请反思你如何高效地学习：

1.当内容以信息板块呈现的时候？

2.当内容以跨界课程或创造性方式呈现的时候？

3.当你明确学习方向的时候？

4.当你使用新的或者不熟悉的资料的时候？

5.当你有了“宏伟蓝图”，确定了学习目标的时候？

6.当你和他人共同商讨事情，提出或回答问题的时候？

7.当你教授他人的时候？

8.有什么不同吗？为什么？

专家教师，请思考你是怎样使用不同方法开展教学活动的？为什么？你能和参训教师分享一些相关案例吗？例如，当你教授信息板块时，或者用一种跨界课程进行教学时，又或者以学生为中心组织教学时？

（二）讨论

参训教师和专家教师，请讨论为什么要运用不同方法进行教学，以及你们认为这样做的重要性。

作为一名教师，你需要掌握影响自身教学内容和教学方法的理论及研究。没有什么比了解你的学生、知晓“引诱”他们学习的要素和动因更重要的了。你需要充满自信，相信你给学生提供了最好的学习机会。你要去反思可以支持学生取得学业进步的成功方法，并评估这些方法的效果。

正如哈蒂(2012)所说：

> 不可能存在一定会对学生学习产生最大效益的固定的教学方法，也没有适用于一切学生所有学习活动的教学原则。但是，我们知道哪些教学实践是有效的，哪些是无效的。
>
> （哈蒂，2012，第4页）

从古希腊时代到当代，许多关于儿童学习方法的理论研究和实践探索应运而生，强调培养儿童不同技能的重要性，如此他们才能够在瞬息万变的新技术（关联主义）世界中持续学习〔西门子(Siemens)，2005〕。本章不可能将所有方法逐一呈现，但我们会分享一些案例和相关资源,并为你提供反思的机会。通过这些活动,你将能够习得更多不同的以学立教的原则,从而帮助自己思考这些原则在课堂上的效果,并将更加深入地理解自己所运用的特定教学方式以及选择这些教学方式的原因。正如麦克贝兰(MacBlain,2014)所说,理解影响主体实践的历史因素和文化因素固然重要,但也必须承认,只有对新方法或新发展的持续学习才会产生持久的影响力。此外,还有很多不同的教学方法和学习理论,其中一些将在本书接下来的章节中探讨,比如提高教学参与度的良策(第六章)和掌握学习(第七章)。

反思与讨论

(一)反思

参训教师,请回顾自己的学习经历。有没有一位教师曾对你的学习给予过真切的帮助?从他们的教学过程中,你学到了什么?

(二)讨论

专家教师,请分享一些在教学过程你发现能够“引诱”学生尤其是那些不愿意学习的学生投身学习的有效教学方式,并阐释你以某种特定方式组织学习的原因。

参训教师和专家教师,请你们讨论这一问题:你们认为能够帮助或阻碍学生学习的事物以及可以成功“引诱”学生学习的事物。

二、影响课堂教学实践的理论

本部分简要讨论关于以学立教的理论和原则,并展示一些可能在课堂上发生的案例。

(一)行为主义理论

行为主义理论专注于学习行为,这类行为通常是对刺激的反应。研究表明,行为通过反复练习或强化会变得更加自动化。你可能熟悉实验“巴甫洛夫的狗”(Pavlov's dog)。当呈现食物时,伊万·巴甫洛夫(Ivan Pavlov)让狗在响铃的条件下做出反应(分泌唾液)。他反复对狗进行训练直至响铃时即使没有食物,狗也会垂涎三尺。因为狗在条件反射作用下将响铃与食物联系在一起,这一理论被称为经典性条件反射。另一个研究领域是操作性或行为性条件反射理论,桑代克(Thorndike)〔被舒克(Shunk)引用,2012〕和斯金纳(Skinner,1974)是该领域代表人物。桑代克发现,并非所有积极因素都能激发学习者的动机,有些消极因素也能够减少不良行为。他认为,我们需要明确想要教授的内容以及打算使用的教学方法。如果你知道会产生的反应,就可以强化这些行为。试错是重要的学习方式。斯金纳(1974)在桑代克的研究基础上,提出可以通过使用奖励以促进积极行为或者施予惩罚以防止不当或消极行为的方法，从而强化行为、使儿童成为积极的学习者。重复行动的结果强化了所期望的行为。大多数行为主义者都强调积极强化的重要性。

反思与讨论

（一）教学情境

当你在向全班教授2以内的乘除法时，凯西（Cassie）时不时地在毛毯上制造噪声。当你让她回答问题时，她回答正确但你却不表扬她。不过，班上其他学生似乎没有受到凯西的干扰，所以你对其行为不予理睬。当其他学生回答问题时，你表扬了他们回答正确并特别夸赞了他们认真听讲。几轮下来后，噪声没有了，你再次让凯西回答问题，这次她也回答正确，你特意表扬了她。如果学生回答不正确就不能受到表扬。

（二）反思

参训教师，请你思考这种方法对凯西和其他学生的学习会产生怎样的影响。如果你认为有帮助的话，请回想一下你受到表扬或者自身努力没有得到认可时，分别会有怎样的反应。

专家教师，请思考你如何表扬学生正确的回答。当学生回答错误时，你又怎样处理呢？请再思考这种方法在何种情况下奏效，又在何种情况下效果不佳。这样你就可以和参训教师就以上问题进行讨论了。

（三）讨论

专家教师和参训教师，请思考该方法的利弊。你们可以基于下述内容思考与讨论。刺激和反应并不一定意味着理解。如果学生对奖励已经司空见惯，那么奖励就失去了效力。奖励对死记硬背式学习很有帮助，当学生回答正确的时候可以给予奖励。

（二）认知主义理论

这种学习方法认为，学生要想成为成功的学习者，就必须了解自己的学习及学习方式，这有助于他们了解如何改进自身的学习。教师往往通过树立学习榜样、解释学习过程和提出学习期望帮助学生做到这一点。给学生一个清晰的学习重点并阐明他们如何才能知晓在学习中取得了成功，这两点非常重要。这种方法也可以促进对话教学：教师鼓励学生描述自己的学习状况。例如，如何解答数学中的应用题，因为对题目的误解通常会妨碍他们解题。这一领域的著名学者是霍华德·加德纳（Howard Gardner，1999），你可能听说过他的多元智能理论。他认为，不存在一种万能的智能，人们具备多元化的智能，因此我们在某一领域的学习能力可能比在其他领域更强〔缪伊斯和雷诺兹（Muijs，Reynolds，2007）〕。

加德纳（1999）也提醒人们，将多元智能视为不同的学习风格不仅不会带来帮助反而会使教学重点过于狭窄（参见表3.1）。需要注意的是，对于具有不同智能的孩子来说，可能在学习语言或者学习数学时存在较大的困难和挑战，所以作为教师你需要非常清楚这一点。

正如普理查德(Pritchard,2009)所言:

每位学习者都有自己偏爱的工作方式、思维方式和学习方式。如果教师忽视了学习者所偏好的学习方式,仅按照自己的期望去要求学习者,那么显然他们的学习就很可能无法达到教师的期望。

(普理查德,2009,第56页)

表3.1　加德纳的智能分类

智能	特征
身体—运动智能	1.可以运用身体来表达情感 2.可以有效地玩游戏 3.可以创造游戏 4.可以编排舞蹈及动作顺序
人际交往智能	1.关注人与人之间心情、脾气、动机和意图等的差异 2.具有同理心 3.可以有效地领导、组织和管理
语言智能	1.可以组织语言并掌握言辞节奏 2.可以理解语法规则 3.可以创造新词汇 4.乐于学习新语言
音乐智能	1.对节奏、音调和音色非常敏感 2.欣赏音速和音调 3.乐于创作和欣赏音乐 4.可以准确识别旋律
空间智能	1.可以描述视觉空间 2.可以创造心智图像 3.可以在不熟悉的环境中运用视觉意识和空间意识
数理逻辑智能	1.可以富有逻辑地工作 2.可以进行演绎 3.可以通过推理来找到答案和解决方法 4.是问题解决者 5.可以进行归类、计算和假设 6.喜欢开展实验 7.可以发现论点
自然探索智能(1999年增加)	1.可以识别并将特定的动植物进行分组 2.可以识别不同的天气和气候 3.可以将岩石、不同类型的山脉和地理景观等自然事物进行分类 4.可以将自然知识用于农业、园林绿化或动物训练等领域

续表

智能	特征
存在智能 (1999年增加)	1.更喜欢有选择的活动 2.在跨界课程甚至更广泛的领域之间寻找事物之间的关联 3.可以提出问题开展调查,因为能够进行反思性思考 4.欣赏并重视身处其中的世界 5.可以从多元视角洞察世界

〔摘自加德纳的多元智能理论(1983,1999)。〕

关于智能存在多种争论:恒定的抑或可变的?它到底是什么?但是,有证据表明,智能是可以习得、发展和增强的。把儿童视为天生智能较高或较低的人可能对他们并没有帮助〔拉齐尔(Lazear),2004;海默和米歇尔(Hymer,Michel),2002〕。

反思与讨论

(一)反思

参训教师,为什么如果你认为孩子智能是恒定的或者孩子自己认为智能是恒定的,这类观念可能会阻碍你的教学呢?

专家教师,你能想到在智能方面避免给孩子"贴标签"的方法吗?你能想到在通过"让孩子发光"的方式进行学习的过程中,有孩子取得了哪些出乎你意料的成就吗?

(二)讨论

专家教师和参训教师,请讨论前述内容的要点以及如何将其纳入教学计划与学习方式之中。

在思考以学立教的教学计划时,也需要考虑长时记忆和短时记忆(包括工作记忆)〔苏泽(Sousa),2011〕。多年来,研究者致力于将信息储存到长时记忆中,只有这样信息才能成为学习中永存的要素。工作记忆是暂时的,只能在有限的时间内储存、处理或检索信息,而且这一记忆还与年龄密切相关。五岁以下孩子的信息容量就低于五岁及以上的孩子(苏泽,2011)。这会对我们希望孩子存储和使用的信息量有所启示。

正如苏泽(2011)所说,工作记忆需要与学习者先前的经历相联系,并根据下面两个问题的答案,信息要么被保存,要么被删除。

"这能起作用吗?"这个问题是指学生能否根据自身先前的经验来理解现在的学习。它是否"适应"学生对世界的认知?当学生说"我不明白"时,意味着学生对学习的理解遇到了困难。

"这有意义吗?"这个问题是指学习内容是否与学生相关。学生为什么需要记住它?当然,有无意义因人而异,而且在很大程度上会受个人经验的影响。同一学习内容可能对某个学生具有很大的意义,但对另一个学生来说毫无意义。诸如"为什么我必须知道这些"或者

“这些内容什么时候才能派上用场”这类问题表明无论原因是什么，学生都认为学习内容与自身无关。

（苏泽，2011，第52页）

苏泽的问题也同学习的认知主义方法有关，这是本章接下来要讨论的主题。

反思与讨论

（一）教学情境

在英文写作指导课上，你和学生分享你正在撰写的植物播种操作指南，这也是接下来科学课的重要内容。学生已经掌握了一些写作要点，比如使用祈使动词、时间连接词和第二人称现在时态写作。首先，你要提醒学生已经掌握的写作要点，并给他们展示一份你贴在墙上的写作要点清单，作为对他们的再次提醒。你要告知学生，他们将在科学课上播种种子，因而需要操作指南来确保实践的正确性。然后，你在互动白板上展示操作指南写作框架的示例，并在构建操作指南写作模板的过程中与学生对话，通过问答强化你希望他们记住的要点。当你开始构建操作指南模板时，有些学生似乎很难集中注意力。

（二）反思

参训教师，请回顾你先前反思自己如何最有效地学习，以及前述有关不同智能和记忆的讨论。为什么当你在构建模板时，一些学生没有之前那么投入了呢？

专家教师，请思考你如何才能确保采用不同学习方式的学生都能够积极投入学习。如果这种方法有效，请结合教学情境示例，在与参训教师讨论中分享你是如何确保所有学生都投入学习的。

（三）讨论

专家教师和参训教师，请讨论你们引导学生学习的方法及其与案例中的方法有何不同。这些又会对你们的教学计划产生怎样的影响呢？

（三）搭建行为主义理论和认知主义理论联通的桥梁

艾伯特·班杜拉（Albert Bandura，1977）认为，行为主义理论提供了一幅不完整的图景，因为你们不仅可以从自身经历中学习，还可以从观察中学习，即对榜样的模仿或洞察。学习者也可以学习得不到直接或显在奖励的内容〔庞德（Pound），2014，第57页〕。他们可以利用这些学习方式来培养自身解决问题和考虑后果的能力。班杜拉相信人们能够在某种程度上控制自己的行为并进行学习，这就是著名的社会学习理论。他相信帮助学习者取得成功意味着他们能够更好地取得进一步的成功并接受后续挑战。观察某人取得成功的过程并不断强化可以激励其他人进行模仿。你们需要以下积极行为的角色榜样：有效解决冲突，以及参与学生阅读从而让学生理解阅读的重要性等诸如此类的教学活动（庞德，2014）。

反思与讨论

（一）教学情境

你正在上一堂关于解答应用题的数学课，构建了解答这一类应用题的模板，即通过寻找关键词来确定计算方式和解答课堂问题。你请一位自信满满的学生上台解题，和他讨论解题过程并询问班上其他学生是如何解题的。你表扬这位学生解答正确，并向其他学生展示了他的解题方法。你也表扬了所有学生并相信他们现在都能够自己独立解答应用题，因为他们已经见过榜样学生的解题方式。随后，你要求学生运用相同的解题思路尝试着自己独立去解答另一道类似的应用题。学生可以在黑板上看到你的解题模板，且大多数都在努力解答，但有些学生仍然很难独立完成。

（二）反思

参训教师，请思考为什么该方法对一部分学生来说是有用的，而对另外的学生而言还存在问题。

专家教师，请思考在你的教学过程中该方法什么时候能派上用场？什么时候效果不佳？

（三）讨论

参训教师和专家教师，请讨论该方法存在的利弊。

（四）认知建构主义理论和社会建构主义理论

建构主义者认为，只有在已有知识、技能和理解的基础上构建自己的学习活动和新知识，才能学得最好。学习是一个主动的过程，先前的学习是这种方法的关键特征。缪伊斯和雷诺兹（2007）指出，这意味着不同学生在同一课堂中的所学所获可能会略有不同。

皮亚杰〔皮亚杰和英海尔德（Piaget，Inhelder），2000〕是认知建构主义学习方法领域最知名的研究者。他开发了一种基于发展阶段的学习方法，广泛涉及各个不同年龄段的学习者（参见表3.2）。这是关于皮亚杰认知发展阶段的一个示例，我也将这些内容收入本书以便了解其对教学实践的影响。

皮亚杰还强调了思考以及给予学生时间思考的重要性〔费希尔（Fisher），2005，第13页〕。皮亚杰建议我们要构建已知事物（图式）同一直在持续更新的图式中所增加事物之间的联系。图式内部的联系和不同图式之间的联系促使我们学习并取得进步。如果某个发展阶段没有完成，那么将会阻碍后续学习。情境也会影响学习，学生在课堂上也许能够完成某些学习任务，但不知道如何将这种学习迁移到不同情境或环境中，从而可能限制他们的学习。当学生能够将学习与真实生活中的情境相联系并明确学习目的时，学习就会更加成功。

正如普理查德（2009）所说，“有效学习是指持续学习并且能将所学迁移到不同情境中”（第10页）。然而，格雷（Gray）和麦克贝兰认为，皮亚杰的研究成果中很少强调教师角色的重要性。

表3.2　皮亚杰的认知发展阶段论

发展阶段	各阶段特征	各阶段表现
感知运动阶段	1.知识以及来自身体动作和感官的理解 2.儿童以自我为中心	儿童通过看、听、尝、触和嗅来学习。他们通过身体活动来学习移动和体验环境，例如在浴室里玩玩具等
前运算阶段	儿童能更好地利用和控制环境。他们开始使用有关目标对象的词汇和语言，从而有助于支持游戏理念。他们尚未形成完整的知识体系，因此很有可能会出现较多不合逻辑的错误概念	儿童在学习之后可能还是无法正确地使用语言，例如“I goed to the shops”而不是“I went to the shops”（误用动词“go”的过去式）。他们也可能会对很多事物产生误解，比如认为所有体积大的东西都会下沉而所有体积小的东西都能漂浮
具体运算阶段	儿童发展了更强的逻辑思维，不过他们的逻辑思维通常只限于可见的事物或者具体的事物	回顾上述示例，在此阶段（当看到下沉或者漂浮的东西），他们开始思考体积不是唯一的决定因素，并意识到很多体积大而重的船仍然漂浮在水面上，进而开始思考导致东西漂浮或下沉的其他原因
形式运算阶段	儿童思维变得更有条理性和逻辑性。这意味着他们具有抽象思维能力，能够预测和假设，明白自己和他人想法的深层含义	在这一阶段，儿童和年轻人能够对事物做出合理解释。例如，他们可能会说，两件重量相同但形状不同的东西要么漂浮要么下沉，这取决于他们已经掌握的有关水的阻力、船、经由水路运输的种子等知识

〔改编自《孩子们如何学习》（庞德，2014）。〕

反思与讨论

（一）反思

参训教师，请回顾皮亚杰的认知发展阶段论以及每个阶段的重要特征。如果其中某个阶段没有得以完全发展，你认为学生和教师会遇到什么困难？

专家教师，请关注那些发展迟缓的学生。在你的教学计划和教学活动中，打算怎样帮助他们？

（二）讨论

参训教师和专家教师，请你们相互分享对以下两种情况的思考：发展迟缓的学生会遇到什么困难？在你们的教学计划和教学活动中，需要采取哪些举措来帮助这些学生学习？

建构主义理论蕴含了社会建构主义理论。这一学习领域中最著名的学者是维果茨基（Vygotsky，2012，在维果茨基等人的著作中）和布鲁纳（Bruner，1977），他们认识到教师角色和文化背景的影响是学习的关键。社会交往对学习的发生至关重要，而先前和当前的知识使得新的学习活动能够从交往中得到发展。与同伴、教师、父母、看护人或偶遇的见识更广的他人进行交往可以引发进一步的学习。学习可以在任何地方进行。在学校情境中，教师通常担任“其他更有见识的人”的角色。你可能熟悉“支架学习”(scaffolding learning)这一术语,即教师将学习活动分解为便于管理的步骤,促使学生在已知的基础上构建新的学习。维果茨基将其称为最近发展区(ZPD),即刚刚超过学生已有的知识、技能和理解并需要在他人帮助下取得进步的水平。教师以不同的方式予以帮助,例如通过讨论、运用资源、鼓励小组讨论和有针对性的提问。重复有助于深入学习。

约翰·杜威(1916)提出的“学生通过行动和探究来学习,教师是学习的促进者”理念产生了深远影响。他认为学习确实需要结构化,虽然教师无法改变学生过去的经历,但可以影响他们现在和将来的学习(格雷和麦克贝兰,2015)。试误被视为学习过程的积极部分,同探究学习法和调研学习法有关。本书第六章将对此进行更详细的探讨。

表3.3 探究学习法中师生职责示例

教师	学生
•建立学习任务 •推动学习进程	•明确自己的探究领域 •总结已有的知识 •强调学习需求 •发现或收集、分析并呈现相关事实

反思与讨论

(一)教学情境

在教授关于飞行的主题时,你与学生共同讨论他们知道的各种会飞的事物。你要求他们回想自己拥有的或见过的玩具、生物以及能够想到的任何飞行物。你鼓励学生与同伴一起列出清单,然后在课堂讨论环节进行分享。你引导学生观察飞行物所具有的关键特征,并通过提问来确保他们正在观察材料、形状和其他关键特性。接下来你鼓励他们动手做一些自己认为能飞的东西,并且你把做好的东西拿到操场上比试谁做的可以飞得最远。学生拿到了各种各样的材料和飞行物的图片,包括蝴蝶和种子等自然生物以及风筝、飞机等。学生被分成三到四个人一组。你给他们一些时间来探究所有的材料的特性并完成创作设计。当他们在动手制作时,你会对每个小组加以引导并提出关键性问题,例如“你为什么决定使用这类材料”或“是什么让你觉得这种形状有助于飞行”,基于他们的回答,你再引导他们思考为什么所做的选择可能会或可能不会起作用,从而修改和调整他们正在做的东西。

(二)反思

参训教师,请思考该案例中教师角色的重要性。教师在设计这一学习方法时会遇到什么困难?你认为这是支持学生学习的好方法吗?为什么?

专家教师,请思考怎样将学生进行分组?如何通过不同的学习资源、问题的运用以及大量其他的支持来搭建学习支架以帮助学生学习?

(三)讨论

参训教师和专家教师,请讨论支架学习的不同方法,并思考如何促使学生投身学习。

三、以学立教的其他方法

(一)情感智力(情商)

许多学者认为,情商会影响学生的学业进步〔亚历山大(Alexander),2010;戈尔曼,1996〕。一个人对学习情境的“感受”决定了他关注学习的程度,所以我们需要巧妙地运用情感(苏泽,2011)。作为教师,你需要把握情感可能产生的影响。从根本上而言,如果你能够主动意识到并管理好自身和他人的情感,你就能更有效地学习。

戈尔曼(1996)确定了情商的五个“领域”,其中三个领域涉及了解和管理自身的情感与动机,另两个领域涉及知晓、理解他人的情感并处理好人际关系。如果情感缺乏管理,学习就会受阻。

反思与讨论

(一)反思

参训教师,请回想这样的时刻——学生因为某事可能发生,在课间休息时无心学习,你或其他教师应该如何帮助学生管理好自己的情感呢?

专家教师,请回想当学生纠结于自己的情感或者同伴关系时,你成功解决问题所使用的方法。

(二)讨论

专家教师和参训教师,请思考有哪些可行的方法能够培养学生的情商。

(二)思维技能和解决问题的方法

以技术为基础的学习方法以及围绕思维技能的学习方法也是你在学校中可能会运用的方法,这些方法为发展思维技能和解决问题提供了框架。学习是为了培养理解能力,因此以技能为基础的学习方法和发展思维的技能倡导这样一种理念,即培养思维技能可以为知识提供语境。这些方法中包含了许多不同学习理论的要素。本章接下来的部分也将进一步讨论这些内容。教学焦点逐渐转向发展学习技能而非获取知识,因为这些技能可以让学生找到自身需要了解的资源。德博诺开发了一套关于思维方式的工具箱。每顶帽子代表相应的思考方法。

表 3.4　六顶思维帽

帽子	
白帽子	关于找寻信息并思考你能从中发现什么或学到什么
红帽子	关于探索你对特定情境的感觉和情感(与戈尔曼提出的情感智力相关)
黑帽子	关于你对特定情境中会出现哪些问题的思考
黄帽子	关于你对特定情境中存在的机会和效益的积极思考
绿帽子	关于寻找解决问题的方法,关于开放式地探索解决方法
蓝帽子	是为管理整个流程的人准备的。这顶帽子应该支持每个人参与到正在发生的事情中来,并在需要的时候借鉴其他“帽子”以产生更多的想法

〔改编自《孩子们如何学习(3):当代思维与理论家》(庞德,2009)。〕

反思与讨论

参训教师和专家教师,请思考“思维帽”方法。你们认为教师在使用该方法教授思维技能时可能会存在什么问题?这种方法对教学活动有用吗?

洛林等人(Lorin et al.,2001)提供了布卢姆教育目标分类的修订版来说明思维技能如何提升到更高水平。布卢姆利用分类学说来支持自身的论点,即学习需要被分解为不同的层次——随着能力不断提高,可以进行更高层次的思考和学习。一些学校运用该理论帮助师生发展高阶思维能力,这部分内容将在本书第八章“提问和对话”部分进一步阐述。

反思与讨论

(一)反思

参训教师,请回顾在本章伊始,你就“如何最高效地学习”这个问题所反思的各种教学原则和学习方法。你认为哪些方法对学习更有帮助?

(二)讨论

参训教师和专家教师,请讨论为什么了解教学原则很有必要以及这会怎样帮助你们发展自身的以学立教原则。

本章小结

本章简要概述了一些关键的学习理论和学习方法。

你可以看到,课堂中的许多教学原则旨在帮助学生学习。你所使用的方法依赖于学生的学习内容,你计划开展教学活动的方法在于确保学生学习的有效性。哈蒂(2012)指出:

教师所做的事情很重要,但最重要的是要形成一个与他们所做事情产生影响相关的适当的思维框架……在思维框架中,教师把评估自己对学习的影响视为自身的角色要求。

(哈蒂,2012,第 15 页)

这与教学原则本身无关，而是涉及知晓为什么你会以特定方式从事教学活动。这种教学活动需要建立在掌握学生学习方式、具备反思能力并且对你的所作所为充满自信的基础之上。

参考文献

[1] Alexander, R (ed.) (2010) *Children, Their World, Their Education: Final report and recommendations of the Cambridge Primary Review*. Abingdon: Routledge.

[2] Bandura, A (1977) *Social Learning Theory*. New York: General Learning Press.

[3] Bruner, JS (1977) *The Process of Education* (1960) (2nd edn). Cambridge, MA: Harvard University Press.

[4] De Bono, E (2000) *Six Thinking Hats*. London: Penguin.

[5] Dewey, J (1961) *Democracy and Education* (1961). New York: Macmillan.

[6] Fisher, R (2005) *Teaching Children to Think* (2nd edn). Cheltenham: Nelson Thornes.

[7] Gardner, H (1983) *Frames of Mind: The theory of multiple intelligences*. London: HarperCollins.

[8] Gardner, H (1999) *Intelligence Reframed: Multiple intelligences for the 21st century*. New York: Basic Books.

[9] Goleman, D (1996) *Emotional Intelligence: Why it can matter more than IQ*. London: Bloomsbury Publishing.

[10] Gray, C and MacBlain, S (2015) *Learning Theories in Childhood* (2nd edn). London: SAGE.

[11] Hattie, J (2012) *Visible Learning for Teachers: Maximising impact on learning*. Abingdon: Routledge.

[12] Hymer, B and Michel, D (2002) *Gifted and Talented Learners: Creating a policy for inclusion*. London: David Fulton.

[13] Lazear, D (2004) *Multiple Intelligences Approach to Assessment*. Carmarthen: Crown House Publishing.

[14] Lorin W, Anderson, LW, Krathwohl, DR and Bloom, BS (2001) *A Taxonomy for Learning, Teaching, and Assessing: A revision of Bloom's taxonomy of educational objectives*. New York: Longman.

[15] MacBlain, S (2014) *How Children Learn*. London: SAGE.

[16] Muijs, D and Reynolds, D (2007) *Effective Teaching: Evidence and practice* (3rd edn). London: SAGE.

[17] Piaget, J and Inhelder, B (2000) *The Psychology of the Child*. New York: Basic Books.

[18] Pound, L (2009) *Contemporary Thinking and Theorists: An overview of contemporary educational and psychological theorists*. London: Practical Pre-School Books.

[19] Pound, L (2014) *How Children Learn: Educational theories and approaches-from Comenius the father of modern education to giants such as Piaget, Vygotsky and Malaguzzi*. London: Practical Pre-School Books.

[20] Pritchard, A (2009) *Ways of Learning: Learning theories and learning styles in the classroom*. Abingdon: Routledge.

[21] Shunk, D (2012) *Learning Theories: An educational perspective* (6th edn). Boston, MA: Pearson Education.

[22] Siemens, G (2005) Connectivism: a learning theory for the digital age. *International Journal of Instructional Technology and Distance Learning*, 2(1): 3-10.

[23] Skinner, BF (1974) *About Behaviorism*. New York: Vintage Books.

[24] Sousa, D (2011) *How the Brain Learns* (4th edn). London: SAGE.

[25] Vygotsky, LS, Hanfmann, E, Vakar, G and Kozulin, A (2012) *Thought and Language*. Cambridge, MA: MIT Press.

[26] Wallace, B (ed.) (2001) *Teaching Thinking Skills Across the Primary Curriculum: A practical approach for all abilities*. Abingdon: David Fulton Publishers.

第四章　教学计划

丽贝卡·吉森

本章目标

1.思考制订教学计划的原因；
2.熟悉教学计划的关键领域；
3.思考教学计划需要包含不同要素的原因；
4.发展有效制订教学计划的能力。

一、引言

即使你身处教师职业生涯的早期阶段，也可能关注到教学计划。或许你的学校或培训机构介绍了教学计划的格式，安排了教学计划并且让你照其开展教学活动，甚至你已开始尝试独立制订教学计划了。当你第一次看到教学计划时，也许会觉得这是一个包含了大量信息、令人困惑的表格。你最初的想法可能是“我真的必须每堂课都完全依照制订的教学计划开展教学吗?”本章最初部分旨在帮助你了解教师制订教学计划的原因，以便你能够明白制订教学计划的任务是富有目的性的，随后将探讨优秀教学计划的构成要素。一旦你理解了自己的所作所行、这样做的初心以及整个教学过程中可以使用的策略，那么你制订的教学计划将变得更加有效。

二、我们为什么要制订计划

首先，有必要阐明制订教学计划和制订计划的区别。制订计划的过程很简单，根本无须纸笔，我们会持续为将来制订计划或做出决定。而教学计划的制订则包括记录教师在思考如何确保学生取得学业进步的过程中所产生的想法。本章将会详细阐述两个问题:一是为什么教师要备课？二是为什么教师要撰写教学计划？

(一)为什么要备课

要站在讲台上面对全班学生，可能其他有经验的教师也会在场，对处于职业生涯早期的参训教师来说，课堂教学还是颇具压力的。然而，如果教师站在讲台上却对接下来要做什么或说什么一无所知，会使他们感到惶恐。作为参训教师，在早期职业生涯中，除非你预先备好了课，否则学校不会完全放手让你随心所欲地去上一堂课，所以你可能没有毫无准备进行教学的体验和感受。但在你之后的职业生涯中，不可避免地会被临时叫去上一堂无准备的课，此时你就能够深刻体会到提前备课是多么重要。

很多教学方法都强调学生应该成为学习的主人以掌控自己的学习。但这些方法的价值取决于教师所具备的知识和能力，能否熟练地引导和鼓励学生根据自身兴趣来学习新知识、新观点和新技能。如果缺少教师的鼓励和引导，便难以确保学生的进步。

最重要的是，要记住教师制订教学计划和备课的方式多种多样(哈蒂，2012)。学校通常会要求教师在课程开始之前以各种形式来准备教学。虽然每所学校都有各自不同的教学计划呈现方式，但并不存在所谓的“最好”方式。大家制订教学计划的潜在目的都是一致的，即采取相应的教学措施确保学生学业进步。

教师备课应以学生的学习为中心。学生的学习及进步是教育的核心，学校领导有责任促进学生的学业发展。一些学校监督学生学习及进步的方法是监控教师的备课过程。当然，让所有的学校领导每周坐到一起分析每位教师制订的教学计划也是不可能的。因此，明确教学计划制订的合理步骤能够发挥一箭多雕的效果，确保学生的学业进步。当你制订教学计划时：

1.确保学生无论在接下来的跨课时学习、跨学科学习或跨学年学习中都能将之前的学习融会贯通；

2.顾及每位学生和所在小组的学习及进步；

3.为教师评估学生的学业进步提供蓝图，并且为学生下一阶段的学习提供起点。

卢克(Luke)从事教学工作两年了，一直把学生的进步视为制订教学计划的核心。

教学计划是教师安排教学活动的重要工具，有助于我对教学内容的组织和安排，并能够确保我开展高效的课堂教学以满足学生的需求。也就是说，制订教学计划可以让我从知识、技能和理解三个领域清晰了解学生的学习进展。考虑到不同能力学生需求的差异，我制订了个别教学计划以引导每位学生有效学习。而且后续课程设计以形成性评价为基础，确保学生学业的进步。

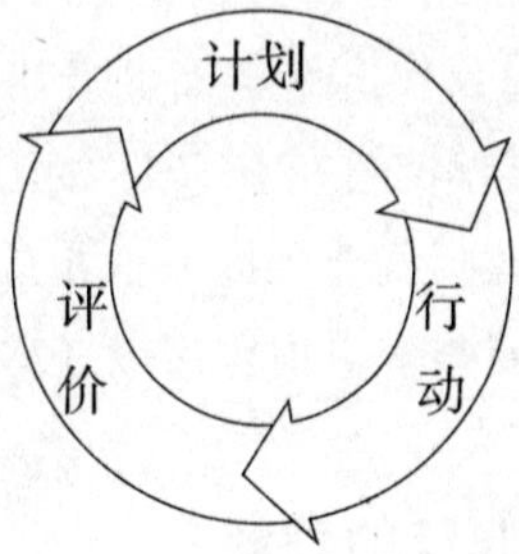

图4.1　“计划、行动、评价”周期

这可以被视为一个循环的过程：

课堂观摩将是你职业生涯的组成部分。诸如专家教师、培训人员和学校领导都会观摩你的教学。课堂观摩的最终目的是确保你所教学生的学业进步。学校督察员通常不会检查教师的教学计划。

实际上，英国教育标准局(Ofsted)也明确声明：不要求学校提供教学计划，也不特别规定教学计划应该如何制订、包括哪些细节(英国教育标准局，2016)。因为教学活动的很多方面都能证明教学计划是否有效，比如学生的言谈举止、学生对问题的回答、学生在课堂以及一段时间内递交的作业。但是，尤其当你处于培训阶段时，书面教学计划作为一种具有价值的文本，有助于课堂观摩人员更好地理解你如何制订以学生进步为导向的教学计划。课后，你对教学计划的分析，特别是对学生没有取得预期进步的课堂分析，能够帮助你发现失败的原因并且在下次教学中有所改进。同样重要的是，你也可以利用教学计划发现自身的优势。

反思与讨论

请确定一个参训教师观摩专家教师课堂的时间。

（一）反思

专家教师，请确保你制订的教学计划呈现了你希望参训教师能够呈现的全部内容，并告知参训教师你如何通过制订教学计划来促进学生的学业进步。

参训教师，请有目的、有重点地观摩课堂，尤其要仔细观察专家教师在课堂上如何引导学生的发展。他们会提问吗？提的是什么类型的问题？他们是独立教学还是以小组的形式进行教学？他们观察学生之间的讨论吗？他们会完全按照给你的教学计划进行教学吗？如果没有的话，为什么你认为他们调整了教学计划？这些调整与学生的学业进步有关吗？当在课堂教学中出现教学计划之外的内容时，他们会停下来专门解释或澄清吗？

（二）讨论

参训教师和专家教师，请在课后一起讨论如何评估学生在课堂上的进步，并检查学生书本上的笔记，这有助于你们掌握课业的进展。

在上述活动中，你们可能会发现学生出现的错误。在早期职业生涯中，当你们听到学生给出“错误”的回答时，会心生担忧甚至自我怀疑：“难道是因为我解释得不够清楚？我肯定是备课的时候这部分准备得不充分！”这一层面的反思非常可贵，有经验的教师能够预测并珍视学生的错误。某个学生的错误回答可能只是“冰山一角”，其他学生可能也没有理解所学内容。有鉴于此，一名优秀的教师就会立即采取相应的教学措施，引导学生的学习回到教学正轨，而且这样也有助于明确哪些学习内容可以迁移到后续课程中。

（二）增进你对教学计划制订的理解

由表4.1可知参训教师制订教学计划的大致发展阶段。

反思与讨论

（一）反思

参训教师，请问你现在处于哪个阶段？假设你将指导学生反思他们先前的学习，在这一点上思考你对备课的理解。请你浏览表4.1对每个阶段的描述，你觉得自己处于哪个阶段呢？

专家教师，你觉得自己指导的参训教师现在需要什么？作为教师，我们都明白不同学生在不同时期需要不同程度的支持。在你给参训教师提出制订教学计划的要求之前，有必要考虑他们目前的理解水平，并为其提供建立在他们已知基础上的活动。依照表4.1，你认为参训教师现在处于哪个发展阶段，请找出相关事例或证据支持你的观点。

（二）讨论

专家教师和参训教师，请讨论你们觉得参训教师现在的理解水平达到了哪个阶段，并思考该如何帮助参训教师取得进步。

以下是参训教师教学计划制订技能的大致发展阶段。

表4.1 教学计划制订技能的发展阶段

阶段	参训教师如何制订教学计划	专家教师怎样支持参训教师制订教学计划	参训教师进一步发展教学计划制订技能需要做什么
预前指导阶段 专家教师制订教学计划	参训教师直接使用专家教师制订好的教学计划开展教学活动	专家教师需要对速写笔记进行解释,和参训教师一起讨论并阐释教学计划的制订与选择。专家教师需要深入描述学生先前的学习	参训教师需要着力理解学生已经掌握的知识,观摩专家教师的课堂教学,并在课上对教学计划做好评注,提出需要课后探讨的问题
指导计划阶段 专家教师和参训教师共同制订教学计划	参训教师借鉴专家教师的观点及其对学生先前学习的理解,并且把专家教师的教学计划作为模板开始独立设计后续课程的部分内容(课程的不同板块、小组活动等)	专家教师通过制订课程中部分内容的计划模板来支持参训教师。专家教师也可能需要参与参训教师的课堂向其提供解释或帮助,因为参训教师有时会误解专家教师的观点。如果共同制订教学计划,应邀请参训教师参与	参训教师应该阐释所借鉴教学计划的来源,比如《国家课程标准》(NC)、长期或中期教学计划、出版的教学计划等。参训教师在独立制订教学计划之前,需要尝试评估学生当前的学习水平
计划发展阶段 参训教师经过初期的投入并根据先前的反馈能更加独立地制订教学计划	通过本阶段的发展,参训教师从对专家教师教学计划的简单模仿过渡到基本不需要专家教师的帮助,也能独立制订大部分教学计划。最初,参训教师对学校提供的教学计划有极大的依赖性。更重要的是,经历过本阶段之后,参训教师能够更加自信和自主地调整教学计划以满足全班学生的学习需求	参训教师在制订教学计划前,需要咨询专家教师,以确定自己正确理解了学生先前的学习。专家教师应该提出初步建议,参训教师随后开始独立撰写教学计划,写完后再询问专家教师的意见。专家教师鼓励参训教师最好在课程开始前提交教学计划,确保自己有充足的时间给予反馈并反复若干次。专家教师要知道参训教师此时仍然不够自信,在制订教学计划的过程中仍然需要帮助	参训教师应该着手构建自己在教学过程中可以运用和优化的"点子库""资源库""方法库"与"策略库"。参训教师要相信自己能够准确评估学生当前的学习水平

续表

阶段	参训教师如何制订教学计划	专家教师怎样支持参训教师制订教学计划	参训教师进一步发展教学计划制订技能需要做什么
计划扩展阶段 参训教师能够独立自主地制订教学计划，专家教师只需在特定时期进行检查	参训教师在独立制订教学计划之前需要和专家教师面对面商讨。参训教师开始在没有专家教师提供帮助的情况下独立撰写教学计划，并且能够独立准确地评估学生先前的学习水平	专家教师在观念层面支持参训教师，要求参训教师阐述他们对学生先前学习的了解以及期望学生能够取得的进步	如果允许的话，参训教师应该和学校教学计划制订小组共同思考，并为中期教学计划的制订献计献策
	参训教师根据自己对学生先前学习水平的评估结果独立制订教学计划	参训教师向专家教师递交他们觉得“到位”或只需稍做调整的教学计划。在课程开始前只需留出很少的反馈时间	参训教师需要参与学校长期教学计划的制订
	参训教师通过借鉴和参与学校构建的（适当的）长期教学计划，完全自主地制订教学计划	专家教师只需在课后审思教学计划，以便反思教学活动的有效性	参训教师旨在提高教学计划制订过程的效率

专家教师与参训教师需要共同努力和付出，才能确保双方有效伙伴关系的建立和巩固。作为参训教师，你有必要明确制订教学计划的目的归根结底在于促进学生朝好的方向发展。但也可能有时候你会忘记指导你的专家教师同样需要关照你的学习和进步。

案例研究

去年我和我指导的参训教师索菲（Sophie）一起工作，她的课前准备并不出彩。并非她制订的教学计划有误，她通常根据学生先前的学习情况制订相应的教学目标（尽管学业成就标准设置不是很到位），设计的教学活动也很合适。主要问题是她每次都在临近上课的时候才向我递交教学计划，尽管我已经多次温和地（然后更加严厉地）提醒她，我需要在课前至少一天就看到教学计划。

坦白而言，我看到过她一些不令人满意的课堂教学：大多数学生在课堂上很难有所学、有所获，当我读到她的教学计划时就明白问题的原因了。教学中的问题通常由多种成因导致：有一次她竟然完全忘记讲解一些关键词汇，还有一次她尝试让学生建立和先前学习的联系，但当她要求学生在不同的环境下应用所学的知识时却没有意识到自己应该把知识之间的联系解释得更清楚一些。她从不提前和我交流制订的教学计划，这点让我很气愤。毕竟我了解全班学生，也可以向她提出一些建议来避免课堂中许多问题的出现。

因为我作为新任专家教师第一次指导他人，自己也才接受完培训，所以与索菲交流想法时感到非常惶恐，但是我知道自己必须这样做。我要对学生这一学年的进步负责，如果学生在索菲执教的六周内一直无法取得进步的话，那我接下来的教学将会遇到很大麻烦，同时我也要努力确保索菲在学校实习的这段时光是有价值的。当我找索菲交谈时，了解到她有时晚上会做兼职，所以难以按时完成教学计划的制订并递交给我，这就是问题的关键所在。我始终记得以前参加培训时，自己完成教学计划的制订通常要花费很长一段时间。索菲也承认她没有站在我的角度思考问题；她明白学生的发展最为重要，但直到我们交流的时候她才意识到学生的发展离不开教学计划的支持。当她掌握了如何通过教学计划追踪学生的发展，并意识到教学计划怎样影响学生学习之后，情况就好转了。这不是一次有趣的谈话，只是公开地就事论事，我和索菲的关系因此得到了改善，而且令人欣慰的是，索菲的教学质量与学生的学业成就都得以提升。

你从上述专家教师的案例中可知，索菲没有留给其指导教师给予反馈和支持的时间。教学计划本身仅是对备课的一种记录，尤其是当你处于职业生涯的早期阶段，有经验的教师在你授课前提出的建议尤为珍贵。

（三）教学计划为谁制订

教学计划可以通过多种形式呈现，但须牢记教学计划最终是为你的教学做准备的。制订教学计划可以有效引导你的思考，以便当你面对全班学生时，可以自信地告诉学生们大家正在取得进步。

教师的教学活动完全照搬教学计划的情况很少（最好避免）出现。但是，备忘录可以在课堂上提示你教学组织的细节问题。有鉴于此，“啰唆”的教学计划往往不那么有效——需要快速查找的信息隐藏在关联松散的文本中，因而在教学计划中可以尝试用简洁的要点加以替代。

在你的整个职业生涯中都有必要铭记：虽然你的教学计划主要是为自身准备的，但也要让他人能够看明白。指导你的专家教师、高层领导小组和与你搭档的助教等都要能够理解你的教学计划以确保学生的进步。因此，在你需要什么来支持自身的教学活动和他人可能需要从你的教学计划中理解什么之间应当建立一个平衡。

三、《早期基础阶段纲要》和《国家课程标准》

许多学校都把《国家课程标准》(2013)作为制订长期教学计划的基本参照,因为"相关法律规定公立学校必须遵循国家法定课程标准"(英国教育部,2013,第5页)。《国家课程标准》中规定了学习应达到的效果,学校从而将其作为制订长期教学计划的基础。需要根据所涉及的不同学科运用相应的评估方法;《国家课程标准》对数学、英语和科学等"核心"课程每个学年的学习成效都做了详细阐述,然而对其他(或者"基础")学科只呈现了整个关键阶段的学习成效,因此教师有机会更灵活地组织教学。

值得注意的是,《国家课程标准》提供了小学生所需要的核心知识的大纲,这只是每个学生教育的一部分(英国教育部,2013,第6页)。制定《国家课程标准》也给学校提供了充足的时间开发更广泛的课程来拓展学生的知识、技能和理解,这些都超过了《国家课程标准》的细目,赋予学校具有法定要求之外的一些自主权。然而,与其他有能力选择不采用《国家课程标准》的学校一样,长期教学计划支持学校在确保学生发展的前提下制订相应阶段的教学内容以避免重复。并且就公立学校而言,长期教学计划也展示了遵循《国家课程标准》要求的证据。

《早期基础阶段纲要》"对于所有早期教育组织都具有强制性",无论是公立的、私立的还是独立的教育机构(英国教育部,2014,第4页),并且试图为所有早期学校提供一致的教学质量要求,为学生的学习和发展奠定安全的基础(英国教育部,2014,第5页)。这意味着所有学校都要根据《早期基础阶段纲要》制订教学计划,其中许多学校也要根据《国家课程标准》来为英国义务教育第一和第二关键阶段的学生制订教学计划。无论学校有没有像表4.2那样区分不同的阶段,它们都将要经历一个逐渐将概括性的学习成效调整为聚焦的、具体的、可衡量的学习目标的过程。

如上所述,数学作为一门核心学科,每年的学习成效都有详细的规定,不同于作为一门基础学科的艺术评估方法。

表4.2　从学习成效到学习目标

数学	计划阶段	艺术
三年级: 学生需要学会测量、比较、加法和减法:长度(米、厘米、毫米);重量(千克、克); 容积或体积(升、毫升)(英国教育部,2013,第117页)	《国家课程标准》	义务教育第一关键阶段结束时: 学生应该学会用素描、绘画与雕塑来发展和分享他们的想法、经历和想象,并且能够使用多种素材进行创造性设计并完成不同的作品(英国教育部,2013,第177页)
第一学期: 长度	学校长期教学计划	三年级: 素描

续表

数学	计划阶段	艺术
第一周： 比较不同的长度（米、厘米、毫米）	中期教学计划	第一学期： 运用多种素材进行素描
每堂课的学习目标： 比较10厘米以内物品的长度	短期教学计划	依照教学顺序，第一堂课的任务： 体验用炭笔和粉笔进行素描

不同学校通过不同方式制订各阶段的教学计划。有时，长期教学计划只会涉及简要的学习成效，而中期教学计划则会进一步详细阐明。接着就是短期教学计划或者每天的课时计划，对于处于培训中的参训教师来说，制订课时计划是明智的，无论学校是否对有经验的教师提出该要求。在其他情况下，长期教学计划既具有深度又表述详细，那么此时中期教学计划就相对没那么重要了。需要注意的是，虽然所有的学校都会依照《早期基础阶段纲要》制订早期教育阶段的教学计划，但其中只有部分学校会遵循《国家课程标准》中关于英国义务教育第一、第二关键阶段的规定。然而，为了确保学生的发展，你在制订教学计划之前需要先厘清自己的思路。

四、教学计划包括哪些内容

基于本书的目的，我选择详细论述短期教学计划，即最详细和最后阶段的计划。长期教学计划和中期教学计划很多时候在你来学校接受培训之前就已经制订好了，但是这些阶段教学计划的制订要考虑很多因素，包括学校校风和学习方式等。在你以后的职业生涯中，将有机会参与这些阶段教学计划的制订。

不同形式的教学计划都会呈现与学习进步相关的共同主题。虽然有必要灵活安排课堂时间以便及时应对教学突发事件，但是在你上课之前制订教学计划，可以确保教学内容的容量不多不少、恰到好处。

制订教学计划确保学生的学业进步需要考虑以下关键领域：

1. 学生先前学习；
2. 课堂教学目标；
3. 学业成就标准；
4. 学生学业评估。

要基于你班上学生所掌握知识的情况以及每个学生的不同需求来具体考虑上述各个领域。

五、先前的学习和后续的学习

合理把握学生先前的学习至关重要，这能确保学生后续的学习能够建立在他们已知的基础上，从而有效促进学生的发展。作为一名参训教师，在设计一系列课堂教学活动之前要做到全面了解所教班级的学生情况有时颇富挑战，但优秀的专家教师可以帮助你做到这一点。当你需要快速发展初步诊断学生学习水平的技能以及了解学生会如何回应你的教学时,对所教课程的准确理解可以帮助你通过及时调整教学计划来确保自己处于正确的起点。

哈蒂(2012)除了探讨教师需要合理把握学生先前的学习情况之外,还提出了要理解学生(不同于成年人)的思维方式和学习动机;你制订教学计划确保学生学业进步的能力取决于你对学生及其学习状态的了解。

思考你为学生后续学习所设定的目标也是很有帮助的,可以确保你在制订教学计划时心中所关注的学习活动都有明确的目标导向。

拓展性资源

1.Hattie,J (2012) *Visible Learning for Teachers: Maximising impact on learning*. London: Routledge.

2.皮亚杰关于学生思维发展阶段的研究著作:

Piaget,J and Inhelder,B (2012) *The Psychology of the Child*. New York: Basic Books.

六、学习目标

在哈蒂看来,教师制订的学习目标越清晰,学生就越可能积极投身学习、达成目标(2012,第46页)。英文中表述"学习目标"的术语有"learning goals""learning intentions""lesson objectives""learning aims""intended learning"或诸如"LO(learning or lesson objectives,学习或课时目标)""WALT(We are learning to...,我们学习是为了……)"等缩略词。这些术语都是指为课时所设计的学习活动。

学习目标应该:

1.清晰地阐明教学结束时学生所要习得的内容(而不是将要产生的内容);

2.每堂课都有所学、有所获;

3.建立在先前学习的基础上;

4.考虑学生已有的知识水平;

5.能够被评估。

学习目标是所有教学计划的基础,应该依据学生课堂上需要习得的技能、知识和理解,而不是教学的结果(有时会出现在参训教师的教学计划中)。

1.技能——可以应用到不同情境并且通常以"能够"开头,例如,能够解答多步骤阅读题。

2.知识——学生了解新事物,通常以"了解"开头,例如,了解哪些材料是热绝缘材料。

3.理解——有关概念或观点,通常以"理解"开头,例如,理解建造哈德良长城的原因。

你要避免将学习目标与学习情境建立联系。因为评估是以学生知识、技能和理解的发展,而非特定的学习情境为基础。如果你给上述第一条学习目标加上学习情境,便会明白其中的原因:能够解答关于马戏团的多步骤阅读题。

我们知道学生以不同速度在进步,而深度学习往往需要时间,因此需要重新审视学习目标。但是,你不太可能设计专门关于马戏团多步骤阅读题的另一堂课;你会想要创造不同的学习情境吸引学生,引导他们能将所学的内容应用到不同情境中,从而确保你的学习目标不受特定情境的限制。

同理,学习目标中最好也不要出现将要产生的结果。如果我们对上述第二条学习目标稍做调整:用不同的材料包裹盛着热水的容器,看哪一种材料保温的时间最长。我们不难发现,这个学习目标不仅变得过于冗长,而且在其他情境或课程中也无法得到强化、巩固或应用。

在制订教学计划时,教师有必要考虑在课堂上分享学习目标。最好在教学活动伊始先隐藏学习目标,教学过程中或教学结束时再阐述学习目标,这应该是一个深思熟虑的教学决定,并非事后的想法。可以说,为了有效地学习,学生应该意识到他们正在学习的内容(哈蒂,2012),但是,教师如果在教学刚开始时就分享学习目标中知识、技能和理解的确切性质,可能会"泄露游戏规则",并限制学习的机会。

你还有必要考虑语言的选择。如上所述,学习计划是针对不同于教学本身的多样受众,与一群七岁的学生相比,一个富有教育教学经验的成年人可以理解更为复杂的学习目标。你在计划如何表述学习目标时要仔细考虑这一点。你的教学计划最好囊括两个学习目标:一个使用适合成年人的措辞,另一个则使用贴合儿童的话语。

七、成就标准

成就标准以不同的形式呈现。有些教师将成就标准视为帮助学生达到最终目的(或学习目标)的系列步骤。另一些教师则认为成就标准是衡量学习成效的标准,可以帮助学生更深入地理解课时目的,并根据学习目标评估自己的学业成就。哈蒂(2012)也赞同这种观点,强调学生应该意识到自己的学习目标,并且能够知道自己是否达到了期望的学习成效。

教师通常会发现,让学生参与制订自己的成就标准往往事半功倍。鼓励学生反思自己的学习或投身元认知的过程,强化了教师在课堂上设定的学习目标。但是,你应该时刻准备在必要的时候引导学生们朝着正确的方向前进,以确保其学习一直处于正轨。

表4.3　"学习成效"型成就标准与"成功步骤"型成就标准的示例

学习目标	"学习成效"型成就标准	"成功步骤"型成就标准
能够区分奇数和偶数	我能够区分一个数字是奇数还是偶数	通过观察该数字的最后一位数来确定其属于奇数还是偶数 将数字除以2来确定
清晰描述一个人的特征	读到文中内容就能知道描述的是谁	使用形容词 包括以下所有或某些方面,例如: 兴趣爱好 对他人的态度 与其成为朋友的原因

反思与讨论

（一）反思

参训教师，请分析你的学习目标是否涉及了技能、知识和理解这三个方面，并思考是否涉及了学习情境和学习成效，如果涉及，会对学习评价产生怎样的影响？你认为重新设定学习目标能带来什么益处？

专家教师，请审思参训教师设定的学习目标，你觉得哪些是不成功的（例如，导致学生进步不足）？为什么？

（二）讨论

参训教师和专家教师，请思考你们认为不太成功的学习目标并重新对其加以设定。

此外，请思考学习目标和你们所运用的成就标准之间的联系。这些标准是否清晰传达了课堂上的学习目标，并让学生意识到成就是什么？

八、学习评价

在本书中，由伊丽莎白·法勒撰写的第五章详细论述了教学评价理念，因此本章将集中探讨其在教学计划结构中的地位。

从教学计划制订的角度来看，评价的机会对确保评价的开展至关重要。教师很容易被课堂上发生的事“带偏思路”，并像学生一样全身心投入有趣的、令人兴奋的学习中去。但是，你所扮演的教师角色取决于你如何引领学生持续学习，如果不评价当前的教学活动，将无法计划后续的学习。

你应该（基于学习目标和成就标准）计划将要评价的内容、对象和方法。试图每堂课都对每位学生进行评价通常是不现实的。在某堂课中，你可能计划重点评价某个小组的学生，邀请你的教学助理着力评价另一个小组的学生，并通过对课堂上其他各类要点的提问，初步判断班上其他学生的进步。你课后批改学生的作业既有助于课堂评价，也可以发现学生的错误以改进后续的教学计划。在接下来的教学中，我们建议将评价重点放在不同的小组上。虽然这种方法便于对评价进行管理，但需要你在制订教学计划时仔细考虑，以确保你能够深入理解每位学生在一系列课程中取得的进展。

（一）差异

根据你班上不同学生的差异，仔细考虑如何对学生进行分组，确保你在学科间和学科内都能够游刃有余。

(二)活动

你和学生在课堂上打算采取什么举措来支持他们以学习目标为导向取得进步？哪些资源、关键词和成年人的支持将由谁使用？这堂课在何时将会有何不同？

示范教学(modelling),学生从演示中学习;支架教学(scaffolding),学生在同学或成年人(“更有见识的人”)的帮助下学习,这些都是制订教学计划时应该借鉴的重要学习理论。请思考学生处于学习的哪个阶段以及理想的学习状态是怎样;通过示范教学来呈现教学的部分内容是否是最合适的方法？在什么时候支架教学能够加深学生的学习理解？

拓展性资源

(一)示范教学

班杜拉告诉我们,大多数人类行为都由观察模仿所习得:观察他人,形成对新行为表现方式的观点,在之后的情境中这些编码信息就成了行动指南(班杜拉,1977,第22页)。

(二)支架教学

维果茨基最早探讨了需要向其他更有见识的人学习,这是最近发展区理论研究的一个部分。最近发展区是指实际发展水平即独立解决问题的能力,与潜在发展水平即在成年人指导下或者通过和更有能力的伙伴共事以解决问题的潜能,两者之间的差距(维果茨基,1978,第66页)。

布鲁纳(1966)进一步阐述了该观点,并创造了术语“支架”来描述学习,让学生通过三种方式独立运用所学内容。

上述教育理论和其他重要教育家的学说汇总在:

Aubrey, Kand Riley, A (2016) *Understanding and Using Educational Theories*. London: SAGE.

(三)关键问题和词汇

在第八章中,约翰·帕拉莫尔探讨了如何通过提问刺激对话教学来帮助你理解提问机制。许多教师发现,在开始上课之前就设置好关键问题,可以使他们对教学进展“保持追踪”,也可以对学生进行评价。你可能打算根据之前的评价或提供进一步加深学生理解的机会来确定问题。

明确你将在教学中使用哪些特定主题的词汇对制订教学计划也很有帮助。这涉及向学生解释新单词和新短语,而且也应该在教学计划中提醒你继续在特定目标或主题中嵌入学生需要的词汇。

（四）资源

在你的教学计划中记录需要课前备齐的资源，有助于提醒你做好当天的教学准备。你在设计教学活动时应考虑到这一点并关注学生之间的差异。

（五）其他成年人的角色

对其他成年人的规划应该贯穿于学习的其他领域。你可以阅读埃玛·克拉克在本书第十二章中有关与教学助理合作的详细论述。但是，在制订计划时你首先应确保将其他成年人视为支持学生进步的宝贵资源，因此要认真规划他们在教学中全程参与学习活动。

重要的是，不仅要规划好在每堂课中发挥其他成年人的作用，而且还要预留出时间以便你同参与教学的其他成年人进行课前讨论，同时也需要时间反思学生的进步，以便为后续教学计划的制订提供参考。

（六）研讨会

对教学目标的评价与反思既能帮助学生理解自身的学习，也有助于教师评价学生的学习。研讨会不应该成为一场“表演和展示”，你应当仔细思考每位学生在教学过程中将要学习的内容。小型研讨会，或在课堂中对学习的简单回顾往往非常有益，因为你和学生有机会对学习进展做出即时回应，通常这些都不是预先计划的。基于你对学生学习的持续评价与决策，你需要意识到什么时候应该组织一次小型研讨会。

研讨会的内容主要包括：

1.跟进学生在教学伊始提出的问题；

2.为学生提供根据成就标准进行同伴评价和自我评价的机会；

3.要求学生反思自己的学习：这堂课我们学到的最重要的三件事是什么？我们可以创造什么样的规则或技巧来帮助我们下次……

4.为学生提供机会将所学所获应用到不同情境，也许是为了证明他们的选择，也许是为他们在课堂上的学习提供一个理论依据；

5.向学生解释后续课程中学习的发展方向，帮助他们认识到学习是一个持续的过程，而不是一个孤立的活动。

反思与讨论

（一）反思

专家教师，请记住你指导的参训教师可能会在下学期转到另一所学校工作，所以给他们机会尝试使用不同的制订教学计划的格式，这将有助于他们的专业发展。

参训教师，请视你的经验而定：

请同行的参训教师、其他教师或你的指导教师分享他们所使用的不同的教学计划制订格式。哪些你认为用起来最得心应手？选择你最喜欢的一到两种格式制订教学计划，而不是继续沿用你目前使用的格式。

或者：

创建自己的教学计划制订格式。借鉴（如前所述，或在其他教学计划中看到的）关键要素。

（二）讨论

请你思考不同的格式中哪些要素有用、哪些要素没有用以及原因。记住主要目的：提醒你做的每个决定都要能确保学生在教学中取得进步。

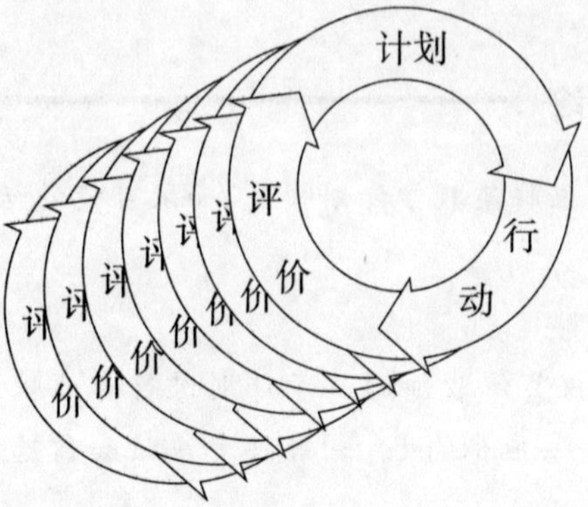

图4.2　制订教学计划是一个螺旋上升的过程

如果我们现在将深入描述教学计划制订过程的图表添加进来，会发现制订教学计划其实是一个持续的螺旋上升过程。

这个过程依赖于灵活性和回应性。刚开始，参训教师经常会问："如果我不按照教学计划进行教学会有什么影响吗？"当然，答案是什么根本不重要，只要所做的改变对学生进步有积极的影响。而且事实上，为确保后续教学活动以螺旋上升的形式开展，对教学计划的回应和调整必不可少。作为一名教师，你的某些教学技能取决于自身对课堂突发事件的反应以及从中学习的能力（见本书第一章"以专业发展为导向的反思"）。具备课堂临场应变能力的秘诀取决于你的学科知识、你所教的学科、你对自身教学在课程中地位的理解、你对学生及其已有学习水平的了解（哈蒂，2012）。这能使你对学生的错误想法采取相应的教学措施：或把他们引导到不同的学习阶段，或从不同角度讨论他们的想法。在教学计划中涉及学生可能的错误有助于你时刻做好应对准备。

九、接下来呢？超越培训范畴的教学计划

一位参训教师曾向我抱怨他的指导教师（一位有二十年教学经验的教师）的教学计划并没有“尽可能详细”，并问我是否可以提供一些由优秀教师撰写的所谓“真正好”的教学计划模板。当然，对于到底哪些要素构成了“真正好”的教学计划，不同教师有各自的看法，这与他们所处的职业生涯阶段以及所教的学生有关。请牢记，制订教学计划是为了支持你合理规划教学，从而确保学生取得学业进步。由于你处于专业发展的早期阶段，可能需要花费更长时间才能完成教学计划的制订，而且经验更丰富的专家教师的教学计划会包含更详尽的细节。但情况并非总是如此。请放心，你将来不需要再继续花费这么多时间制订教学计划，你很快就会构建自己的“观点库”，里面储存了很多的学习方法以及吸引学生学习的方法，你掌握的学科知识也会日渐丰富。

反思与讨论

从学校不同教师那里收集教学计划模板，如果可能的话，也收集之前使用过的教学计划。

（一）反思

参训教师，请对学校其他教师的教学计划进行专业性和批判性分析（记住他们撰写的教学计划是为了——他们自己）。当思考应该如何选择教学计划格式时，你会关注什么？

（二）讨论

专家教师，在你的职业生涯中教学计划有哪些变化？你发现了哪些策略可以帮助自己有效制订教学计划？请与你指导的参训教师共同讨论这个问题。

但是，为了避免在你制订教学计划的能力达到炉火纯青的水平之前苦苦等待数年，有必要思考运用可行的策略来提高教学计划制订的效率。我有时听到一些非常热情的参训教师谈论他们已经准备了教学计划的“B计划”。显然，他们已经意识到有必要制订一个应急性教学计划。但是，要同时制订两个高质量教学计划的工作量太大而且效率较低；在一个教学计划中设计替代方案、具有扎实的学科和课程知识、从指导你的专家教师那里寻求关于该计划是否合适的支持性建议，应该足以确保你能够有效应对课堂中不可预见的突发情况。

其他可能有用的方法如下：

1.建立教学计划制订团队。与本校其他教师建立相互帮助的关系。如果是同年级的教师，可以共享教学计划。但应注意的是，你要对自己课堂上教授的内容负责，如果需要的话，你应该在使用他人的教学计划之前进行必要的修改和调整。

2.使用已出版的教学计划。充分利用现成资源可以确保教学计划的制订更有效率（哈蒂，2012；英国教育部，2016）。许多已出版的教学计划的主要缺点在于并不是专门针对你的

教学主题,因此如上所述,你需要酌情调整。

3.开展熟悉的教学活动。使用你以前开展过的教学活动计划,但要更改情境或内容。除了能加快你制订教学计划的速度,还有一个额外好处,即可以更有效地利用课堂教学时间,因为学生可以在不需要倾听教师冗长解释的情况下进行活动。

4.使用教学活动常模。考虑使用一系列可以适用于班上所有类型学生的教学活动模式,可以稍加调整,以便根据学生的不同能力提供特定的支持或拓展。

5.制订长期和中期教学计划。当你更富经验时,对于长期和中期教学计划也会更加游刃有余。这将给你提前着手计划的机会,以便更加了解每个课时在学生长期学习中的作用。这个阶段所用的时间将会提高你制订短期教学计划的效率。

本章小结

一些学校和培训组织会建议你使用特定的教学计划格式。在本章中,我们已经探讨了教学计划背后的原理:整个教学计划制订过程都应以学生发展为核心,教学计划是你用来支持学生学习与进步的工具。制订教学计划应该是更有价值、更真实的规划过程,而非专家教师或学校领导安排的无聊任务。任何你制订的教学计划都要能够为你所用。

前文讨论的概念是许多教学计划中出现的共同主题,可以为你形成自己的教学计划制订方法奠定良好基础。你可以在教学计划中使用以下标题:

1.先前的学习;

2.后续的学习;

3.课时目标;

4.参考《国家课程标准》或《早期基础阶段纲要》;

5.成就标准;

6.评价活动(如何、什么、为谁、何时);

7.差异化(怎样满足不同学生或小组的需求,怎样支持或挑战每个学生和小组,怎样拓展学习活动),包括英语非母语学习者、有特殊教育需求的学习者、残障学习者;

8.关键问题;

9.关键词汇;

10.资源(什么资源、如何使用);

11.研讨会;

12.时间安排;

13.其他成年人的角色。

在课中和课后对你的教学计划进行评注也很有必要。为确保随着时间的推移学生的学习能够取得进步,以及养成快速评注教学计划的习惯,你需要重点记录以下两点:

1.学生在教学中的进步:你对学生学习的评价,可以是个人评价,也可以是小组评价。

针对每个学生和小组，思考接下来应该怎么做。

2.对自身学习的启示："这个方面很成功""在这点上我需要调整，因为……""此处，我本应该……"等。这些评注对你随后开展的"事后反思"弥足珍贵（舍恩，1983）。

你必须牢记于心：作为一名教师，你的主要职责之一是确保学生在每一堂课上都能有所进步。所以你要根据课堂反馈做好随时调整教学计划的准备，这点至关重要。要容许你精心准备的教学计划是灵活可变的，如果学生的学习效果不好，就不要再生搬硬套教学计划了。但是，除了确保你的教学计划关注学生进步之外，在你整个职业生涯中，也要记得运用教学计划来反思和提高自身的教学质量。

参考文献

[1] Aubrey, K and Riley, A (2016) *Understanding and Using Educational Theories*. London: SAGE.

[2] Bandura, A (1977) *Social Learning Theory*. New York: General Learning Press.

Bruner, J (1966) *Toward a Theory of Instruction*. Cambridge, MA: Harvard University Press.

[3] Department for Education (2013) *The National Curriculum for England: Key Stages 1 and 2 Framework Document*.

[4] Department for Education (2016) *Eliminating Unnecessary Workload Around Planning and Teaching Resources: Report of the Independent Teacher Workload Review Group*.

[5] Hattie, J (2012) *Visible Learning for Teachers: Maximising impact on learning*. London: Routledge.

[6] Ofsted, (2016) *School Inspection Handbook*.

[7] Piaget, J and Inhelder, B (2000) *The Psychology of the Child*. New York: Basic Books.

[8] Pound, L (2009) *Contemporary Thinking and Theorists: An overview of contemporary educational and psychological theorists*. London: Practical Pre-School Books.

[9] Vygotsky, L (1978) *Mind in Society*. Cambridge, MA: Harvard University Press.

第五章　教学评价

伊丽莎白·法勒

本章目标

1.探索不同的评价方法来帮助学生取得进步；

2.思考课堂上运用形成性评价的效果；

3.思考评价对学习目标和成就标准所产生的影响；

4.反思教师给学生的反馈是否能够确保学生理解自己当前的学习水平以及接下来所需采取的行动；

5.增强你对终结性评价及其在小学教育中地位的理解。

一、引言

作为参训教师,你可能想知道评价在你的日常教学实践中扮演着什么角色。是完全需要你关注呢,还是学生也需要关注?也许评价会出现在将来的某些时刻,例如在教学单元、学期或学年结束时?评价到底是什么?为什么我们要进行评价?以上所有疑问,可能还有更多,你也许都体验过。本章旨在针对其中某些问题进行解答。

课堂评价通常有两种形式:终结性评价和形成性评价。终结性评价一般出现在学习周期的最后阶段,例如单元学习、学年或者关键阶段结束时,按照学业标准评价学生。你可能熟悉标准成绩考试(SATs)和普通中学教育证书考试(GCSEs),这些都是终结性评价的示例。实施终结性评价是为了了解每位学生在特定时间段取得的学习成就〔哈伦(Harlen),2007〕。形成性评价会贯穿在学习过程中,以便你及时了解学生的学习需求和取得的进步,从而可以不断调整教学来更好地满足这些需求。因此,形成性评价通常也被称为学习性评价。

终结性评价和形成性评价绝非相互矛盾或相互冲突的实践,而可以被视为彼此互补的两种评价方法。克拉克和哈蒂(2001)运用园艺的类比对其加以解释。如果把你的学生比作植物,那么终结性评价就是最终衡量它们生长情况的过程。这个过程可以是有趣的比较和分析,但不会影响植物的生长。形成性评价则相当于是在给植物施肥和浇水,会直接影响它们的生长。

反思与讨论

(一)反思

参训教师,请回顾你教过的学生和观摩过的课堂。为了照顾那些“低于”或“高于”教师对同龄人期望的学生,教师对课堂教学做过哪些优化?

专家教师,请回想为了促进学生取得进步,你对课堂教学做过哪些调整,并与参训教师分享。

(二)讨论

专家教师和参训教师,请讨论采用以上方法帮助学生取得进步分别会产生什么影响。

二、终结性评价

评价是教学的核心,缘于你需要掌握学生的学习进展以便确定教学内容。当然,这并不意味着应该采取“为评而教”的方法,相反,我们要引导学生学习,以确保《国家课程标准》和学校在与学生年龄相关的期望方面取得进展。因此,评价是整个教学实践的基础。例如,如果最终的学习进展评价同对萨尔萨舞的熟练程度有关,那么去上一年游泳课就毫无意义。

最近，国家层面的统一水平标准被取消，意味着学校有更多方法跟踪和评价学生的进步。评价正以多种不同的方式进行，既有商业模式，也有学校自己的适应性评价。你工作的学校可以选择多种方式评价学生，因此在本章中要想对其中任何一种评价方法进行详细解释既不可能也毫无意义。但是，我们可以讨论你正在使用的评价系统应如何有效开展。

《国家课程标准》明确规定了学生在英国义务教育第一、第二关键阶段结束时需要达到的学业要求，许多学校和商业化生产系统已经采用了这些要求并将其简化为一套“不容协商”的关键技能，然后又将其分解成学生在学年结束时必须要掌握的内容。根据这组标准评价学生，以确定他们是低于、符合还是高于对同龄人的预期（通常被称为“与年龄相关的预期”）。

三、为什么要进行测评

终结性评价通常可以促进学习。例如，在一学年的前半学期向学生传授的技能，测评结果表明学生掌握得很好，但这并不代表学生已经习得了该项技能，也不能将其“翻篇”、心安理得地从你的教学记录上划掉。你应该在该学年中以多种不同的方式重新评价这一技能，以确保学生彻底掌握。无论学生在教学时看起来学得有多好，要想学生习得知识、原理或技能，你都必须给他们提供足够的时间练习、运用、复习、巩固以及应用你想要他们学习的内容，否则他们的长期记忆就会被忽视，从而逐渐遗忘。终结性评价可以用来支持复习，因而能够巩固先前的学习。法拉格（Faragher，2014）指出，学校当前运行在标准驱动的评价文化之下。《国家课程标准》，英国教育标准局检查、测评和排名表，以及随之提出的大量相关战略和倡议都是由改进国际与国家层面标准的意图所推动。强大的国家机构负责课程和评价，教师则对实现外部设定的目标负责。作为参训教师，你应该意识到所有教师都有责任让学生取得进步。

反思与讨论

（一）反思

参训教师，请在观察学校系统后，思考怎样才能有效追踪每位学生的进步，以及在日常教学中采取哪些措施来追踪这些进步。

请搜寻终结性评价被运用于复习和巩固学习的示例。

专家教师，请思考你将如何帮助参训教师理解终结性评价的作用以及报告中提及的教师义务。组织参训教师了解一些与他们所教学生年龄范围相关的终结性评价示例（例如，六年级标准成绩考试的往年试卷和一年级自然拼读试卷）。

（二）讨论

参训教师和专家教师，请思考你们学校为终结性评价所做的准备，并讨论可以弱化测评压力副作用的策略。

四、形成性评价

布莱克和威廉(Black,Wiliam)受评价改革小组的委托,对形成性评价的相关文献进行了综述。他们的研究结果《在黑箱里:通过课堂评价提高标准》(1998)已经出版,并提交给了政策制定者。他们认为终结性评价占据主导地位,但形成性评价最有可能提高学生的学习标准。此后,国务大臣于2003年发起的小学"卓越与快乐"战略,正式将学习评价纳入国家教学议程,形成性评价成为小学教学的基本组成部分。

哈伦(2007)总结了形成性评价的核心要素,这在克拉克(2014)倡导的策略中得到了很好的体现。要求学生:

1.理解学习目标;

2.知道什么是高质量的学习;

3.参与自我评价;

4.参与确定下一步的学习计划;

5.通过教师使用开放性问题来促进理解和技巧的交流;

6.与教师进行双向对话,鼓励学生反思学习;

7.作为促进参与、采用以学生为中心的教学方式的课堂风气的一部分。

但是,博伊尔和查尔斯(Boyle,Charles,2014)对大量小学进行的研究表明,对"形成性评价"这个术语的解释和理解存在较大差异。因此,你会在不同的学校看到各类不同的形成性评价方法,但所有的教学实践者都聚焦于支持学生取得学业进步。你可以从各种实践活动中学到很多。

五、2014年版《课程标准》

2014年发布的《课程标准》提供了需要教授的基本知识、技能和原理的精简大纲,但各所学校可以自由设计课程以满足学生的不同需求。现行的《英国教育标准局学校检查手册》(2015,第48页)明确规定,优秀教师应该制订学习计划来保持学生的学习兴趣并挑战他们的思维水平。为此,你要了解学生对什么感兴趣,这一点非常重要;让学生共同参与学习计划的制订,这也很容易做到。

反思与讨论

(一)反思

参训教师,请回想你运用过的学习目标,思考该目标是否反映了学生课上所学内容以及该目标如何促进学生学习。

(二)讨论

专家教师和参训教师,请就某节课的成就标准进行讨论并思考如何达成这些标准。

请共同探讨某节课的学习目标,对照《国家课程标准》审视这些目标设定的符合程度。

六、课堂中的形成性评价

每堂课的教学计划都可以考虑运用形成性评价策略，应该让形成性评价融入你的教学实践中。

你可以将形成性评价的下述策略纳入自己的教学计划中：

1. 确保你已经考虑了时间因素，以便在可能的情况下让学生输入内容；教学计划制订之前的“知识收获”意味着你明白学生知道什么以及想要了解某个特定的话题，然后可以在心里计划这些因素。

2. 分享学习目标时要确保所有学生都能注意到预期学习，并将注意力集中于“学习”而不是“实践”。

3. 和学生分享成就标准，最好是和学生共同制订，还应该包括对“优秀学生”榜样——相对于“表现不突出的学生”而言——的分析（你会看到一些学校称之为WAGOLL：好学生的标准）。

4. 运用有效的提问机制，既可以衡量学生先前的知识水平，又可以在课堂上检测学生当前的理解；也是为了引出学生的误解，从而调整教学活动以适应所有学生小组及个体的需要。

5. 教学中的协作改进。采用小型研讨会的形式（在课堂上教师引领全班学生开展课中小结），教师通过把某个学生的作业用来做示范或者重新修改，以便更好地达到成就标准，所有学生也应对该范例进行同伴评价（本章接下来的内容会进一步阐释该策略）。

6. 研讨会为学生提供了足够的时间和机会围绕学习目标与成就标准进行自我评价和同伴评价，随后反思自己的学习并思考接下来如何学习。

除了课前和课中对上述策略的使用，反馈必须贯穿整个课堂教学过程，学生可以进行自我评价、同伴评价以及成人主导的评价与反馈。所有口头反馈和书面反馈都应该与学习目标和成就标准直接相关。

反思与讨论

（一）反思

参训教师，请思考上述策略并寻找一些相关的真实示例。

请思考在你接下来的课堂中可以有效运用哪些策略。

专家教师，请回顾你观摩的课堂并思考如何就上述策略为参训教师提供有针对性的反馈。

（二）讨论

专家教师和参训教师，请分享你们的反思结果，着手为这一领域能力的培养制订进一步的教学计划。

不要为了取得立竿见影的效果而把形成性评价简单地强加给班上的学生。为了让形成性评价产生积极影响，而不是一种强加影响，必须创建良好的学习环境。

七、如何营造积极的学习环境

学习环境是由大量因素构建而成的，不仅包括物理因素，如桌子的摆放、教室墙壁的布置、各种资源的安排和光线的控制，还涉及诸多无形因素，如班级规则、学习活动的组织方式、教室里的声音和气氛等。教师的态度也会影响学生对自身所处环境的反应。无论教室环境多么富有创新性和艺术性，一个态度消极（无论是对学生还是对教学主题）、毫无激情的教师不太可能营造出积极的情感环境。良好的学习环境可以表现为学生对学校风气的参与和回应，以及他们的行为举止，囊括对他人的谦逊、尊重和礼貌，还表现为学生对学校设施和设备的爱护，包括书面作业的呈现以及对校服制度的遵守。而糟糕的学习环境则表现为凌乱或嘈杂的教室、学生课堂参与度较低、阻碍学生学习及进步的持续低级干扰等。

此外，有必要关注教室墙壁的布置：教师务必谨慎地选择墙壁上展示的作品。选择“最佳”作品是天性使然，但要考虑会给学生传达的信息。你重视学生的哪些成果？仅仅是成绩较好的学生，还是你注意到有些学生尽管没有取得和其他学生一样“优异”的成绩，但是他们也付出了大量努力？如果你不能证明自己重视每位学生的努力，那么可能会导致一些学生以后就不会如此努力了。

一个好办法是让每个学生至少有一幅“作品”展示在教室墙壁上，这样学生就会觉得自己参与了学习环境的营造。发挥教室墙壁的展示功能是一种有效的教学方法，不仅呈现了每位学生的成果，也促进了他们的学习。展示的作品具有互动性，可以用来记录、支持学习并将学习可视化。教室墙壁应该反映教学顺序，并随着时间的推移而建立，包括学习榜样、关键词汇、学习目标、成就标准、跨课程链接和学习问题等都可以加以展示。这些展示作品有利于营造高度重视学习活力和学习热情的课堂环境。

课堂环境在帮助学生积极参与学习和取得学业成就方面起着核心作用。作为教师，你可以控制和调整环境以便发挥其作用。挪动桌子更好地安排座位，甚至调节教室里的灯光或温度，都可以提高课堂学习的效率。

克拉克（2014）强调营造恰当学习文化氛围的重要性，包括让学生了解自己的知识水平和学习方式，以及具有“成长型思维”〔这一概念由卡罗尔·德韦克（Carol Dweck，2012）提出，将在本书第七章详细论述〕，而不是按能力分组。

八、为什么成长型思维很重要

目前的小学课程秉持“所有学生都能达到要求”这一原则。如果教师想要让班上每位学生都能达到课程标准所规定的年龄组达标要求，那么至关重要的一点是他们必须相信所有学生都可能做到。除了极少数学生（大约2%的儿童由于严重的学习障碍而无法达到同龄人的水平)之外,其他所有学生都能够达到设定的目标。一些学生可能需要更多的时间和机会来练习,也可能需要更多的投入和更长时间的支持,肯定会比同龄人付出更多的努力,但只要满足这些条件,他们也会成功。例如,学业评价表明,数学学科处于落后的学生,科学、艺术或体育等学科很可能和同龄人处于同一水平甚至有所超越。拥有成长型思维就是相信所有人都可以达到要求,学生的智力不是固定的,并且抱有一种信念,即不存在阻碍学生成功的"玻璃天花板"。比如,一位在本学期或本学年数学成绩暂时落后的学生,在数学学习的后期阶段能够赶上并超过同龄人。教师和学生必须坚信这是可能实现的。给学生贴上"低能力"的标签不仅毫无益处,反而为他们提供了停止努力的"金奖券",消除了学生的自信心,损害了他们的自尊,使其成为自我应验的预言。这让我们重新认识到,帮助学生和教职员工以及尽可能帮助家长建立成长型思维的重要性。哈蒂认为,对学生学业成就最大的影响就是他们自己对成功机会的看法(2008,第43页)。如果学生自身的期望低于他们的潜能,那么这就会成为障碍。如果学生只追求达到低于自身真实潜力的期望,那么这就会阻碍他们的发展。考虑到这一点,我们很容易发现培育成长型思维和积极的自我信念对学生的成功是多么重要。

案例研究

汤姆(Tom)似乎在整个第一关键阶段的学业成绩都不如同龄人。他的数学成绩尤为不好,并且总是在一个有教学助理支持的小组里学习。他在二年级的成绩仍然远低于与年龄相关的期望(相当于之前等级系统中的一级水平)。他的父母不仅不担心,反而承认他们的数学成绩也不好,因此并不期望汤姆会有什么不同。在三年级时,学校发起了一项培育成长型思维的活动。汤姆将自己定位成一个"差生",反复强调自己"不擅长"学习数学。当班上讨论成长型思维以及智力并非固定不变而是可以像肌肉一样持续增强的观点时,汤姆哭着说他之前不知道"能让自己变得更聪明"(原话如此)。在接下来的两个学年,班主任取消了能力分组,并确保在半个多学期的课程中,每位学生都共同学习。教师为汤姆提供了自主选择学习活动及任务的机会,而且教学助理的长期缺席意味着汤姆在数学课上再也不能依赖成年人的帮助了。在五年级时,汤姆选择定期与年龄稍长的学生一起学习,他热衷于挑战自己,将失败视为学习的机会。混合年龄组的班级意味着他经常要完成六年级的学习任务。他的数学标准成绩考试成绩比第五等级应达到的标准仅差了一分(参照以前旧的等级系统),这让他远远超出了与年龄相关的期望,这意味着他自第一关键阶段以来的进步不仅是同龄人中最好的,而且远高于全国平均水平。

反思

请思考你如何向学生呈现差异化教学,是否无意中给他们的学习设置了上限。

九、学习目标和成就标准

学生需要了解课程开设的原因以及期望他们达到的标准，学习目标可以对其进行清晰阐释。你作为教师在制订教学计划阶段构建学习目标时，必须考虑自己希望学生参与体验的学习历程。在教学计划制订伊始就能对学习结果有明确认识，计划将会更有针对性，学习活动及任务的目的性也会更加明确。如果你能够清楚地认识到这一点，会大大提高学习成功的概率。引导学生达到你的学习期望将确保课堂教学紧紧围绕要求开展〔布里格斯(Briggs)等人，2003，第25页〕。

在本书第四章，丽贝卡·吉森已经详细论述了一个成功的教学计划所具备的关键要素，并提供了一些有用的学习目标示例。教师要谨慎构建学习目标以确保其专注于学生可迁移技能的培养。例如，“我们正在学习写一首关于雪的诗歌”这一学习目标忽视了一个事实——通过写诗，学生正在学习具体的诗歌技巧，从而可以运用这些技巧撰写任何主题的诗歌。学习目标不应局限于学习环境，而必须聚焦于期望学生在某课时或单元中学习的可迁移技能(克拉克，2014，第79页)。

案例研究

弗雷迪(Freddie)为三年级的学生设计了一堂课，学习目标是“学习如何测量自己的身高”。所有学生都理解他们的学习目标，在课堂中积极参与教学活动，通过各种方法相互测量和记录彼此的身高。一段时间后，基于对前课的回顾，弗雷迪设计了另一堂课，带领学生到室外去测量他们种植的向日葵，以及操场上的球门柱、栅栏、墙壁和其他设施。学生的行为表现迅速大打折扣，弗雷迪明白这并不是因为学生在室外学习导致的，因为室外课堂是他的一大教学特色。弗雷迪立即把学生召集回教室开了一个小型研讨会，通过开放性提问，他很快发现学生并没有将此次活动与之前相互测量身高的课程联系起来，并对需要在室外做什么感到非常困惑。于是弗雷迪将学习目标修改为“学习测量高度”，成就标准清楚地聚焦于如何与同学一起成功地测量任何物体的高度。学生迅速与先前的学习相关联，成功达成了学习目标。在该学年后期，弗雷迪又设计了另一堂关于测量的课程，确保自己能够超越教学的角度来评价学生的学习——进而证明大多数学生已经掌握并习得了测量高度所需的可迁移技能。

反思

询问学生他们正在学习的内容，看是否能得到你想要的回答。

对成就标准的运用是从设置课时或单元学习目标开始的。在确定了最终学习结果之后，成就标准提供了一条明确的道路，即从学生先前的学习，到知识、技能和理解的当前水平，再到最后需要达成的结果。使用道路进行类比，你可以引导学生从目的地A到达目的地B，成就标准在此过程中充当路标，以确保学生采取合适的前进路线。成就标准有助于学生

知晓何时能够取得成功,发现学习遇到什么问题,并支持他们相互讨论、改进学习方法(克拉克,2014,第81页)。通过为学生提供优秀(或较差)学习的示例,他们可以思考这些示例的特征,进而在分析达到预期结果所需的条件时构建自身的成就标准。

十、提问机制

本书(参见由约翰·帕拉莫尔撰写的第八章)探讨了课堂上提问机制的使用。正如克拉克(2014)和哈蒂(2008)所言,持续有效的提问能产生最重要的反馈,这些反馈是教师从学生那里获得的。你可以通过学生的反馈了解学生的理解水平,从而指导后续教学活动,并据此制订满足每个学生不同需要的教学计划。

关于学习评价,迪伦·威廉(Dylan Wiliam)非常重视他提出的诊断性问题这一理念。2007年,他在英国诺丁汉召开的学习技术协会的会议主题演讲中对其进行了详细阐释。课堂中提出的问题是一种诊断工具,能够向你提供学生课堂学习情况的数据资料,从而准确发现并快速纠正学生的错误。学生只需一两分钟就能回答这些问题,教师也可以在不到30秒的时间内审思和解释学生的回答。每位学生回答问题时通常都要举起一块白板,除非你能使用电子投票系统——对这类提问而言是最适合的工具。这些问题及其多个可供选择的答案都需要精心设计,以便引出学生任何潜在的错误。可能的备选答案要有助于教师发现学生存在的推理问题。

反思与讨论

(一)反思

参训教师,请选择你将要教授的一堂课,能否针对该堂课设计出一个可操作的诊断性问题。设置多个可供选择的、能够清晰证明学生可能犯错的答案,以此检测学生是否有可能通过错误推理得到正确答案。

请在课后就你得到的反馈与指导你的专家教师进行讨论。思考该诊断性问题是否有助于你优化后续教学以满足学生的需求。

(二)讨论

参训教师和专家教师,请讨论学生选择不同答案时的想法,以及你们接下来如何纠正学生的错误。

问题:45 + 9 =

答案:(a)459 (b)56 (c)54 (d)5

问题:植物最需要什么才能存活?

答案:(a)光线 (b)土壤 (c)养料 (d)水

十一、反馈

在学习评价的相关文献中,反馈一直被视为关键因素。哈蒂指出,在影响学业成就的所有因素中,反馈似乎是影响力最强的因素。很难对"反馈"一词加以精准界定,同样也存在多种类型的反馈(2008,第173页)。哈蒂的研究发现,最具影响力的反馈来自学生向教师的反馈,因为有助于促使学习"可视化"。

反馈被定义为学习行为的结果(2008,第174页)。教师给出的反馈要能促进学生的发展,否则教师就是在浪费时间和精力。有些类型的反馈,例如,表扬性的反馈——"做得好"(Well done)和"干得不错"(Good job),并没有向学生指明什么是好的,或者为什么他们被认为做得好。如果你给出的反馈并未表明接下来学生应该怎样推进学习,那么除了向一些人(家长或监护人、教导主任、校长、检查员)证明你已经审阅了学生的作业之外,并不能产生其他效益。问责制意味着教师通常有义务在学生的作业本上撰写评语,实际上这些评语不会影响学习,只能证明教师已经完成了这项工作。当教师完成评分后,评语要阐明学生已经成功达成的内容、需要改进的内容以及如何加以改进。请注意,评语中附加的分数或等级只会让学生忽视评语,对于学习能力较弱的学生而言则会降低他们的学习动机(布莱克等人,2003,第43页)。

请记住,成功反馈的关键指标在于学生对反馈做出回应,并对学习进行必要的改进。如果相同的错误持续出现,教师的评语也一再重复,那么很可能在审查作业本的过程中被发现,反馈的有效性将会被质疑。反馈必须促进学生学习的进步。

反思与讨论

(一)反思

参训教师,请确保自己已经熟悉了学校的反馈和评分政策。回想你所见过的关于该政策实施的示例,是否能够发现已经取得的进步。

(二)讨论

参训教师和专家教师,请查阅并讨论书本记载的、对学习产生明确影响的反馈示例。将这些示例中的反馈与参训教师提供的反馈进行比较,看看是否有办法帮助参训教师做出更有效的反馈。

你需要为学生提供在课堂中进行自我评价和同伴评价的机会。协作改进是克拉克倡导的一种策略,使用可视器能够在课堂上随时展示学生的作业,从而使同伴之间可以践行协作改进。成就标准为评价提供了框架,学生可以识别出有效的内容并解释这些内容为何具有积极性,学习由此取得进步。在这个过程模式化后,学生两两组合一起寻找闪光点并加以改进。教师应该促进学生之间的思想交流,这种合作反馈将引发书本分享无法达成的高质量讨论(2014,第123页)。这一讨论过程激发的学习反思是构成学习评价的一个重要因素:它推动了课堂上的自主学习、交流与互助。协作反馈可以始于学习的基础阶段，强调建立充满开放性和反思性的课堂氛围，在这种氛围中成年人会为学生做出恰当的语言示范与行为榜样。同伴评价和自我评价应该贯穿整个小学阶段，从基础阶段的口头评语开始，随后扩展到学生进入关键阶段的书面评语。这一评价周期使学生能够反思自己的所学所获，并在恰当的时候根据一系列成就标准对其进行评判；评价也为学生了解自身如何学习提供了机会。这两点对学生发展同等重要，应该贯穿你的日常教学当中。

案例研究

纳塔莉(Natalie)由于所教五年级学生的写作技能一直无法提升而深感沮丧。她花了很多时间在学生的作业本上撰写大量评语，但很明显，学生并没有因此取得多大进步。学校给她提供了一个可视器，并阐释了"协作改进"概念。她向全班学生展示上届五年级学生的写作范例，要求他们找出其中的亮点。他们共同构建了一份成就标准清单，全班学生开始撰写自己新作品的初稿。在这一过程中的不同时刻，纳塔莉通过她的"糖棒"系统随机选择一名学生(所有学生的名字都写在糖棒上，教师抽到谁，谁就来回答问题)，直到全班学生都评价了写作初稿。由于学生很清楚这些只是初稿，所以他们很乐意分享观点并接受改进建议。学生的观点都通过互动白板标记在写作初稿上，然后打印出来在班上传阅。精彩的写作内容用粉红色凸显，需要重写的内容用绿色凸显。两个学生一组再次重复之前对写作范例的评价过程。虽然刚开始时学生写作水平的提升非常有限，但纳塔莉一直坚持使用这种方法，直到学生都已习以为常并主动要求"停止改进"。反馈逐渐接近成就标准，学生的写作水平迅速提升。纳塔莉减少了评语的撰写，也不怎么给学生提出改进建议了，很少再给学生提供符合她要求的写作范文，而是每周都会留出时间让学生回应评语和评分，并展示需要改进的部分。

反思

思考你的评分是否与课程的成就标准有关，你是否会给学生时间阅读和回应你的评分。

十二、我们发现了什么

总之，正如你所读所知，教师需要在教学开始之前、结束之后以及整个过程中收集信息。教学计划中需要预留发现学生错误的时机，并做好充分准备去纠正这些错误。你应该通过搜集到的信息调整课程教学，决定怎样最好地满足学生的学习需要。如果出现了问题——学生并没有取得预期的进步，就用更大的声音再向学生解释一遍，这可能并不是最好的解决方式。可供选择的策略包括向学生展示更多的示例、提供有针对性的教学设备、酌情提供学生彼此互教的机会、要求学生解释他们的想法或给予更多的练习时间。为了提高教学的有效性，你在设计教学时需要考虑本章探讨的所有关于评价周期的关键因素。只要你合理使用形成性评价框架，包括设置学习目标和成就标准——可以通过与之相关的反馈深入理解学习目标和成就标准，并在合适的学习环境中开展教学，你会发现所有学生都能够取得满意的学业成就。

拓展性资源

（一）2014/2015年之前发生了什么？

所以，你需要洞察当前的情况，了解（英国）全国范围内教师在办公室最有可能谈论的话题，有必要掌握近些年来学校发生的事情，以及指导你的专家教师和可能成为你未来同事的其他学校教职员工产生的所有变化。自2014年9月实施新的《国家课程标准》以来，便已取消了国家课程等级。以前，基于一系列标准评价学生，这些标准将学生限制在特定水平范围之内（小学通常为水平1至水平5），进一步细化为a、b、c等子水平（例如2a、2b、2c）。另外，分值系统与子等级一起运行〔平均分（APS）〕，每个子水平为2分，以便对学生取得的进步进行非常精细的分析。要求学生到第一关键阶段结束时至少达到水平2，到第二关键阶段结束时至少达到水平4。现在和以前一样，要追踪学生的学业进步及成就。起初，只要达到任何分值的水平2至任何分值的水平4之间的级别都被认为满足了要求，但随着学生的进步越来越受到公众尤其是英国教育标准局的关注，之前在第一关键阶段结束时只达到水平2b的学生现在必须达到水平4b才算取得了令人满意的进步。随后，这种要求被明确提出，以期望之前达到水平2b的学生必须达到水平4a才能被视为取得了优异进展。这类情况的持续出现导致学校不断对学生施压，要求通过有效方式提升学业水平。由此产生的结果是学生在尚未牢固掌握先前学习内容的情况下，就被迫努力达到下一子水平的要求。

（二）现在发生了什么？

为了解决这种跳跃和浅薄的学习，水平等级被取消了。当前强调学生能够习得所在年龄组要求掌握的学习内容并达到"与年龄相关的期望"。阿什莉·康普顿在本书第七章阐述了掌握学习，并且特别重视数学学科。但重要的是学生需要被给予足够的时间去学会应用习得的知识和技能，从而实现深度学习。由此形成了一种理念，即经历了这类深度学习（或掌握学习）之后，学生先前习得的知识和技能会融入他们今后的学习生涯中。

参考文献

[1] Black, P and Wiliam, D (1998) *Inside the Black Box: Raising standards through classroom assessment*. London: School of Education, King's College London.

[2] Black, P, Harrison, C, Lee, C, Marshall, B, Wiliam, D, and Press, OU (2003) *Assessment for Learning: Putting it into practice*. Maidenhead: Open University Press.

[3] Boyle, B and Charles, M (2014) *Formative Assessment for Teaching and Learning*. Los Angeles, CA: SAGE Publications.

[4] Briggs, MS, Woodfield, A, Martin, CD and Swatton, PJ (2003) *Assessment for Learning and Teaching in Primary Schools: Meeting the professional standards framework for QTS (Achieving QTS)*. Exeter: Learning Matters.

[5] Clarke, S (2014) *Outstanding Formative Assessment: Culture and practice*. London: Hodder Education.

[6] Clarke, S and Hattie, J (2001) *Unlocking Formative Assessment: Practical strategies for enhancing pupils' learning in the primary classroom*. London: Hodder & Stoughton Educational.

[7] Dweck, CS (2012) *Mindset*. London: Robinson.

[8] Faragher, S (2014) *Understanding Assessment in Primary education*. London: SAGE Publications.

[9] Harlen, W and Harlen, PW (2007) *Assessment of Learning*. London: SAGE Publications.

[10] Hattie, JAC (2008) *Visible Learning: A synthesis of over 800 meta-analyses relating to achievement*. London: Routledge.

[11] Ofsted (2015) *School Inspection Handbook*.

[12] Wiliam, D (2007) *Assessment, Learning and Technology: Prospects at the periphery of control*.

第六章　提高教学参与度的良策

安德鲁·迪肯森

本章目标

1.介绍一些实用的方法,你可以考虑在课堂上用来吸引学生积极参与;

2.探讨提高教学参与度的四种方法;

3.帮助你验证方法中的哪些要素可以运用到教学实践中;

4.反思每种方法的特征。

一、引言:可以使用什么方法支持学生学习

人的观念随着时间推移而变化,教师以不同的方法对学生进行教学。有时学校会运用特定的方法(例如主题教学法),或从国家课程领域(比如太空,或维多利亚时代)引出一个主题。本章将深入探讨一些课程方法,如跨课程方法、沉浸式学习、探究性方法和森林学校等。然而,在某些学校你可能也会看到其他方法,如国际小学课程(主题)、专家的外衣(角色扮演)、拍摄一张照片、蒙台梭利教育理论(基于游戏)和自主学习等。

请回顾你的课堂,是什么吸引了学生参与?是教学结构?还是精彩的导课"吸引"了学生学习?又或是你准备了大量的学习资源?通常在一堂课中,有诸多因素会导致学生参与或分神。

在你的教学百宝箱中拥有许多非常实用的提高参与度的工具,可以确保学生充分参与学习活动,并有机会构建自己的理解。作为本章的引言,我将提供一些非常实用的方法来帮助你成功吸引学生的参与。

(一)实践活动

学生可以通过实践活动丰富的课程获得系列体验。例如,在关于古罗马人的主题教学中,学生可以通过设计技术和艺术课打造适合自身尺寸的古罗马士兵盾牌,然后在教室外使用这些盾牌重现古罗马的"乌龟"战斗队形。如果你很有冒险精神(并且指导你的专家教师也同意),还可以加入投掷水球的活动丰富学生的战斗体验,学生就此展开讨论和写作。通过这类方法的运用,学生就有机会探索自己的感受并养成同理心。

(二)学生调研活动

如果你能给学生工具和机会来发展相关技能,学生在开始自己的调研时就能更加游刃有余。利用科技使学生遵循特定的调研路线,或者让学生对调研问题形成自己的见解,都将有助于培养他们在调研中的独立性。例如,可以通过推荐的一些网站来帮助年龄较小的学生;通过特定的技能课程,培养年龄较大的学生对阅读资源批判理解的能力。

(三)学生提出自己的问题并回应同伴

在课堂上允许学生就他们的发现进行讨论,通常会引导学生提出与发现最相关的问题,有时甚至你都不用参与其中。捕捉这些问题的最好方法是使用"便签墙",学生可以在其中

添加问题,也可以在习得新知识后添加答案。这不仅形成了一种极好的同伴互助方法,还可以持续培养学生学习的好奇心和独立性。例如,如果有学生询问蝎子属于昆虫还是蛛形纲动物,其他学生就有机会回答该问题并证明答案的正确性。学生也将开始根据自己调查或观察得到的证据,为彼此创造新观点和构建知识框架。

反思与讨论

(一)反思

参训教师,本章下一部分将探讨一些提高教学参与度的方法。请回想目前为止你在学校中观察到的学生参与度。

请思考不同的学习环境〔户外教学、具有角色扮演区的教室、主题式或"魔兽世界"(WOW)体验式教室〕。

请思考教师是怎样设计学习的(设置调查问题、创造角色扮演的体验等)。

专家教师,请回想你在课堂上倾向于使用哪些方法,你为什么要使用某种特定的方法(是学校要求还是教师团队决定的)。你将如何帮助参训教师深入理解并批判地认识这些方法?你能够在兄弟学校为参训教师(和你自己)提供不同的机会吗?

(二)讨论

参训教师和专家教师,请就你们正在反思的方法进行讨论。如果可能的话,抽出时间去观摩同事课堂上运用的其他方法,讨论这些方法是如何激发学生学习动机、培养学生独立性和学习韧性的。

本章接下来的内容将开始详细介绍一些学校组织课程的具体方法。我将从主题课程中一种常见的、成熟的方法开始论述,并提出一种不太知名的、被称为沉浸式学习的方法。

二、主题教学法

课程中如果要采用基于主题的方法,非常重要的一点是要找到基于特定主题或共同主题的离散主题之间的具体联系。如果你打算从开始就围绕某个主题设计课程并寻找相关资源,这似乎有点儿强人所难,因为这可能需要做很多工作。但是,这也会非常有收获,可以为你提供创造的机会。和同事一起工作还可以帮助你分担工作量并生成对某个主题的热情。

主题教学法以学生为中心。如果你很了解班上的学生,那么就可以将构成主题的要素和学生的兴趣相关联,这样的话学生的学习就会更有动力、更加投入。

案例研究

以下是关于教师如何开发课程主题的示例：

海伦(Helen)要准备一堂以超级英雄为主题的课！作为起点，她把教室布置成英雄洞穴、大反派巢穴和城市景观。学生一走进教室，看到教室的新布置非常兴奋，好奇这些东西将要怎样融入他们的学习中。海伦有能力建立起不同学科，如写作和艺术之间的联系。例如，在数学课上，学生正在学习测量人物身高的技能。首先，海伦要确保她教授了明确的技能：使用不同的测量方法，计算时间和距离。只有在保证学生掌握了这些技能之后，海伦才会将这些知识应用于主题教学情境中。

主题教学法也适用于艺术课堂：设计服装和进行角色扮演。学生还创作了以罗伊·利希滕斯坦(Roy Lichtenstein)为原型的艺术作品，研究了源自神话传说以及世界各地的超级英雄，甚至他们的体操技能课也被设计成超级英雄的训练。

在上述案例研究中，海伦仔细思考了如何建立多个学科和主题之间的联系。但她也意识到有些课程必须是独立的。要确保学生能够学到知识并掌握技能，这样他们就可以适当运用所学的内容。如果不合适，切忌将主题硬搬到每堂课上。

案例研究

主题教学法的另一个示例是使用儿童读物作为一系列活动和课程的起始主题。北林肯郡克利索普斯的一所学校以“罗尔德·达尔(Roald Dahl)的仙桃”为主题，通过测量书中提到的食材和烹饪食物、比较巨人的身高与学校周围区域的高度、写信给女王、研究世界各地的巨人传说以及讨论善与恶的作用等主题来建立巨人与数学或设计技术之间的联系，并同精神、道德、社会和文化发展教育计划(SMSC)相关联。

反思与讨论

(一)反思

参训教师，请回顾在学校看到的教学计划。里面包含了主题教学法的要素吗？你能够发现不同课程领域之间的具体联系，进而构建一个共同的主题吗？

专家教师，如果你运用过主题教学法，有什么成功经验可以与参训教师分享？是否存在长期或中期计划能够让参训教师了解主题是如何发展成为课堂中目的明确的学习活动？如果你要使用其他方法来设计课程或者进行教学，请讨论主题应该如何支撑学习。

(二)讨论

参训教师和专家教师，现在请比较你们所知道的教学方法。讨论主题如何支持不同学科学习之间的互助，如何让先前的学习支撑新的学习，以及如何激励学生将课堂所学应用到课堂之外。

三、沉浸式学习

沉浸式学习是一种你可能在不同程度上见过的方法。既有完全采用这种方法的学校，也有体验几周或几天的学校。沉浸式学习有很多不同的定义。加德纳(2012)认为,沉浸式学习环境可以是运用多种科学技术和软件工具构建的学习情境,包括基于游戏的学习、基于模拟的学习以及虚拟3D世界等(2012,第1页)。在林肯郡一所学校的专用教室内,学生身处这样的多媒体环境中,他们可以参观热带雨林、围绕太阳系旅行、与故事讲述者一起从巨人的角度来欣赏《杰克和豆茎》的故事。该学校通过不同的教学项目将沉浸式学习与“成年人世界”或“真实世界”联系在一起,因为他们认为课堂中目的明确的学习与课堂之外的世界相互关联,是一种让在家的成年人也能够参与其中的技术。

沉浸式学习的另一个主要定义源自科学技术使用较少的课堂。在这里,充分利用对教室墙壁和地板的装饰来创造学习环境,让学生以更加戏剧化的方式沉浸在主题中,学生几乎成为自身学习舞台上的演员。在这种学习情境中,经常需要搬走或移动桌椅,学生自主选择学习空间,以各种方式完成课时目标:无论是在平板电脑上、在纸上、在书本上或者与同伴合作。

在考虑使用沉浸式方法开展教学时,需要认真思考几个方面。完全采用沉浸式学习方法进行教学通常是整个学校的决定,尤其是在该方法非常依赖资源支撑的情况下。从学习空间角度而言,你需要重新布置教室以便学生可以找到沉思和学习的区域。学习空间也需要同教学主题紧密相关。这可能听起来与主题教学法类似,但沉浸式学习需要重新改造整个教室(不仅仅是角色扮演的区域),以此带给学生尽可能真实的体验。

学习空间是专门设计的,以便让学生成为参与体验的一部分,教师在某些情况下也会扮演主题中的角色。成功的沉浸式空间应该允许学生充分参与到自己正在学习的主题中。当成功显而易见时,沉浸式环境已经被创造出来,教室变成了海盗船、海洋和工厂,在那里道具可以增加整个沉浸式环境的真实性。沉浸式学习空间有助于建立跨课程学习领域,提升学生的口语、阅读和写作能力。

以下是在思考沉浸式学习的主题时,你应该做什么的示例。从“空间”的主题开始,全班学生被分成不同的小组,分别关注旅行、陆地或地表、行星和月球等。这时你的脑海中应一下子涌现出与该主题相关的火箭、月球着陆器、宇宙漫游者、发射台、行星表面和暗空间这些话题。请记住,有些物品可以直接购买,而有些则需要专门制作。在沉浸式学习中,拥有丰富的资源至关重要。

案例研究

夏洛特(Charlotte)这学期的教学重点是朗达(Rhonda)和戴维·阿米蒂奇(David Armitage)合著的《灯塔守护者的午餐》这本书,这为创造沉浸式学习环境提供了思路。夏洛特用以下方法向学生进行场景展示:在教室的一边放置一座灯塔和一根通向另一面墙的绳子,这样就可以把午餐送到守护者的手中。她还创造了一些工作区域,建造了两艘船,创建了一个海洋和学生可以坐在上面的岩石区,以及悬挂在教室天花板上的海鸥。

她注意到一年级学生在课堂上比之前更加投入,因为她通过创设课堂环境和使用课本作为刺激来完成每一个课程领域。学生轻松地讨论书中的要点,激动地指着他们身边触手可及的书本内容,并乐于回答与课程和插图相关的问题。他们热切地想要参与到主题环境中。尽管学生都认为学习很有趣,但夏洛特仍然不忘提醒他们正在共同学习而非玩耍。课本不仅涉及相关问题和教学计划的制订,而且规定了学生的座位(一些学生坐在船上,另一些学生坐在岩石上)。

反思与讨论

(一)反思

参训教师,请思考你上课所在的教室以及正在教授的主题,主题里的哪些要素可以用来创建沉浸式学习环境。这些要素又该如何与设计令人兴奋的课堂来吸引学生的参与产生联系呢?使用沉浸式学习提高教学参与度要求对教学计划进行哪些调整呢?

专家教师,请思考你当前的课程主题。你怎样运用沉浸式学习来创造课堂环境,吸引学生完全"沉浸"于主题之中呢?这又会如何影响你的教学计划和教学实践?

(二)讨论

参训教师和专家教师,请讨论和比对你们各自的想法。从比较那些相似的元素开始,这些元素是构建一个沉浸式教室环境的基础吗?需要创建什么资源才能集成沉浸感?你们的想法具有一个共同的主题吗?需要考虑哪些相关的教学方法才能真正实现沉浸式学习?怎样调整教学计划才能真正运用沉浸式的参与学习风格?在你们接下来的教学中,有可以运用沉浸式方法的主题吗?

四、探究性学习

探究性学习是学生在教师指导下分析事实以形成和检验假设的方法。教师指导学生根据已经掌握的知识和想要学习的内容来探寻其他学生所提问题的答案,从而促进学生的学习。使用该方法教学时,你可以通过调研、导课活动或课堂展示等形式切入,激发学生的灵感和好奇心,从而促使学生渴望学到更多。当然,这也可能引发学生的质疑。在班级或小组内，学生（可能与教师一起）提出一个问题开展调研，并着手设计回答问题的方法。在大多数情况下，学生最初的想法需要在教师指导下才会产生，然后想法的范围逐渐缩小到一个特定焦点。这样既可以节省时间，也能够为教学活动包罗万象的主题增添更直接的焦点。调研和探究之间存在明显差别。通过调研，教师的问题或课程的学习目标会引导学生从一个起点出发去获取必需的知识从而得到结果：教师引导学生沿着一条路径前行，并通过一系列特定的提示得到“正确”答案。在探究性学习环境中，学生构建自己的问题，例如“古罗马人如何到达英国”或“土壤从何而来”。他们将通过一系列个人观察或推测来形成答案。在这种情况下，学生就成了维果茨基所称的“更有学识的他人”，与同伴分享自己收集到的证据。有网站认同维果茨基的研究成果，认为“更有学识的他人”是指对一项任务、一个过程或一种概念具有更强技能或更深刻理解的人。

案例研究

在研究古埃及人时，丹尼尔（Daniel）要求四年级学生思考自己想要了解的内容。他通过展示金字塔、尼罗河沿岸农业的照片、古埃及的地图和象形文字来刺激学生的思考，了解学生已知和想要探索的内容。某个小组试图了解修建金字塔的巨石是如何成功运输的。他们能够通过了解现代建筑技术、查找相关资料去探寻当前应该如何建造金字塔。待每个小组向全班展示完各自查找的资料之后，丹尼尔立刻将课堂议题切换到“考古学家认为石头是怎样被运输的”，并分发给学生相关材料，如扫帚把手、粗绳、细绳、羊毛和纺织品等。学生以小组的形式合作学习，尝试把一块砖移过沙坑。在整个过程中，教师提醒小组记录各自需要思考的问题，有些学生将这些问题以便签笔记的形式记录在日志中，另有学生则使用苹果平板电脑（iPad）记录这些问题，并通过图书创作者软件（Book Creator，类似中国的微信朋友圈等社交平台）记录各自的进展。他们还被要求检测各种各样的材料来找到最初问题“埃及人如何移动巨大的石块以完成金字塔的建造”的解决方案。

类似于上述案例研究，教师也可以选择与所教课程相关的某学科主题或者内容，或联系之前的课程，以便学生在先前学习的基础上主动拓展。学生应该积极参与探究，教师则应为他们提供一系列相关资源以便学生形成问题的初步假设。学生也需要对阐明不同观点和事实的系列资料、文件及其他资源进行筛选：筛选出的信息将成为调研探究性问题的有力支撑。

以下是关于如何创设探究性学习起点的其他示例：

1.以激动人心、生动形象的描述介绍包含基本信息的主题，例如，一封来自意大利航海家克里斯托弗·哥伦布（Christopher Columbus）船上水手的信；

2.使用惊悚的小视频；

3.用一张令人屏息的图片激发学生的好奇心，增强他们的学习动机；

4.展示一张哈勃望远镜拍摄的照片并提问：“你们认为太空中可能存在什么？”或“关于太空，你们已经知道了什么……你们还想探索什么？”

教师应该鼓励学生分享自己所有的想法,以便他们将想法逐渐聚焦,从而把问题缩小为可以进行探究的主题。通过引出学生最原始的想法,并在全班分享他们脑海中第一个试探性的问题和观点,教师就可以着手制订教学计划来帮助学生回答探究性问题,以及思考可能需要的相关资源。教师向学生提供这些需要筛选的资源后,应留给学生足够的时间对证据加以分析并持续完善自身的探究活动。

在探究性学习中借鉴沉浸式学习的要素是非常有帮助的。例如,通过设立一个警察事务室,在黑板上分享便签上记录的假设,随后进行交流讨论。设置一个侦探角色更能吸引学生参与课堂。如果学生可以扮演"反思性侦探"的角色(在该角色中,学生讨论取得的进步、做出反馈并有机会采取相应的行动),那么学生就可以征求他人的意见,评价自己在学习中需要继续发挥的优势,当然也可以通过反馈去支持同伴。

五、探究性方法有什么优点

在探究伊始,学生需要反思(有时在他人的帮助下)并对自己的学习负责。教师在许多情况下会通过提问帮助学生发展学习的韧性和毅力,即学生有能力形成和提出自己的问题去阐明和确认自身理解的准确性,进而加深理解。学生也开始运用高阶思维能力(参见第八章约翰·帕拉莫尔对高阶问题的研究)解决问题并评价自己和同伴的学习;他们也学习其他观点,开始逐渐理解无偏见的证据对构建合理的论点与观点至关重要。

当教师在课堂上采用探究性学习时,学生可能会对手头上的学习任务表现出不同的行为。学生也许很享受自己提出问题的整个过程,通过自主学习展示一个新的关注点。当学生在科学课上被要求扮演科学家、研究者或调查者时,可能会表现出浓厚的兴趣,针对课程主题充分发挥自己的想象力。探究性学习又可以和沉浸式学习相联系。为了创建学习实验室,可以给学生提供白大褂和护目镜。教师使用该方法的目的是通过从课堂中积累的所有信息来为最初的问题找到一个合理的答案,从而确保学生能够建立起新旧知识之间的联系。你还可以借此鼓励学生对自己的学习产生更强的自信,不断去冒险、去尝试,从错误中学习并坚持下去。此外,学生也可以自主选择如何交流、分享自己的答案以及对最初问题的探究过程。

案例研究

以下案例选自哈特(Hart,2016)的研究:

我设计了自己的第一件实验服并穿进实验室,学生都被迷住了。不久后,每个学生都带来了自己父亲的大号衬衫,开始用织物颜料在上面作画。我们穿着实验服走出教室,穿过教学楼,吃完午饭再回到教室。一路上,见到我们的每个人都会拦住我的学生,询问他们的实验服是怎么回事。当学生在讨论自己的"作品"时,我意识到他们正在向同学和教师快速回顾我希望他们掌握的科学课内容。实验服从而成了我们科学课教学的一种强化视觉的工具。

探究性学习可以运用于能够融入该学习方法要素的特定课堂中。但是,要求学生理解新材料并立即应用到某个具体问题中是不现实的。基尔希纳等人(Kirschner et al.,2004)指出,探究性学习可能会阻碍学习,最低限度的学习指导并不能提高学生的学业成就。探究性学习方法对学习产生的效果就如同把一个不会游泳的人直接从船上扔进湖中央来帮助他学习游泳一样(第4页)。这也是你为什么需要支持学生建立使用探究性学习方法的自信心,并教授给他们相关技能的原因。

反思与讨论

(一)反思

参训教师,请思考你应该如何鼓励班上的学生成为更加独立的知识发现者?你又该如何通过一个刺激物开始课堂教学,从而确保学生对自己的探究学习更富信心?

专家教师,请回想探究性方法成功吸引学生学习的一堂课。参训教师应该如何制订教学计划使自己以自信的态度运用这种方法授课?

(二)讨论

参训教师和专家教师,请讨论你们的回答。设置一堂课来观察课堂上师生怎样践行探究性学习。一旦教学活动开始就进行同步分析,观察整堂课是如何在教师更直接的指导下开展的?会得到什么样的课堂回应?会取得怎样的进步?你认为其利弊分别是什么?

六、森林学校

令人惊奇的是,一所学校竟然会在户外生火,让学生使用户外厕所,公开鼓励学生使用工具进行实验,以及无论天气如何都坚持在户外上课。我记得该校校长曾告知教师:"没有不适宜的天气,只有不适宜的衣服。"这似乎也是森林学校所秉持的理念。最近几年,森林学校的教育精神传遍全英国:坚持使用所有感官、拥抱户外环境、以学生为主导的学习理念,强调发现和学习密不可分。在没有经过相关培训的人看来,学生心怀敬畏和疑问使用放大镜来研究昆虫,坐在树洞或帐篷里阅读和完成作业,这些都只不过是杂乱无章的游戏罢了。但是,维果茨基(1978)提出,学生应该成为自身体验和学习的中心。重要的是,当学生在适当支持下体验周围世界时,他们会在没有先入之见和特定指示的情况下进行探索:教师的信息输入是一个模糊的起点,但当学生开始通过体验周边世界和自然环境开始探寻时,他们的学习也在不断发生。

森林学校的学习理念认为,应该鼓励学生多冒险,更加主动和独立地学习,鼓励学生跳出常规思维,发挥自己的想象力,通过亲自发现来形成假设。森林学校还关注教育的情感效益、社会效益和发展效益,充分利用大自然来鼓励学生更好地了解周围的世界,并采用更环保的生活方式。为了完全接受森林学校的方法,教师应尽量减少对现代科技的使用,大自然本身就可以推动学习，学生也应该通过自己的眼睛而不是屏幕去了解世界。森林学校口号的关键词为“积极的户外体验”。学生可以在“安全”的户外教室自由体验学习，这一点很重要。即使环境以非常接近自然的方式在变化，也要为学生准备安全的学习区域来尽可能减少伤害（请记住：对于所有户外学习环境而言，为了学生的安全，风险评估是非常重要的，并且在教学设计时就应该完成）。

研究表明，森林学校与创造力之间存在直接联系。弗约托夫特（Fjørtoft，2005）发现，森林学校的自然环境对增进参与创造性和尝试性游戏的学生的认知发展至关重要。早期学习与森林学校之间的关联非常紧密，并与小幅度动作技能和大幅度动作技能均有联系。小幅度动作技能是指幅度较小的动作，例如拾取小物件、握住一支钢笔或蜡笔以及使用剪刀等，只需要使用手指、脚趾、手腕、嘴唇和舌头的小块肌肉。大幅度动作技能则是指使用手臂、腿、躯干和脚部的大块肌肉且幅度较大的动作，诸如坐下、站立和抛球之类行动。这些关联也体现在个人游戏、小组游戏和社会交往中：发展阶段的所有要素都可以通过户外环境中的学习得到加强。在随后的关键阶段，他们不仅见证了森林学校自然性质带来的好处，还看到了户外课堂活动机会逐渐增加，并与习以为常的教室之外的世界建立了明显联系。

开设森林学校的最大障碍是某些学校缺乏自然空间，或学校所处的城市缺少动植物，从而阻碍了学校利用这些自然资源帮助学生学习。为此，许多学校专门创建了一个“自然区域”，通常与池塘相邻或利用当地的公园，确保学生可以体验自然世界，也能够在自然中学习。我曾在城市中见过这样的学习空间环境：学校里放置了大型凸起的平台，平台上有树木、垃圾桶、水桶和回收的卡车或拖拉机轮胎，以此来教授学生播种的方法。学生播撒下种子，学习照料植物，并获得近距离观察自然的便利机会，还可以使用鸟或蝙蝠盒子以及其他物品诱捕各种昆虫。

反思与讨论

（一）反思

参训教师，你观摩过户外教学吗？其中有什么值得自己教学实践借鉴的吗？你开展过类似于户外课堂的教学吗？如果要开展户外课堂教学，你需要进行哪些调整？所在学校存在将森林学校方法付诸实践的场地吗？

专家教师，请回顾你教授过的运用了户外学习（体育除外）元素，并邀请参训教师观摩的课堂。请回想班上的学生当时是如何回应自然环境的。户外教学给课堂教学带来了哪些影响？学校中存在可以让师生直接接触自然并以积极方式影响学习的场地吗？

（二）讨论

参训教师和专家教师，请讨论森林学校方法在学习中的使用，如何将其运用到接下来的教学中。请检验短期教学计划，然后采用森林学校的学习理念并利用学校周边的环境来重新设计课程教学。你们会利用学校的哪些场地？期望达到怎样的学习效果？

本章小结

本章中介绍的一些方法可能需要师生转换思维方式，至少需要尝试新的和不同的教学方法。教室的设计——如果是在教室里开展教学的话——以及你所计划的学习体验方式都会跟你正在开展的或者你所理解的教学有很大差别（或许在你的教育观看来）。当然，任何方法的核心都必须是学生的进步。对于那些采用特殊方法的学校来说，他们会密切关注并仔细思考自己的课程和教学方法。其中一些方法的运用，短时间内很难看到学生的进步（例如，沉浸式学习方法）。一些学者认为学生有可能会逐渐掉队但不是很明显，以致教师难以及时发现。你需要仔细思考如何确保自己能够对课堂上学生进步负责的同时，又能让学习更富参与性、刺激性和趣味性。

本章最后呈现一个关于如何培养孩子独立性的示例，该示例与我教授的课程主题中设置的角色有关。课程主题为“宇宙中的地球”，展示了怎样组合运用沉浸式学习和探究性学习来吸引学生学习并促进学生的自主学习。我使用了一项简单的技术：为每位学生打印了一些贴纸，贴纸上印有与课程相关的特定任务或角色来加深学生对正在谈论的角色以及每个角色职责的印象。下面是打印好的角色贴纸，欢迎大家采用该方法。

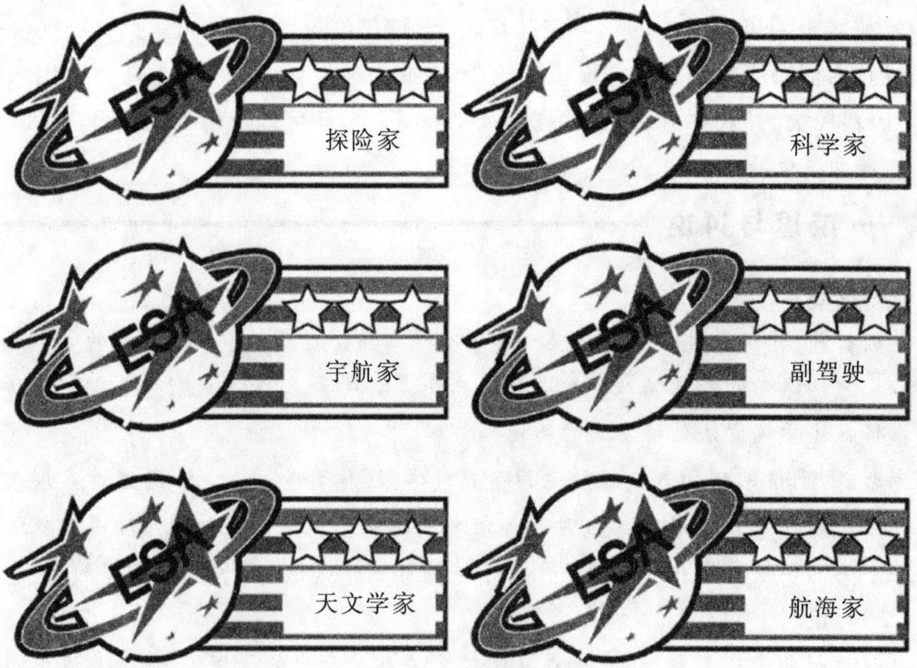

图 6.1　科学课的贴纸设计

给每位学生设定特定的角色能让学生专注于自己需要完成的任务，从而增长他们的见识。随着学生越来越熟练，他们就能将学到的技能在不同学科之间进行迁移。

反思与讨论

参训教师和专家教师,讨论一个能够运用本章学习方法的课程主题:尝试同时运用两种及以上的方法。

然后请思考:

你们如何创建与主题及接下来的学习任务相匹配的沉浸式学习环境?可以找到相关服装吗?需要什么设备来创建有效的学习空间?怎样安排学习设施?又该如何反思沉浸式学习体验呢?

如果你们考虑运用探究性方法,什么刺激物可以用于导课,以便学生在整个主题课程学习中能够取得进步?学生可以构建哪些有关学习的联系呢?你们如何辨别以确保所有学生都能获得发展?

如果你们倾向森林学校方法,户外学习环境会怎样影响预期的结果?把学生带到户外,对促进学生学习进步会带来怎样的帮助?你们需要什么资源,学生该如何记录自己的进步,以及如何确保学生可以记录下你们所想要的结果呢?

在本章中,你了解了一些方法,并尝试用不同的方法来提升学生的参与度。并不是所有的学生都以同一种方式学习,因此掌握多样的方法有助于构建自己的教学资源库。本章所展示的每一种方法都有其适应性,要与主题、课程和学生的需求相适应。使用本章的方法来仔细制订你的教学计划吧!尽情享受和学生共同探索的时光!

参考文献

[1] Armitage, R and Armitage, D (2014) *The Lighthouse Keeper's Lunch*. London: Scholastic.

[2] Dahl, R. (2016) *The BFG*. London: Penguin Books.

[3] Fjørtoft, I (2005) Landscape as playscape: the effects of natural environments on children's play and motor development. *Children, Youth and Environments*, 14(2).

[4] Gartner (2012, July 31) Immersive learning environments (ILEs): Gartner IT glossary (*All Definitions*).

[5] Hart, R (2016) Lab coats paint a thousand words: Elementary (3-5).

[6] Kirschner, PA, Sweller, J and Clark, RE (2004). Why minimal guidance during instruction does not work: an analysis of the failure of Constructivist, discovery, problem-based, experiential, and inquiry-based teaching. *Educational Psychologist*, 41(2): 75-86.

[7] Vygotsky (1978) In Wyse, D, Davis, R and Jones, P (eds) (2015). *Exploring Education and Childhood: From current certainties to new visions*. London: Taylor & Francis.

第七章　掌握学习

阿什莉·康普顿

本章目标

1.了解掌握学习的定义；

2.探索怎样确保所有学生都能够运用掌握学习；

3.证实如何通过表达加深学生的理解；

4.了解“智力型实践”；

5.分析有关差异和干预的观点。

一、引言

在本章,你将了解更多关于掌握学习的原则以及如何在课堂上使用该方法。虽然掌握学习作为一种教学方法已经存在多年,但仍然需要再次强调掌握学习法对学习的重要价值。这种方法同《国家课程标准》所预期的学习目标密切相关,即所有学生都应该有机会掌握技能和知识以确保深度理解,学习是内生性的,而非匆忙奔向下一个目标。这也深刻影响着人们对能力和差异的认识。新加坡的数学及数学掌握学习在小学的影响尤为显著,本章旨在探讨这方面的益处和挑战。

二、什么是掌握学习

"掌握学习"不是一个新概念。早在50多年前,布卢姆(1968)就提出了掌握学习理念,研究实施该方法的不同条件。虽然这种方法没有被严格界定,但在接下来的几十年里还是在美国及其他国家迅速传播。20世纪70年代,布卢姆试图整合各种界定:

> 目前掌握学习存在诸多版本的定义。所有的界定都始于这样一种认识:如果对教学进行慎重和系统的研究,学生在学习遇到困难时能够得到帮助,学生有足够的时间来实现掌握学习,并且掌握学习的要素有明确标准,那么绝大多数学生都能拥有高水平的学习能力。
>
> (布卢姆,1976,第4页)

布卢姆(1968,1976)强调,掌握学习需要教师和学生转换思维:教师要相信绝大多数学生都可以实现掌握学习,不要认为只有少部分学生能够实现而有些学生永远无法实现。学习一门学科的天赋不在于学生是否学到什么,而在于他们需要花多长时间。对某一门学科具有高度天赋的学生可以学得很快,这些学生被称为"快速学习者"。布卢姆(1976)将掌握学习的过程比作在私人教师的帮助下学习,该教师会对你的个人需求做出反应,在必要时调整教学,确保你有足够的时间学习。遗憾的是,在学校教学中很难做到这点,这意味着一名教师必须在规定的固定教学时间内同时满足班上30名学生不同的个人需求。 为了满足学生的个性化需求并实现掌握学习,布卢姆(1968,1976)认为教师必须:

1. 聚焦有明确结果导向的目标;
2. 了解开展新的学习活动所必备的知识和技能;
3. 经常开展形成性评价以检查学习进度;
4. 基于形成性评价的结果调整教学活动;
5. 提供多样化的解释;
6. 更具体的例证;
7. 补充的示例;
8. 赋予学生不同程度的独立性以应对高度结构化的学习;

9.改变正强化的类型和数量；

10.寻找更具激励性的情境。

当形成性评价表明学生已准备就绪时，再开展终结性评价作为最终检查。通常可以是书面测试（对于数学和历史等学科），也可以是动作任务（对于像体育和艺术这类的科目）。布卢姆（1968）建议，形成性评价和终结性评价的结果应该被描述为掌握或未掌握，而不是给予A或C这类等级。那些尚未达到掌握程度的学生会得到反馈意见，针对哪些方面仍需要提升以及如何达成给出具体的建议，而已经达到掌握程度的学生会被给予拓展性学习活动。也许布卢姆认为掌握学习而非掌握教学很重要。除了上面列出的教学策略外，布卢姆还强调了学生学习和回应反馈的意愿以及坚持不懈克服困难的重要性。

因新加坡和中国上海等地在2009年的国际学生评估项目（PISA）测试中数学与科学成绩都在世界上名列前茅，英国再次对掌握学习法产生了兴趣。国家学校领导力学院（NCSL，2013）组织了一次英国教师到中国上海和宁波的调研之旅，研究中国教师如何教授数学和科学。他们获得了一些与教师教学要求相关的发现：课程内容较少；由专业的学科教师执教数学和科学；所有教师都加入了教学研究小组，并与其他教师互相观摩学习；教师在课堂上只需花大约25%到30%的时间讲授，从而有充足的时间制订教学计划、对学生进行评价并为学生提供个别化指导。大约20%的学生能够获得这种个别化指导，这种指导一般利用午餐时间、放学后或计划好的时间开展。在课堂上运用的掌握学习法涉及教师讲解、班级和小组讨论以及个人练习，所有学生都使用统一的国家教材进行相同的活动。虽然有证据表明重复学习相同的概念会导致过度学习，但并没有出现研究者所想象的死记硬背等方法。相反，他们发现掌握学习的重点在于让学生解释自己的思考，而不是仅就问题给出答案。

> 概念是通过使用教具并伴随着非正式和正式的书面方法形成的。全班学生都践行口头练习，以两两分组或个人形式进行。运用实践资源，比如利用小木棒来协助学习除法计算，可以强化学生对计算和书面记录背后意义的理解。学生通常被要求与全班同学分享自己的学习，清晰地阐述自己的理解，并回答同学提出的问题和质疑。这种方法似乎可以导向深度学习。
>
> （国家学校领导力学院，2013，第21页）

斯肯普（Skemp，1976）提出了两种数学学习法：一是机械式理解，遵循规则来回答问题；二是关系式理解，理解这些规则之所以有效的原因。上海所采用的学习方法属于学生需要解释自身想法的关系式理解。英国《国家课程标准》规定的数学三大目标都要求这种类型的理解（英国教育部，2013）。第一个目标是通过发展概念理解力熟练掌握数学；第二个目标是学会推理；在第三个目标中包含的非常规性问题同样需要关系式理解而不仅仅是机械式理解。

《国家课程标准》中虽然没有使用“掌握学习”一词，却暗含其中：

> 期望大多数学生以大致相同的速度完成学习计划。但是，关于何时取得进步的决定应该始终以学生的理解和他们对下一阶段进步的准备为基础。能够快速掌握概念的学生可以挑战更加丰富和复杂的问题，然后通过新内容的习得加速学习。那些尚未完全掌握先

前学习材料的学生，应该在下一步学习之前通过额外练习巩固自己的理解。

（英国教育部，2013，第 99 页）

英国国家数学教学卓越中心（NCETM）已经制作了一套资源来支持掌握学习。他们对掌握学习的解释符合布卢姆掌握学习的原理和《国家课程标准》的期望。可以将其分为四个方面：

1. 掌握学习的方法——相信所有学生都可以学习数学；

2. 掌握学习的课程——所有学生都应该学习相同的课程；

3. 掌握学习的教学——既关注全班学生的共性，又能满足学生的个体需求；

4. 掌握学习的达成——具有深刻的概念理解力，从而确保学生能够将概念应用到新情境中。

〔艾斯丘（Askew）等人，2015，第 5-6 页〕

根据新加坡的掌握教学法，英国的一些学校在一年级和七年级尝试了一项名为"数学掌握学习"的计划。该计划涉及保持全班学生的统一，直到达到掌握学习的状态，利用实物和图片表示数学概念，强调解决问题的技能、关系式理解、高期望以及成长型思维（参见研究工具箱）。对于那些曾经为不同能力的学生小组制订不同目标的学校而言，保持全班学生的统一是个很大的挑战。为了保持全班学生的统一，所有学生都要有相同的学习目标。在当日内及时对有学习困难的学生通过额外的教学和练习予以辅导，这样他们就不会落后于整个班级的进度。那些快速达成目标的学生并没有立刻进入下一主题的学习，而是通过在不同情境中的思考加深对目标的理解。项目实施一年后，经过测评发现，这些学生与对照组学生相比略有进步〔维尼奥尔斯（Vignoles）等人，2015〕。评估人员指出，该研究存在局限性，因为它只考虑了一年的实施周期——属于计划完成后的即时效果，从而无法证明学生在整个一至九年级学习中遵循该计划所可能产生的长期影响。

拓展性资源

卡罗尔·德伟克（Carol Dweck，2012）同大学一年级至毕业年级的学生，以及不再接受学校教育的成年人一起进行了大量与智力认知相关的研究，主要研究发现是关于固定型思维和成长型思维。固定型思维是指你的智力（和其他品质，比如个性和道德）与生俱来且无法改变。成长型思维相信你可以通过自身持续不断的努力来发展自己的智力和其他个人特质。这些不同的思维模式很重要，因为它们会影响我们对挑战和反馈的回应方式。对自己能力持有固定型思维的学生会将成功视为对自己整个人的判断。如果他们在考试中取得优异成绩，就归结为自己很聪明，这似乎不是一件坏事。然而不幸的是，当他们在考试中遇挫时，会将自己定位成失败者。因此，为了维持自己的美好形象，他们会拒绝任何存在失败风险的挑战，也会把不同的学科看成他们天生擅长或生疏的对象。我在数学上就曾遇到过这种情况。家长能够原谅孩子学不好数学，原因在于他们认为自己的数学成绩一直以来也不好，意味着他们家族缺少数学基因。相反，具有成长型思维的学生会认为自己需要在学习困难的学科上加倍努力。

学生的思维模式通常会受家长和教师的影响,例如,长辈的赞美,诸如“你真聪明”“你很擅长艺术”或“你天生适合踢足球”等不仅会强化固定型思维,而且已有研究表明从长远来看会对学生产生消极影响。与成长型思维相关的有益赞美集中在努力和策略上:“很显然你努力学习了”“你真的从以前的错误中吸取了教训”或“你已经找到了一种自己能够理解并运用的方法学习乘法”。海莫维茨(Haimovitz)和德伟克(2016)研究了家长对失败的看法以及其对孩子思维模式的影响。那些认为失败需要避免的家长在孩子身上培养了固定型思维,而将失败视为学习机会的家长则促进了孩子成长型思维的形成。

三、所有学生都能够学习数学吗

能力分组在英国教育中很常见〔博勒(Boaler),2009;波义耳和波维(Boyla,Povey),2014〕,尤其是在英语和数学教学中,通常将全班学生按接受能力优异的学生(HAP)、接受能力中等的学生(AAP)和接受能力较差的学生(LAP)进行分组。其中第一个字母分别代表优、中和差,最后一个字母代表学生,中间的字母“A”有时代表学科能力,有时代表成就能力。这种贴标签的方式会导致教师和学生的固定型思维模式。博勒(2009)从他在英国与美国的研究中得出结论,在这些国家中人们逐渐产生了一种共识:只有一部分人适合学习数学,并且能力分组和数学专业结构设置强化了这种观点。他发现,标签化对那些接受能力较差的学生伤害最大,因为对他们的期望较低、设置的课程有限,而且学生相信这一标签意味着自己不适合学习数学。标签化也限制了优秀学生的学习进度,他们承受着必须始终回答正确的压力以保持自己具有数学天赋的良好声誉。马克斯(Marks,2013)在一所以混合能力教学而闻名的英国小学进行了研究。在他所研究的三个班级中,有两个班级仍然进行数学能力分组,学生通过所在的能力小组来定位自己。教师对不同能力小组学生的反应各异,对优秀群体的期望值很高,对底层群体则是低期望值,并且只重视其行为表现而不是学习过程。

罗森塔尔和雅各布森(Rosenthal,Jacobson,1968)关于皮格马利翁效应(Pygmalion effect)的经典研究发现,教师的期望会对学生表现产生很大的影响。教师被告知他们班上的一些学生已经接受过(虚构的)测试,其结果显示学生在接下来的一年里智力会突飞猛进。这些学生是随机选择的,但智力测试表明他们确实取得了比对照组更大的进步。在低年级(一年级和二年级)学生以及智力测试的推理领域尤为如此。虽然这项研究距离现在已经有一段时间了,但博勒(2009)和马克斯(2013)的研究结果表明,在今天仍然具有现实意义。

杰利姆和乔伊(Jerrim,Choi,2014)对国际数学与科学趋势研究(TIMSS)以及国际学生评估项目结果的分析重新激发了人们对掌握学习的兴趣,研究表明英国和东亚国家学生之间的学业成就差距始于小学阶段。但是,这项分析是基于2003年国际数学与科学趋势研究针对五年级学生的分析成果,因而可能同当前的小学课程相关性不高。他们还指出,贫富学生之间的差距会随着年龄的增长而扩大，英国小学的能力分组可能会导致贫富学生之间差距的拉大。经合组织（OECD，2012）的调查结果支持了这一观点，研究发现，在按学生能力分组的国家中，低能力小组中来自社会经济地位较低群体的学生比例非常高，教师对他们的期望值却非常低。经合组织（2012）将此与学生学业成就较高的国家进行了对比，这些国家不按学生能力分组，而是为那些需要帮助的学生提供了额外支持和早期干预，以便在学生差距扩大之前就尽可能消除学业成就方面的所有差距。这是掌握教学法的关键理念之一。

反思与讨论

专家教师和参训教师，请你们考虑以下问题并共同讨论：反思自己对数学能力的看法。

你们认为自己具有固定型思维还是成长型思维？所教的学生呢？

请回想你们对学生的分组方式，你们对学生的期望，以及赞美学生的方式。这些与思维模式有关吗？

上述这些是否也同样出现在其他学科中？

四、如何深化理解

中国上海和新加坡采用掌握教学法的一个领域是对教材的使用。教育部给英国〔吉布（Gibb），2016〕提供资金购买基于东亚模式的教材推动了该领域的变化。这些数学教材的特征之一是基于杰尔姆·布鲁纳（Jerome Bruner）理论学说的新加坡矩阵模型及其“实物—图式—抽象”（CPA）方法（启发式数学，2016；《数学不再是问题！》，2016）。布鲁纳（1966）的学习理论提出了三种再现知识的方式：动作性再现模式、映象性再现模式以及象征性再现模式。动作性再现模式基于行动，在CPA模式中称为实物。这种方式涉及操纵实际对象同时也是新论题的初次尝试。映像性再现模式或图式性再现模式使用图画来表示知识。最后一阶段是象征性再现模式，对布鲁纳来说，该模式基于语言和符号，而在新加坡的矩阵模型中涉及使用更抽象的矩阵图形去理解问题解决需要什么样的数学知识。这可能是一个简单的问题，比如“总共有多少糖果”，图7.1显示了依据CPA和新加坡矩阵模型回答这个问题的不同阶段。英国教师可能更熟悉海洛克（Haylock）和科伯恩（Cockburn）模式（2013），该模式与学习情境（现实生活、实际性）、数学图像或图画、金字塔中的语言和符号有关，强调教师构建这些不同领域之间的联系从而深化理解的重要性。

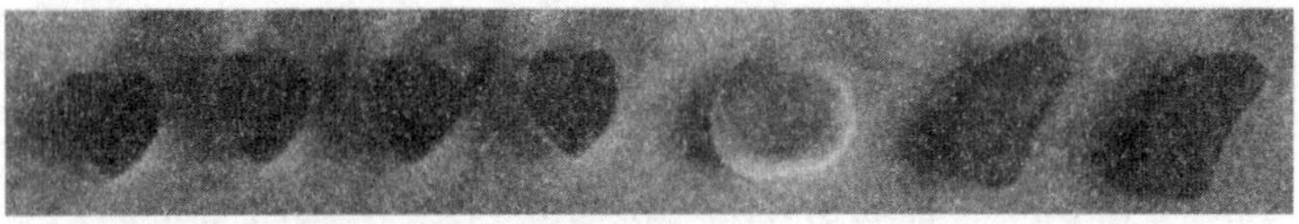

实物——实际物体

图式——物体的图画

图式/抽象过渡——表示该物体的矩阵图片

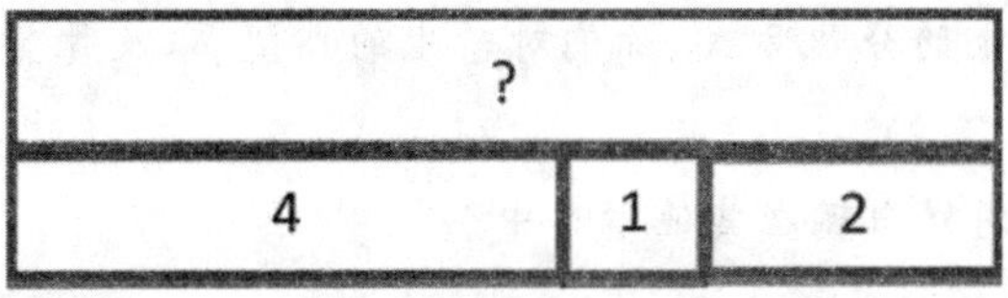

抽象——总共有多少糖果的矩阵模型

图 7.1　新加坡矩阵模型

新加坡矩阵模型注重理解部分和整体的关系，意识到数学问题涉及学生的已知与未知。在图 7.2 的矩阵模型中，标记为 A 的矩阵表示整体，而 B 和 C 矩阵则表示部分。如果学生的已知为 B 和 C，那么这是一个加法问题。如果已知为 A 和 B 或 A 和 C，则是减法问题。你还可以将两个以上的部分组成整体（如图 7.1 所示），这就构成了更复杂的加法和减法问题，也可以构成乘法、除法、分数和比率问题。

举个例子就更容易理解了。韦斯特伍德（Westwood）将一年级和二年级的学生混合组成一个班，其中一年级学生占 3/5。如果该班共有 30 名学生，那么每个年级各有多少名学生？在这种情况下，已知整个班级共有 30 名学生，其中 3/5 是一年级学生。虽然没有被直接告知，但很容易确定二年级学生占班级人数的 2/5。未知数是这些分数代表的学生人数。图 7.3 中的矩阵模型显示班级被分成了 5 个部分，分别是占 3/5 的一年级和占 2/5 的二年级。你必须弄清楚 1/5 是多少名学生（30÷5=6），并乘以年级组的对应分子（3×6=18 是一年级的学生人数，2×6=12 是二年级的学生人数）。矩阵模型虽然没有直接告知你答案，但试图帮助你厘清解决问题的思路。

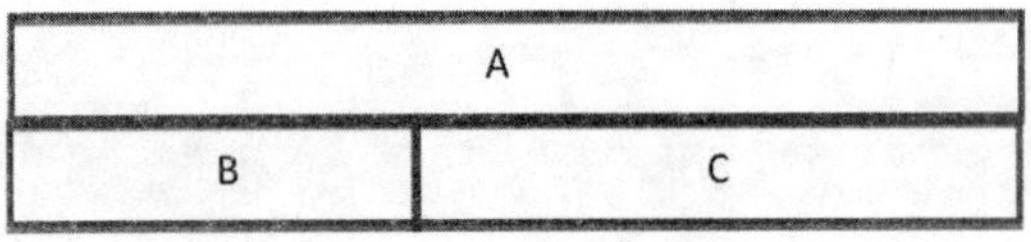

图 7.2　理解整体和部分的关系

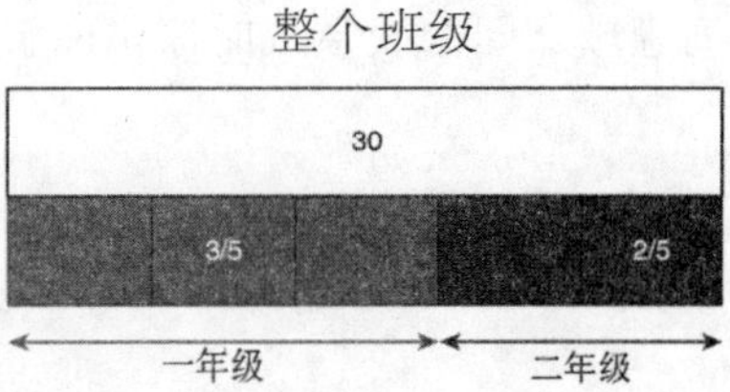

图 7.3　新加坡矩阵模型的操作示例

案例研究

夏洛特是数学掌握学习法的专业教师，在一所小学执教六年级。虽然学校已经引入了数学掌握学习法，但教师们仍然无法完全推行，因为学生已经习惯采用数学的差异目标法，而且对掌握学习法的理解也很不到位。夏洛特一直在与育婴学校开展关于掌握学习的外展工作，希望数年后升入小学的学生在学业成就上不会出现太大的差异。

夏洛特认为，最有效的掌握学习法是表达与讨论，她称为"告诉并说服我"。她让学生使用不同类型的工具，如位值计数器、十个迪恩斯块、连锁立方体、秸秆棒和古氏积木等展示计算的方法。学生也会画一些图画或模型，比如新加坡矩阵模型来展现计算方法。除了图片，夏洛特还鼓励学生开发思维图像，以便他们可以在不允许使用物理设备的测试中借鉴这些图像。为了实现"说服我"的效果，夏洛特坚持要求学生运用精确的数学词汇口头阐述完整的解释。一名学生在解释他们正在解决的图7.3中的问题时可能会说：

我知道全班共有30名学生，其中3/5是一年级学生。二年级学生必然占班级的2/5，因为3/5+2/5是一个整体。分母中的5告诉我整体被分为了多少部分，所以我将30除以5得到每一部分代表多少名学生。每一部分就是6名学生。分子告诉我每个年级占了多少部分。一年级占了3/5，因此是3×6，即18名学生。我可以通过2×6或者从全班30人中减去一年级的18名学生来算出二年级有多少名学生。这两种方法都得出了二年级有12名学生，这是一种检查答案的方法。

夏洛特发现对于一些六年级学生而言，计算出结果虽然相对简单，但是很难阐释计算过程。这些学生已经习得了使用算法计算的规则，却不理解为什么要遵循这些步骤（工具式理解）。她发现坚持表达与讨论刚开始会让学生感到沮丧，但最终结果是学生对涉及的数学内容有了更深刻的理解。

反思与讨论

（一）反思

专家教师，你所在的学校使用什么设备来进行数学教学？学校对此是否有相关的政策规定？你怎样决定使用什么样的设备呢？

请回想你与那些努力表达和解释自己思考过程的学生共同学习的时光，你是如何帮助他们的？

参训教师，请思考你能够自信地使用哪种数学教学设备。你是否理解不同的资源如何帮助师生解释不同的数学概念？请仔细探索学校的数学教学设备，从而了解怎样基于不同的教学目的发挥其功效。

（二）讨论

参训教师和专家教师，请讨论在接下来的数学课上可以与学生共同使用的两种或三种展示方式。请设计一堂课，引导学生比较和对照不同的展示方式如何帮助他们理解和解释数学概念。

五、什么是智力型实践

罗兰(Rowland,2014)谈论了仔细选择示例来展示“智力型实践”一般概念或特定方面(包括反例)的重要性。如果你可用的示例数量有限,则可能会限制学生对概念的理解,因此变式教学很重要。例如,如果你总是向学生展示与页面底线平行的正方形,这会让他们误以为如果一个正方形倾斜了就不再是正方形了。马顿(Marton)的变式理论〔马顿和崔(Tsui),2004〕谈到概念可以在满足概念定义的同时变化方式和维度,这包括某个数学概念在不同情境中的运用。请关注“一半”的概念,可以是形状的一半、一组物体的一半、测量的一半、数字线上的0.5、作为分数式的1/2或将某物分成两个相等部分的行为。请思考图7.4中一半的不同表现形式。有什么相同之处和不同之处?这些“一半”的含义分别是什么?

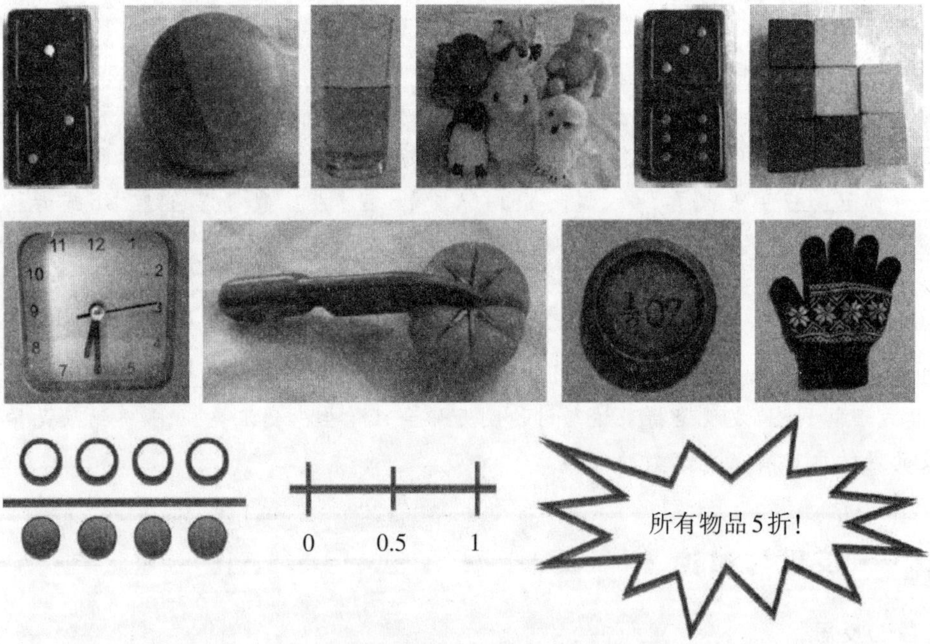

图7.4 “一半”的表现形式

根据艾斯丘(2016)的观点,变式教学是中国上海和新加坡教材建设的一个重要因素,并能促进智力型实践。智力型实践涉及一系列问题,引导学生进入推理和进行斯肯普(1976)提出的关系式理解,而不是仅仅使用工具式方法。请观察表7.1中的几组问题。在这些示例中,维度1是乘法,这是显而易见的,并且对于三组来说都是同理的。维度2是翻倍和减半。这同A组和B组有关但不太明显,取决于学生是否能在图案之间建立关联。然而,学生通常觉得翻倍和减半是如此容易,所以他们有可能注意到其中的联系。维度3是重组因子,它适用于所有三组,但是最不明显,缘于学生一般不会考虑因子2的翻倍和减半。你可以利用“你注意到了什么”“哪些是相同的”“不同的是什么”等问题来帮助学生集中注意力。使用新加坡式教材的一个优点在于数学专家已经为你设计好了智力型实践。

表7.1　三组问题

A组	B组	C组
8 × 10	4 × 6	3 × 12
16 × 5	8 × 3	9 × 4
32 × 2.5	2 × 12	1 × 36
4 × 20	1 × 24	3 × 3 × 2 × 2

六、差异性在掌握学习中是什么样的

乔治(George,2014,第65页)谈到了“公平而不是相等”在数学教学中的重要性,教学要更能够满足个体需求,但也期望所有学生都能成功。本章前文阐述的研究表明,按能力对学生进行分组并不能促使所有人成功,那么我们如何才能区分个体需求呢?在中国上海的示例中,尽管国家学校领导力学院的报告(2013)指出,大约80%的学生也在校外接受私人辅导,但这是通过具有相当长的非接触时间的教师的个人支持实现的。大多数英国学校不太可能获得符合该水平的教职员工配置和家长支持,因此必须考虑其他选择,特别是针对当日辅导干预。

让我们回到布卢姆(1968,1976)的理论,可以通过准备替代性解释、附加的示例、激励性情境和具体的插图将他的系列建议应用到教学中。这些可以帮助那些对概念理解有困难的学生,同时也能够让已经迅速掌握概念的学生得到强化。但请记住,迅速掌握了概念的学生可能还没有达到深度理解的状态。另一个建议是改变自主学习与结构化学习的程度。你可以在学生个人练习之后对他们的理解程度进行快速评价,然后为那些已经理解的学生提供开放性问题,使你能够有时间更密切地与那些理解有困难的学生共同开展结构化学习。要想避免出现能力分组和低期望等问题,关键在于你的支持是基于对学生当天概念理解的评价,而不是对学生能力的普遍信念与模糊认识。

案例研究

索斯伍德(Southwood)学校引入了涉及变更学校时间表的数学掌握教学法。在妮哈(Neha)二年级的课时安排中,数学课的时间是从9:30到10:05。这段时间的教学活动主要是学生独立完成少量例题。教室里设有答案标记站,学生可以在那里核对自己的答案是否正确。学生还要进行自我评价,以表明他们的学习信心。从10:05到10:20,助教会引导学生完成有关计数、编号键或乘法表的练习,同时教师在课堂上会检查学生的作业。10:20学生出去玩游戏,教师则为认定需要进一步辅导的学生计划接下来的活动,这些学生要么是因为做错了题,要么是因为缺乏学习信心。在游戏时间之后,学生还有额外的20分钟数学学习时间,有些在学习辅导组,有些在学习深化组。学习深化组的学生需要将课程中习得的关键内容应用到新的情境中,或者应用到由妮哈在课前就已经计划好的问题解决活动中。

圣·休(St Hugh)学校采取了不同的方法来安排数学掌握学习时间表。在伊恩(Ian)所教的三年级,数学课被安排在每天上午。但伊恩通常会在教学活动的前10分钟和小部分学生待在一起,因为他从之前的教学中发现,这些学生很可能会对当天的学习目标感到吃力。在这10分钟内,伊恩带领这群学生回顾了先前教学中的各项学习内容,这些也是当天学习所必备的基础知识,并解释了其中的关键概念。与此同时,其余的学生都进行10分钟的默读活动。在周二和周四,伊恩计划根据周一和周三的课堂评估对部分学生进行长时辅导。其余学生则需要在不同情境中应用所学概念。每周五,所有的学生都会进行调研活动,在各种各样且难以预测的情境中使用不同的表现形式来运用所学概念。

福斯特(Forster)学校已经将掌握学习理念融入所有课程中。在核心科目(英语、数学和科学)中,他们安排了75分钟的课堂教学时间。通常的安排是在前半个小时教师以"打乒乓球"般的陪练方式执教整个班级,即教学按照以下程序进行:教师先给学生做一个简短的解释或演示,接着学生尝试模仿,然后一起进行讨论。接下来基于对学生理解程度的快速评价,对一部分学生进行15分钟的辅导干预,而其他同学在此期间则开展进一步的练习。在课堂的最后半小时内,全班学生通过共同解决一个大问题或在不同情境中应用所学概念来深化理解。这种方法与整个课程的其他方面在结构上的联系不是很紧密。重点在于学生练习期间教师的观察和评价,以便他们可以在教学过程中根据所确定的需求对学生个体、小组或全班进行及时辅导。

反思与讨论

(一)反思

参训教师,你可能会发现制订计划是一个复杂且耗时的过程。大多数掌握学习干预模型都需要对学生在课堂上出现的误解做出快速反应。在上课之前你能做些什么准备来帮助自己在课上针对学生的评价结果做出快速反应呢?

专家教师,你认为什么组织最适合为你及所在学校实施干预?你觉得通过及时辅导干预来防止学生掉队的掌握学习法能够适用于所有学科吗?

(二)讨论

参训教师和专家教师,请共同设计一堂课,包括课堂及时干预或随后进行的快速干预。请思考每个成年人的角色、如何评价学生,以及不需要参与辅导的学生应该做什么。

本章小结

掌握学习法依赖于一种信念,即如果给予足够的时间、个性化支持、频繁的形成性评价、及时辅导干预以及具有共同的、明确定义了目标的适当课程,所有学生都应能够取得成功。不同于具有差异化目标的能力分组法,掌握学习法可能需要教师和学生改变思维方式。尽管英国和国外一些研究表明,学生通过掌握学习法取得了良好进展,但在英国实施该方法仍然存在许多挑战,例如教师如何在没有大量非接触时间(non-contact time)的情况下提供及时干预等。

参考文献

[1] Askew, M (2016) *Transforming Primary Mathematics*. Abingdon: Routledge.

[2] Askew, M, Bishop, S, Christie, C, Eaton, S, Griffin, P, Morgan, D and Wilne, R (2015) *Teaching for Mastery: Questions, tasks and activities to support assessment*. Oxford: Oxford University Press.

[3] Bloom, B (1968) Learning for mastery. *Evaluation Comment*, 1(2), 1-12.

[4] Bloom, B (1976) *Human Characteristics and School Learning*. New York: McGraw-Hill.

[5] Boaler, J (2009) *The Elephant in the Classroom: Helping children learn and love maths*. London: Souvenir Press.

[6] Boylan, M and Povey, H (2014) Ability thinking. In Leslie, D and Mendick, H (eds) *Debates in Mathematics Education*. Abingdon: Routledge, pp.7-16.

[7] Bruner, JS (1966) *Toward a Theory of Instruction*. Cambridge, MA: Belkapp Press.

[8] Department for Education (2013) *National Curriculum in England*. London: HMSO.

[9] Dweck, CS (2012) *Mindset*. London: Robinson.

[10] George, P (2014) Made for mathematics? Implications for teaching and learning. In Leslie, D and Mendick, H (eds) *Debates in Mathematics Education*. Abingdon: Routledge, pp. 7-16.

[11] Gibb, N (2016, July 12) South Asian method of teaching maths to be rolled out in schools. Press release.

[12] Haimovitz, K and Dweck, C (2016) What predicts children's fixed and growth intelligence mind-sets? Not their parents' views of intelligence but their parents' views of failure. *Psychological Science*, 27(6): 859-69.

[13] Haylock, D and Cockburn, A (2013) *Understanding Mathematics for Young Children: A guide for teachers of children* 3-8. London: SAGE.

[14] Inspire Maths (2016) *Mastery with Inspire Maths*. Oxford University Press.

[15] Jerrim, J and Choi, A (2014) The mathematics skills of school children: how does England compare to the high-performing East Asian jurisdictions? *Journal of Education Policy*, 29(3): 349-76.

[16] Marks, R (2013) 'The Blue Table Means You Don't Have a Clue': The persistence of fixed-ability thinking and practices in primary mathematics in English schools. *Forum: for Promoting 3-19 Comprehensive Education*, 55(1):31-44.

[17] Marton, F and Tsui, A (2004) *Classroom Discourse and the Space of Learning*. Mahwah, NJ: Lawrence Erlbaum.

[18] Maths no problem! (2016) The Singapore bar model.

[19] NCSL (2013) *Report on Research into Maths and Science Teaching in the Shanghai Region*.

[20] OECD (2012) *Equality and Quality in Education*. OECD Publishing.

[21] Rosenthal, R and Jacobson, L (1968) Pygmalion in the classroom. *Urban Review*, 3(1): 16-20.

[22] Rowland, T (2014) The role of examples in mathematics teaching. In Leslie, D and Mendick, H (eds) *Debates in Mathematics Education*. Abingdon: Routledge, pp.7-16.

[23] Skemp, RR (1976) Relational understanding and instrumental understanding. *Mathematics Teaching in the Middle School*, 12(2): 88-95. Originally published in *Mathematics Teaching*.

[24] Vignoles, A, Jerrim, J and Cowan, R (2015) *Mathematics Mastery Primary Evaluation Report*. London: Education Endowment Foundation.

第八章　以教学对话为导向的提问策略

约翰·帕拉莫尔

本章目标

1.分析并理解提问的动机；

2.审思教师提出的各种问题；

3.理解教学对话的机会是怎样被创造或错失的；

4.深化对提出有效问题关键要求的理解。

一、引言

随着对话教学的发展，教育界针对教师提问及提问机制提出了许多有用的建议。有关学生的学习方式以及我们作为教师怎样才能最好地促进这一过程的理论或信念，支撑着这些操作性建议。

对于教师而言，提问是天性使然，以至于很多时候教师在提问时并没有考虑太多。因此，当我们无论是作为教师还是作为观摩者对教学进行反思时，可能并不是每次都能仔细体会到教师提出的特定问题对学习产生的影响，以及不同的问题如何改变学习进程。然而，在经验丰富的观摩教师看来，课堂教学缺少计划性或反思实践能力较差的参训教师对学生及其学习所做的某些隐含假设都仅仅只是使其“装得像个教师”。参训教师所表现出的提问质量及平衡技巧，清楚地表明了真正的专业实践与肤浅的表面模仿之间的区别。如果我们不是为此而提问，那么提问是为了什么？换句话说，我们的提问动机是什么？

在提问的时候，因为我们通常忙于“组织”整个课堂和兼顾每位学生，所以没有再去思考日常提问的管理和修辞问题，例如“你为什么要这么做”或“你想要薯片还是土豆泥”。在本章中，我们将聚焦同课时或单元学习目标相关的问题及回答。

在此，有必要明确本章的学习目标。多年来，学界多次尝试对提问机制进行界定和分类，其中有一些分类法相对其他分类法而言更为实用。实际上，我们有必要简要了解所有分类法的“鼻祖”——布卢姆的教育目标分类法。我必然会利用我在这里提出的一些想法，但目的是简化问题，而不是对目前存在的一切进行全面的综合。在此过程中，我希望能给参训教师提供一些重点明确且清晰明了的信息，这些信息在其他地方未必可寻。因此，本章的重点并非简单地重新梳理你可能提出的所有不同问题，或恳请你确保在教学过程中能平衡好这些问题的使用，而是引导你能够将自己提出的问题与课堂上学生的学习内容建立联系。为此，我们首先要剖析你最初的提问动机，并将其与提出各类问题所产生的效果相联系。我们将仔细探究你得到回答后的回应方式，在我们看来，这与提出一个好的或者恰当的问题同等重要。我们在本章将构建对话动机、对话教学与提问机制之间的关联。

换言之，我们通过研究发现，在自身教学活动中提问的平衡是一个长期持续存在的问题，即教师仍然主导着课堂教学的话语权，并向学生提出了太多封闭式问题。教师计划在教学中提出高阶问题或开放式问题确实很好，事实上，我们也建议参训教师这样做，但从长远来看，除非你的提问水平和对平衡技巧的把握已经非常娴熟，否则这种方法会让人感觉有点儿生硬并且令人反应迟钝。该技能的培养依赖于三个相互关联的要求，如图8.1所示，我们将在本章小结部分再次回顾。首先，你深度掌握的学科知识对发展自己提出优质问题的能力至关重要，你对每个学生的了解也是如此。此外，你需要像自己要求学生那样高度投入教学内容。所以你需要在教学进程中，尽可能多地大声向自己提问，例如，“我怎么以不同的方式进行示范或提供帮助，以消除露西(Lucy)的误解”或者“萨姆(Sam)真的理解了吗？——我要让他解释自己是如何做到的”。换句话说，你应该引导学生积极主动地理解自己的学习内容，培养他们的这种习惯同意识到你可能遇到的各种问题一样重要。有些学者将具有这类专注特征的实践称为“即时反思”（参见舍恩，1991），其他学者可能更简单地表示为你需要“启动自己”并“进入状态”。

顺便提一句，在课堂上你践行这三个要求将会帮助你成为一位专业教师，并使你能够克服上文提到的潜在尴尬。当你处在行动的风口浪尖，为如何才能最好地促进学生学习——日复一日、一小时又一小时、一分钟又一分钟——做出明智的决定时，你的专业自主权最为明显。

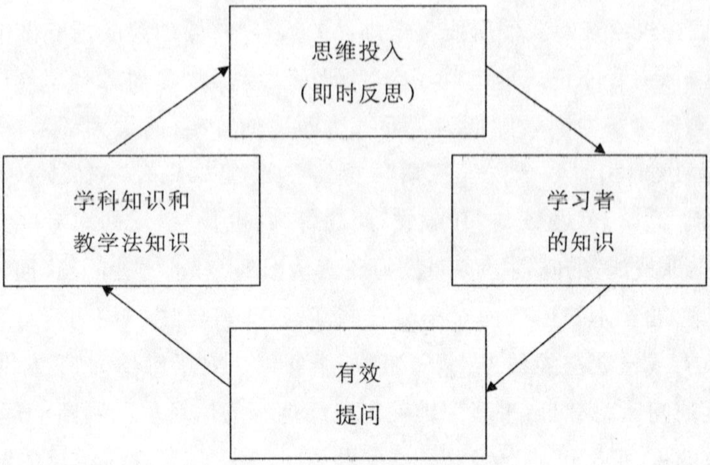

图8.1 有效提问的要求

反思与讨论

基于你的经验，请思考一位试图努力取得进步的参训教师，与图8.1中有效提问要求的差距在多大程度上导致其难以进步？

二、提问的动机

反思与讨论

你认为教师希望通过提出以下这些问题以达到什么目的？这些问题的目的有何不同？

1. 伦敦大火发生在什么时候？
2. 你能解释一下自己是如何做到的吗？
3. 在你的调查中，对于三角形有何发现？
4. 你发现自己有什么困难？
5. 你喜欢画画吗？怎样才能画得更好？

如上所述，教师不经常提出的问题可能就是所谓的“元问题”(即我们对自己的问题没有提出足够多的质疑)。我们承认提问的重要性，为了使提问更有效，我们为提问增加了一层复杂的色彩。我们深入研究了布卢姆的教育目标分类法(如下文所示)，以确定于何处以及如何在自身教学资源库中增加一些更高阶的问题。所以，我们经常谈论教育情境中的“开放式”问题和“封闭式”问题、“高阶”问题和“低阶”问题，却不怎么花时间来揭示这些观念背后的意蕴。正如在专业学术领域常见的那样，我们可以去查阅文献，以一种复杂的方式发掘出许多文章来解答问题。但实际上，在我们早上开始工作之前，不会花很多时间去重温各种相关概念的定义。因此，我们倾向于使用在“日常”简单意义上表示概念的术语，并对自身的受众(正在与我们交谈或查阅我们所发电子邮件的人等)将要理解的内容做出必要的假设。

为了说明这一点，我非正式地询问了56名研究生学历的参训教师怎样理解前述四个术语。“封闭式”问题通常被参训教师认为需要一个正确的答案，而且大都是“一个词”的答案；而“开放式”问题要么具有“多个正确答案”，要么答案“见仁见智”。“低阶”问题倾向于等同“封闭式”问题，而“高阶”问题既与“开放式”问题等同，也是“引发你思考”的问题，又或者是需要使用“复杂推理技能”的问题。参训教师还应认识到，对于一些问题(通常是低阶问题)，“你要么知道答案，要么不知道”，而对于另一些问题(即需要“复杂推理”的问题)，你可以通过综合自身已具有或已获得的信息当场构建一个答案。对于归结为“见仁见智”的问题，包括具有道德维度的问题，我们合乎理想地使用已经拥有的信息加以判断。然而，如果我们在某种程度上持有偏见，那么可能已经对一些问题做了决定，尽管存在相反的证据。

参训教师与合格教师经常被引导使用前面提到的布卢姆教育目标分类法及其后续修订版本，帮助他们发展自己的提问技巧。布卢姆的教育目标分类学说主要关注认知(和其他)过程的等级分类，在最基本的层次上，它涉及我们“记忆”特定的知识；在最高层次，我们将会综合或“创造”新知识。正如你在表8.1的左侧所见，其间还有四个其他层次的认知活动，即“评价”“分析”“运用”和“理解”。如果像我在另外两篇专栏文章中所写的那样，把每个层次都同一组动词和一个特定问题联系起来，那么就更容易理解相关的提问机制。

分类法在漫长的发展过程中，已经进行过一些调整，但其基本结构仍然可识别，我将此方法强烈推荐给任何有兴趣在对话教学中释放提问机制真实力量及潜能的教师。在著作和互联网中有更加全面(和丰富多彩)的分类指南，也提供了更加广泛的动词以及相关的问题与活动。虽然其中有用的信息很多，但由于数量太多以至于无法一次性吸收——特别是在参训教师必须短时间内吸收所有其他新信息的情境下。

从这一点来看，你可能会觉得我们的工作已经完成，表8.1可能是你增强提问技能和技巧所需的全部内容。然而，并不完全是这样，因为我们绝不只是为了提出“高阶”问题。基于最初的提问动机，在此我将提供一个更简单的提问分类法。所以，与其给你一份布卢姆教育目标分类法的复制版本，让你决定如何将其应用到自己计划在课堂中实现的目标上，不如从我们在课堂中常做的事情开始，与我们可能提出的问题建立起联系。此外，在本章中，令我非常感兴趣的是，在我们提出问题之后的关键时刻自己应该采取什么行动，以及如何在教学伊始就提出正确的问题。

表 8.1　布卢姆教育目标分类法的基本结构

分类	关键动词	问题示例
综合(创造)	适应、预计、设计、假设	你如何适应与改进这个设计？
评价	判断、衡量、评估、核查	你对这幅画有何看法？为什么？
分析	区分、组织、归属	这些形状有什么共同之处？
运用	展示、表现、论证	你能举个例子说明蒸发对我们有什么益处吗？
理解	解释、比较、对照、说明	你能解释一下如果把盐加入水中会发生什么吗？
记忆	展示、讲述、回忆、背诵	彩虹是什么颜色的？

〔拓展性阅读请参见安德森(L. W. Anderson)和克拉斯沃尔(D. R. Krathwohl)，2001。〕

简言之，我将阐释提问动机的三大类型。其一，我们可能希望获得有关当前学生学习状况的信息；其二，我们可能希望将提问作为进一步促进学生学习的机会；其三，我们希望学生能够评价已经习得的知识，包括对自身以及外部世界的认识。无论哪种方式，对问题的回答都应该为你和学生提供后续行动的信息。如果现在回到本章引言之后的反思表，你能够发现提出的问题是如何反映这三个动机中的一个或多个吗？你既可能考虑过也可能没有考虑过提问的其他原因——但都应该属于我所描述的广泛领域中。表 8.2 总结了这三种动机及其服务的教育目的。

(一)动机一：为了测试、探究和理解知识

基于这一动机进行提问，你可以收集到有用的评价信息(参见第五章)，了解学生已经习得的知识或者在你的启发式教学中学习的知识。在这类情境中，学习常常被视为对期望行为的复制，换句话说，就是依照提供的正确答案来学习。这些信息可以在教学的任何时候帮助你确定哪些学生需要进一步帮助，以及哪些学生已经准备好进行你为他们计划好的后续学习活动。在此意义上，你是在测试他们的知识掌握情况。作为测试的结果，你可能会认为某些答案虽然正确，但并没有提供足够的信息让你相信被测试的学生确实知晓自己的情况。或在其他情况下，你可能得到完全错误的回答。无论哪种方式，你都可以提出一些探究性问题去确定学生所掌握知识的深度或犯错的原因。

表8.2　提问动机的总结

动机：我想……	目的：为了……	问题：通过询问……
1：通过提问测试、探究与理解知识		
……为了测试学生的知识水平以及通过"探究性"理解促进推理……	……准确地规划接下来的学习并确定知识领域的差距 这是学生在刚开始上课时回忆先前学习的机会，或者属于全班研讨会或小型研讨会中的回顾环节。探究是必要的，可以引发阐述并促使学生通过表达来巩固自身的理解	(1)……的名字是什么 (2)何地或何物或何时…… (3)你能否记得…… (4)你能否解释为什么……
……为了使学生在新情境中运用所学知识来解决问题……	……让学生有机会证明自己可以在新情境中运用技术技能和知识。这种能力的展示表现了自主学习和学生的理解水平	(1)你能用已知的X来解决Y吗 (2)这告诉了你关于…… (3)你能解释为什么要在自己的回答中使用这些词语吗
……使学生能够根据给定的特性分析现象(例如数字、单词或文本、物体、声音)……	……确保学生能够识别和分类特定群体的构成元素(如偶数、哺乳动物、小说、行星)。在这一层次，教师确定了分类的标准(你能展示所有的黄色物体吗？)或自己进行分类(这些事物的共同点是什么？) 在这里，我们构建了可以使后续活动取得成功的"基本规则"。比如，我们需要识别俳句或钢琴交响曲的关键特征，然后才能运用我们正在培养的技术技能创造自己的音乐	(1)你能根据这些特征对事物进行分类吗 (2)这些事物有什么共性 (3)为什么X是Y的一个示例 (4)你能找到另一个关于X的示例吗
2：通过提问产生知识		
……帮助学生产生或创造(即综合)自己的分类或现象的示例……	……使学生能够选择并运用自己的判断，使他们能够： ——探索并选择合适的替代答案 ——拒绝不恰当的选择 ——探索群体之间的联系 ——产生自己的示例	(1)你能找到一个更好的关于X的示例(例如，一个形容词、一种合适的素材)并解释为什么更好吗 (2)你可以创建另一个不同的X示例(例如俳句、防水篷、数字序列)吗

续表

动机：我想……	目的：为了……	问题：通过询问……
……引导学生调研一系列非此即彼的可能性，并从他们的发现中得出结论（即检验假设）	……把提问的机会交给学生，这样他们就能自己进行探究 在整个课程的调研过程中，学生和教师提出的问题多是“如果我做出这样的改变将会怎样”或“做（或不做）的影响是什么”。这可能是产生新知识的最有力的问题	(1)如果我改变X会怎么样 (2)你能告诉我关于…… (3)你是如何得出那个结论的
3：通过提问质疑知识		
……使学生能够对学习过程和学习内容进行自我评价和反思……	……通过发展学生作为学习者的自我意识来促进自主学习 ……让学生意识到自己的优势和需要改进之处。应该鼓励他们清楚地表达自己作为学习者的需求。他们需要清楚自己什么时候能够达成学习目标	(1)我发现了什么困难 (2)我如何知道自己已经达到了成就标准 (3)下次你（或我）能够做得更好的是什么
……使学生能够解释与衡量相互矛盾的证据	……通过对话（而不是辩论）可以探索和解决存在分歧的问题	(1)你为什么认为…… (2)你的证据是…… (3)你的看法是……
……使学生能够根据道德推理做出判断	……促进道德发展。这一点可以被忽略，而且其本身就是一个主题。学生应该有机会理解“对”与“错”并非绝对的或设定的，而是在社会和文化情境中加以协商的	(1)在这一情境中你会怎么做 (2)……是对的吗

1.当你询问“测试”问题时，确保你在适当的时候也应要求学生解释自己如何得出答案——也就是说，不要忘记“探究”。

在其他时候，你可以通过让学生去解决一个问题，来探索他们选择和应用所拥有知识的能力，从而使你信服。你也可以期望学生以一种特定的方式回应，或者你可以接受更有创意的解决方案。学生在新情境中选择和应用知识与资源的能力是其理解力的有力标志。学生需要把在相对抽象环境中获得的知识和技能联系起来，并将这种学习应用于解决“现实生活”中的问题。

2.当你询问一些能够证明运用知识能力的问题时，要确保你已经帮助学生掌握了在不同情境中解决问题的策略。

知识的应用还可以扩展到分类活动中，学生在这类活动中能够根据可识别的特征将对象或现象进行分组。例如，他们已经学习了三角形具有三条边，你可以要求他们从一组多边形中找出所有的三角形。但是……

3.当要求学生参与分类活动时,你自己要清楚地知道此次练习的目的。

这是因为要求学生分类的动机可能是让他们应用自己已经习得的知识(你能找到所有的三角形吗),也可能是引导他们得出一个具体的结论(这些有什么共同之处？你能把它们分成两组吗？哪个是奇数？等等),还可能是通过让学生负责分类标准来产生新知识(你能解释一下你是如何对此进行分类的吗)。

(二)动机二:为了产生新知识

值得注意的是,在探究知识、拓展知识和生成新知识之间没有绝对明确的界限,因为你的问题可能会同时对这三个方面产生影响——你只需要明确自己提问所要达到的目的。你在这类问题上提问的主要动机是发展已经发生的批判性学习或促进全新的学习。在此,学习被视为一种内在心理活动过程(即思考自己以了解世界)或交互心理活动过程(即互相学习的学习者之间相互分享)。因此,在充足的时间里,学生向其他同学或自己提出的问题(大声询问和“在他们的脑海里”都可以)至少应该同自身在学习过程中被问到的问题一样多。

在建立和探究基本的事实性知识后,可以鼓励学生发挥创造力并进一步拓展。也就是说,当学生开始通过分类活动了解“适合的内容”时,我们的后续问题可以帮助他们:

1.探索和选择合适的替代方案,例如,为一个项目选择合适的素材;

2.拒绝不恰当的选择,例如,用一个更好的词代替先前的词;

3.探索群体与群体之间以及群体内部之间的联系,例如,食物网、名词和形容词;

4.生成他们自己的示例,例如,现在你知道火炬的原理了,可以设计和制作自己的火炬吗?

这些活动与特定技术技能的发展有关——如果创造性活动要产生有目的和有价值的东西,这一点至关重要。

因此,用提问来拓展和生成新知识的意义在于:教师不是简单地(用教师的标准)“传授知识”并加以测试,而是通过提问构建环境,让学生可以在其中共同构建“新”知识。调研可能是创造这种新知识的最有力活动,所有问题中最有力的问题都支持这种动机——一种以“假如……将会怎样”开头的问题。

“假如……将会怎样”的问题适用于所有年龄组的所有课程,让学生有机会定期询问自己和对方。从布卢姆教育目标分类法来看,“假如……将会怎样”这类问题同“综合”以及新知识的产生最接近,也与“探索性对话”相关,学生毫不畏惧地尝试探索自己和他人的观点。除了使用“假如……将会怎样”这类问题,他们通常也使用以下类型的语言(或与此类语言相关的探索性行为),例如:“我想知道这样做会不会更好?”“我们可以试试……吗?”“我们可以再加另外的……吗?”“使用……怎么样?”

调查与可能性密切相关,这种可能性就其本身而言与变量相联系。最明显的是,这适用于数学或科学调查，我们可能被鼓励提出以下问题："假如我改变X的数量会怎样？""假如我将形状翻转会怎样？"但其适用于整个课程。在英语课上，我们也许会问："假如故事没有像这样结束会怎样？""假如我在此使用不同的形容词会怎样？"或在音乐课上："假如我们用手鼓来代表风会怎样？"

当然，拓展和产生知识的方法不会局限于由教师向学生提出、或让学生提出"假如……将会怎样"这类问题。但是，为学生提供真正参与调研探索的机会能够释放他们创造力和独立性的潜能，而这种潜能往往在教师只是"传授知识"、测试知识并继续学习的过程中被忽视。

（三）动机三：为了质疑知识

通过调查发现世界上的新事物，即使有高阶问题的支持，也可能是关于正确和错误的答案。这本不存在任何疑问，但我们可能会不时要求学生对一个不一定有正确或错误答案的问题做出合理的决定或判断。在此，我们要求学生以偶然的方式掌握知识。这意味着理解（或开始理解）我们对世界各方面的信念取决于自身在不同时期所知道的东西，而有了新知识，这些信念是可以改变的。这一观点与道德发展密切相关。此外，前文提到了学生参与的"探索性"谈话，但在这里，我们第一次认识到学习是一种完全通过对话驱动的社会文化过程。在后文中我们要探讨的社会情境中的"对话"，应该促使学生能够通过倾听和考虑他人的想法来形成并重塑自己的观念。"他人"可能是"专家"，即那些直接受到有关问题影响的人或中立观摩者。无论他们与谁对话，我们都应该向学生提供机会来解释同议题相关的矛盾性论据，特别是那些对他们很重要的议题，可以通过以下方式提问："你希望在这里发生什么？""为什么你会这么想？""证据是……吗？""你的观点是……吗？""这样做正确吗？"

我们也需要向学生提供开始做出道德判断的机会，他们应该明白最终的"对"与"错"不是绝对的或给定的，而是在社会和文化情境中协商而成的。"为什么在走廊上跑是不对的？"为了回答这个问题，应答者可能会提及更高的权威人士，并回答"因为X老师是这么说的"或"因为这违反了（X老师给我们制订的）规定"，或者他（她）会运用一些理由来解释为什么这不是一个好主意。尽管"因为我是这么说的"在特定情况下是一种权宜之计，但是你如何让受过教育的公民权衡更多富有争议的问题，如堕胎、同性恋、安乐死、死刑等？你是希望他们仔细考虑各方的观点，还是愿意让他们完全服从"更高"的权威，例如，法律、政治家、长者、宗教领袖或社团领袖？

除了这个过程，我们还需要让学生对学习过程和学习内容进行自我评价和反思。学生应当知晓自己的优势和有待提升的领域。我们应该鼓励学生表达自己作为学习者的需求，他们也需要明确自己何时达成了学习目标。换句话说，我们应该鼓励学生反问自己以下问题："我发现这有什么困难？""我如何知道自己达到了成就标准？""我能做些什么来提升自己呢？"

以正确的理由、在正确的时间提出正确的问题至关重要，但在提出一个问题之后，关注接下来会发生什么也同样重要。在下文中，我们将探讨与促进教学对话有关的机会和诱导。

拓展性资源

促进教学对话

在撰写本文时，恰逢英国教育捐助基金会(Education Endowment Foundation)正在开展一项对话教学研究，该项目"旨在提高课堂教学对话的质量，进而增强学生的参与度、学习能力和学习成就……强调学生通过推理、讨论、辩论和解释学会对话，以培养他们的高阶思维和清晰的表达能力"。

三、对回答的回应：支持探索性谈话和对话

一连串的基于动机一的快速提问(在漫不经心的观摩者看来，这可能是一段节奏轻快、引人入胜、互动的插曲)可能导致一个问题，拓展学习的机会要么被关闭，要么被完全忽视。为了试图获得"全覆盖"和完全参与，我们忘记调查学生的理解程度和应用能力。如果我们花更长的时间来探究个人反应，并给学生理性思考的机会，这将会更好，对每个人都可能更有效。近年来，许多教师增加了学生回答问题的"等待时间"，还设置了"谈话或回应伙伴"的角色帮助学生在回答之前进行推理。所以，提问的时间往往是"预先设置好"的，因为大部分推理都是在回答之前进行的。然而，这种方法也存在问题，尤其是当参训教师采用这种方法时。第一，如果问题要求一个正确或错误的答案或只要一个词的回答(比如"3×4等于？"或者"你能给我举个形容词的例子吗？")，那么可能不存在太多可以讨论的话题。第二，和第一个问题有关，当一个伙伴因为他们"刚好知道"而立即给出答案时，那么同样也没有太多讨论的空间。

不要成为追求覆盖面的奴隶——在糖棒上写下全班学生的名字可以确保你向每个学生都提问，就像"谈话伙伴"的想法一样——但不要让这些技巧不加批判地使用，这将成为学习的障碍。

基于本部分的目的，我将论述两种可以让学生参与的(尽管还有更多可论证的)谈话。我已经提到了"探索性谈话"，即学生可以发表意见、发声思考并提出建议等。当这种谈话具有一个相互影响的方面时，就会变成"对话"。我的意思是说，对话是一条需要双向贡献和包容的通路。因此，参与对话的人不仅应该为谈话贡献自己的想法和思想，也应该富有包容性，或者至少应该开放地接受他人的观点。

可见，对话不仅仅是谈话或交流，而且很难促成。但是，如果我们(我们经常倾向于)将其与谈话等同起来，那么就不太可能提出可以产生建设性对话的问题。首先，在你提出一个问题之前请先思考，"被问到的人将如何或在哪里找到答案"。

1. 它是否已经以某种方式存在(即你假设或希望他们已经学到的内容)？

2. 你是否在寻找开放式的探索性谈话，从而创生新想法？

3. 是否需要推理？如果是，就提供对话的机会。

4. 你只是试探或猜测这将是一天中最重要的安排吗？

这种想法将决定你在对话和通过对话学习从你的问题中获得的收益。然而，由于对参与其中的人做出了假设，引发对话也有所困难。正如我们所定义的那样，这意味着所有各方都将做出贡献，所有各方都将在互动中接受新知识。也就是说，提出问题之后，我们将把注意力集中在这些时刻，以及我们如何才能以一种温和的方式促进而非扼杀长时间的谈话和推理，使之成为一种对话方式。首先，让我们开始这段对话（学生对季节的学习）：

教师：汤姆，你最喜欢一年中什么时光？

汤姆：圣诞节。

教师：你为什么喜欢圣诞节？

汤姆：因为能收到礼物。

教师：好的，汤姆。劳拉（Laura），你最喜欢一年中什么时候？

劳拉：圣诞节。

教师：一年中，如果你们最喜欢的时光是圣诞节，请举手。

（每个人都举起了手）

尽管教师试图让汤姆分享自己喜欢圣诞节的原因，但汤姆对圣诞节的关注以及随后的非建设性谈话意味着学习机会很快就会错失。教师一直很被动，汤姆（相当无辜地）篡夺了对话的权力，建设性谈话的机会也随之终止。现在，抛开民主、权力和操纵等议题，我们确实需要设计和引发课堂谈话来促进建设性探究（可继续性探究），换言之，即对话教学。以下是谈话如何促进互惠的一个示例：

教师：汤姆，请回想我们学习过的季节——看看我们课堂上一直在使用的海报。那么，汤姆，你最喜欢一年中的什么时候——你最喜欢什么季节？

汤姆：冬天。

教师：劳拉，你最喜欢的季节是什么？

劳拉：我喜欢秋天。

教师：汤姆，向劳拉解释你喜欢冬天的所有理由。与此同时，汤姆，劳拉也会向你解释她为什么喜欢秋天，以及秋天有什么特别之处。

（几分钟过后）

教师：劳拉，关于冬天，汤姆告诉了你什么？你同意他的观点吗？

在这段摘录中虽然没有明显的对话，但值得注意的是教师如何花时间建立互惠的可能性，即交换和调整观点。为此，她做到了：

1. 简要回顾先前的学习，以唤起学生的记忆，并提出一个焦点或情境；

2. 通过明确主题来预测偏差或盲区；

3. 为学生提供机会分享自己从这些知识中获得的个人知识和观点；

4. 为学生提供了继续分享推理的机会，可能的话，学习或巩固某些知识并修改以前持有的观点。

这个示例让学生有机会分析自己已经掌握的信息,将其与他们的学习伙伴提供的新信息进行综合。因此,劳拉很可能会提醒汤姆,甚至向他介绍一些有关秋天的知识,让他重新审视自己对秋天的看法。照此,教师建立这种交流的动机跨越了上述知识"拓展"和知识"评估"的范畴。

虽然对话更难实现,但它也可以生成关于世界的全新的事实性知识,特别是如果学生最初使用"假如……将会怎样"的方法进行探索性谈话。另外,至少在学校里,通过对话的方式去追求一些东西是毫无意义的。

反思与讨论

反思

从理论上讲,通过实践活动和对话,学生可以发现哪些关于这个世界的事实(这些事实都不受个人看法的影响)?

1.数学需要从非标准化转向标准化;

2.圆周长与圆的直径之间的关系;

3.火山的活动;

4.亨利八世(Henry Ⅷ)妻子的数量和命运;

5.如何混合成橙色颜料。

"反思与讨论"中的前两个问题我在义务教育第二关键阶段成功地解决了。第三个问题可能需要大量博士层次的科学和地质学资源,尽管提出"你认为火山是如何活动的"这类问题也并没有错。第四个问题的答案不可能仅仅通过推理得到——需要查找相关书籍或上网查询资料。"混合成橙色颜料"的学习过程本质上具有探索性,但你是否会促进更广泛的对话却值得商榷。

通过对话来生成事实性知识或实践性知识是一个相对漫长的过程,对许多人来说,过于冒险和随意。例如,给学生一把尺子并让他们以厘米为单位来测量物体将会比建立学生所需要的对话场景快得多。最后,我们需要标准化我们的测量系统来得出结论。作为专业人士,我们必须做出选择。但是,正如我在本部分开始时提到的,一定要注意互动节奏(即在课堂上完成了多少)和认知节奏(即事情完成得有多彻底)之间的区别。

本章小结

在本章中,我们将提出的各种问题与提问动机相联系。这些动机基于我们希望在课堂上拓展的教育机会。但是,仅仅提出正确的问题并不一定能最大化这些机会,因此,我们如何能够跟进学生的回答变得同样重要。下文是一些参训教师在试图通过提问和拓展性谈话来凸显学习时可能遇到的一些障碍,以及如何克服这些障碍。很明显,要克服其中一些障碍,你需要通过终身学习及其经验来发展相关技能——但这是一个很好的起点。

(一)我的学生不愿意有所付出

花点儿时间为开放式谈话营造合适的课堂氛围：

1.将自己塑造为学习者或合作学习者；

2.促进探究性学习——设计利用本章所阐述的时机；

3.积极鼓励付出——认真对待所有付出并树立尊重的榜样；

4.给予学生回答和提问的时间。

(二)他们确实付出了,但不善于解释自身的回答

1.知晓什么时候你只是测试已经获得的知识,并取得平衡。如果不给学生机会,就不可能发展他们相关的能力；

2.明确你想从提问和课堂谈话中得到什么——你追求的是对话吗？假如是的话,想一想你的问题是如何促进(或抑制)对话的?

(三)我有时不知道怎样有效应对学生的误解

要使你的提问有效,你需要具有良好的学科知识——超出了你的教学水平,这是无法回避的事实。这将随着时间的推移而发展,但与此同时：

1.钻研你将要教授的学科,不要“即兴发挥”；

2.准备好替代资源,以不同方式来建模、构建或展示想法。

但是,请注意:假设你知道(或不知道)你自身的情况可以导致一种一维的方法,该方法由你关于学科的“高阶”知识以及你认为学生应该学到何种程度所驱动。有些学生会以不同的但合乎情理的方式看待事物。

(四)我的学生在回答问题或调查的时候似乎“突然偏题”了

我们常常会因为迫使自己“继续学习”的压力以及我们感到的不安全感而放弃前进的机会(参见前文关于误解的观点):这些都可能导致偏离主题或完全“错误”地付出。

1.总是要求学生解释——他们甚至比你更了解!

2.花点时间“调整”并探索回应者的答案“从何而来”并遵循他们的思路——保持开放的心态。

3.像你期望学生那样高度参与思维过程。

因此,要做到“应付自如”,你需要培养独立思考的能力。只有一部分提问和对话可以预先设计好。本章内容的要点在于识别和利用机会,希望在你的教学实践中注意得更多、错过得更少。

拓展性资源

1.Alexander, RJ (2008) *Towards Dialogic Teaching: Rethinking classroom talk*. York: Dialogos.

2.Alexander, RJ (2015) 'Dialogic teaching and the study of classroom talk: a developmental bibliography'.(在线资源)

3.Dawes, Lynn (2014) Organising effective classroom talk. In Teresa Cremin and James Arthur (eds) *Learning to Teach in the Primary School* (3rd edn). London: Routledge.

4.Eaude, Tony (2015) *New Perspectives on Young Children's Moral Education: Developing Character through a Virtue Ethics Approach*. London: Bloomsbury.

参考文献

[1] Anderson, LW and Krathwohl, DR (2001) *A Taxonomy for Learning, Teaching, and Assessing* (abridged edn). Boston, MA: Allyn & Bacon.

[2] Schön, D (1991) *The Reflective Practitioner*. Aldershot: Ashgate Publishing.

第九章　学生行为管理

埃玛·克拉克　史蒂夫·麦克尼科尔

本章目标

1.思考英国《教师标准(2012)》对管理学生行为的期望(标准7);

2.协助你了解怎样建立"纪律框架",运用规则、奖励和惩罚有效管理学生的行为;

3.通过探索采用修复性方法和焦点解决方法管理学生行为的益处,促使你思考其他观点。

一、引言

多年来,促进课堂中的积极行为一直是教育的优先事项。事实上,这也是新教师在开始新课程时所担心的问题。教师必须营造让学生感到安全、能有效进行学习的课堂环境。怎样成功达成这一目标,很大程度上取决于你如何管理学生的课堂行为,尽量降低干扰,最大限度地提高行为效率。本章将整合理论和实践,介绍达成这一目标的主要方法。

首先,要明确教学质量和学生行为之间不可分割的联系。如果课堂教学没有吸引力并且要求学生完成过于困难或过于简单的学习任务,那么无论使用何种行为管理系统或策略,学生都可能会出现这样或那样的问题行为。因此,不应该孤立地看待行为管理,它是作为一名教师整体“拼图”中不可或缺的一块,本书各个章节对“拼图”的其他部分进行了阐述。通常,改进教学计划、执行、提问、区分、活动和评价的质量,同采用新的行为管理技术或策略一样,都可以促进行为的改善。

目前的《教师标准(2012)》明确了教师在管理学生行为方面的主要期望。教师据此必须:

1.根据学校的行为政策,对课堂上学生的行为制订明确的规定和惯例,有义务促进学生在课堂与学校内的得体和礼貌行为;

2.对学生行为有很高的期望,通过一系列策略建立纪律框架,一贯地、公平地使用表扬、惩罚和奖励;

3.使用适合学生需求的方法有效管理班级,以便让学生参与并获得激励;

4.与学生保持良好关系,行使适当的权力,并在必要时果断采取行动。

本章将阐述参训教师如何能够达到这些期望,以及专家教师怎样帮助参训教师达到这些要求。本章将从《教师标准(2012)》中确定关键主题,并探索如何开发这些主题,以便你能够在这一领域展示能力并树立信心,帮助你成为一名高效的教师。

二、建立“纪律框架”

《教师标准(2012)》的要求之一,是教师必须“通过一系列策略建立纪律框架,一贯地、公平地使用表扬、惩罚和奖励”(标准7)。这非常符合行为主义的方法(在本书第三章由休·兰伯特简要探讨),常见于坎特“果断纪律”理论的实践当中。这种方法最初由马琳(Marlene)和李·坎特(Lee Canter)于1976年提出,而且已经成为学校行为管理中最常见的系统方法。该方法建立在制订规则、奖励遵守这些规则的学生以及对任何违反规则的学生实施惩罚的基础之上。作为一名参训教师,你极有可能依照该框架来管理学生行为,因为“果断纪律”中的原则在学校和教师的实践中已经变得如此根深蒂固(以至于很多教师没有意识到自己正在实施的方法体系来源于此)。由于“果断纪律”普遍存在,本章将阐述参训教师如何有效地将规则、奖励和惩罚体系作为管理学生行为的纪律框架。

反思与讨论

（一）反思

参训教师，请阅读你所在学校的行为政策。学校运用了"果断纪律"的哪些理念？奖励和惩罚有多重要？

专家教师，请回想你在不同学校或课堂见过或使用过的不同版本的"果断纪律"。哪些奖励系统对学生来说似乎最具激励性？

（二）讨论

参训教师和专家教师，请关注课堂中的奖励制度。什么时候最常用？课堂教学中是否存在不怎么使用奖励的时候？你认为原因何在？

拓展性资源

Canter, L (2010) *Lee Canter's Assertive Discipline: Positive behavior management for today's classroom* (4th edn). Bloomington, IN: Solution Tree Press.

（一）规则

学校通常充满了规则，如课堂规则、校规、操场规则、午餐规则以及着装规则，这些规则常见于同一所学校。但是，谁来制订规则？这些规则应该如何措辞才能被清楚地理解？制订多少规则最合适？本部分将探讨这些问题，以便你清楚地了解如何有效运用规则，同时将侧重于课堂规则的制订，因为课堂是你最有可能通过运用规则来设定期望的地方。

在制订校规时，首先要决定谁应该参与这个过程。从本质上而言，归结于一个选择——你作为教师是掌控全程，还是让学生参与其中？

"果断纪律"的框架非常鼓励教师使用自己制订的规则，因为学生需要知道教师对他们的期望是什么。这些规则应该传达给没有改变或适应能力的学生。汤姆·贝内特（Tom Bennett）最近担任国际培训师行为工作组主席，他也支持这种方法，缘于我知道（作为教师）他们需要什么，因为我是一个成年人。但是这并不符合所谓的民主（贝内特，2016）。现在许多学校鼓励教师让学生参与课堂规则的制订，以支持和鼓励学生对课堂环境做出贡献。可以这样认为，若学生参与了规则的制订，便更有可能会遵守规则。这通常导致期望将"规则"重新命名为"班级协议"或"行为准则"，从而反映了在设定班级期望时考虑了学生的话语权这一事实。应该由教师自己决定如何为所带班级选择制订规则的方法，但学校里其他教师的做法也值得参考，最后由教师决定最合适的方法。

案例研究

索菲是一名学校的直属参训教师，正教授义务教育第二关键阶段的课程。在她第一天给学生上课时，要求学生写下一些关键词，描述自己认为让学校感到愉快的行为。索菲在收集学生的想法时，发现诸如善良、乐于助人、体贴、礼貌、诚实、尊重、细心和温柔等词语使用频率很高。索菲在一张金色大纸上用这些词写了一份“班级协议”：

1.我们是温柔的。

2.我们是善良和体贴的。

3.我们尊重他人及其一切财物。

4.我们是诚实的，总是实话实说。

5.我们乐于帮助他人。

6.我们总是很有礼貌。

第二天，索菲要求班上每一位学生都在“班级协议”上按好指印，作为同意遵守该协议的承诺。

在制订课堂规则时，无论是教师独立制订还是与学生合作制订，考虑如何措辞都很有必要。措辞主要有积极的（你希望学生做的事情）和消极的（你不希望学生做的事情）两种主要的规则。例如，“善待他人”（积极的）也可以措辞为“对他人不刻薄”（消极的）。“果断纪律”鼓励交替使用积极表述和消极表述的规则，比如“遵守指令”（积极的）、“不要取笑或辱骂”（消极的）和“不要咒骂”（消极的）（坎特，2010，第23页）。另一些学者则认为，规则的措辞应该“以积极的方式，而非消极的方式”〔考利（Cowley），2014，第158页〕，因为消极规则指导学生不要做什么，而不是做什么。这很有可能导致你滥用惩罚，而不是促进与学生的积极互动。因为你的主要职责是创造积极行为，并不是消除消极行为，所以我们认为最好使用积极表述的规则。

同样值得考虑的是，学校在制订规则时要找到这两种主要规则之间的平衡。道德规则旨在促进社会可接受的行为，解决诸如虐待、暴力和破坏行为等本质上是错误的（在所有情况下都是错误的）行为。这些规则提供了学生在学校期间需要建立的“是非对错”的道德框架。程序规则旨在确保学校内特定时间或特定区域的顺利运行，例如在走廊的某一侧行走或在课间休息时间不进入教室。从本质上和道德上来讲，违反这些规则在本质上和道德上并没有错，但这些规则向学生勾勒出了在特定时间和特定地点对他们的期待行为。

我们认为，在学校中，道德规则相比于程序规则，应享有更高的地位。这意味着既不奖励那些遵守程序规则的学生，也不惩罚那些严重违反（如果真会发生的话）程序规则的学生。学校可以把重点放在对学生长期行为影响最大的道德期望上。表扬、奖励和惩罚应该聚焦于这些道德规则，以便支持学生发展他们自身关于是非对错的“道德指南”，而不是让学生简单地将规则视为一种控制和限制的手段。但是，作为一名反思型教师，随着教学实践经验的持续积累，以及观摩了很多教师的教学实践并形成了自身的教育理念，你就能够自己选用最好的方法以达到这个目的。

反思与讨论

（一）反思

参训教师，请观察课堂上的规则，它们是积极的表述还是消极的表述？

专家教师，当你观摩参训教师的教学活动并评论其行为管理时，你是关注道德规则还是程序规则？

（二）讨论

请讨论你们认为在课堂和学校里最重要的规则。你在课堂上怎样和学生交流规则？参训教师应该如何在课堂上建立并强化对学生的期望？

拓展性资源

Rogers, WA (2012) *You Know the Fair Rule: Effective behaviour management in schools* (3rd edn). London: Pearson Education.

（二）奖励

与规则一样，学校通常有许多不同的“奖励机制”，旨在促进和强化良好行为。通常包括：

1. 个人奖励，如绩效、贴纸和个人“积分”。通常这些奖励都是“长期累积型”，奖励达到规定数量的学生。但是，“一次性”奖励，例如证书（也许称为“本周之星”）也是常用的方式。其他奖励机制取决于“抽奖”，学生在一段时间内获得自己的奖券，由抽奖来决定“获奖”学生的奖励。

2. 小组奖励，如积分表、全班奖励和全校奖励。这些奖励通常由学生慢慢累积并组合在一起，奖励是在特定时间（一般是在学期结束时）或达到规定数量时授予“获胜小组”。

尽管所有这些奖励机制似乎都在促进良好行为，但必须仔细权衡其利弊，如果在使用这些机制时不深思熟虑，可能会对行为产生不良影响。实际上，一些奖励机制背后的概念本身就有缺陷。例如，学生很快意识到抽奖券式的奖励机制更多取决于抽奖时的运气而不是他们的行为表现，并且在班级中获胜的概率非常小。同样，小组奖励也经常容易引起学生的不满。首先，小组奖励机制可能会奖励那些没有获得任何“积分”的学生。其次，小组奖励机制无法奖励那些获得大量积分但不在“获胜小组”内的学生，学生通常认为小组奖励机制不公平。

因此，我们鼓励你考虑个人奖励机制，这些奖励机制更有可能对学生的行为产生积极影响。这一观点得到了坎特提出的“果断纪律”方法的支持，该方法认为“积极强化可能是教师用来激励学生最有效的策略之一”（坎特，2010，第19页）。施里夫等人（Shreeve et al., 2002）的研究发现也证实了这一点，78.6%的学生表示，对可接受的行为给予奖励具有激励作用。

案例研究

翠鸟小学采用基于绩效的奖励系统。所有学生都有一张“绩效卡”,卡片上有50个小条框。每当学生表现出超过教师期望的行为时,教师就会在其中的一个条框中签名。当学生的所有条框都被签满了,他们就可以获得一枚徽章,别在自己的校服上,也可以带回家。该徽章都是在全校师生大会上颁发的。

在上学期间,学生可以“累积”自己的绩效和徽章。

表9.1 绩效和徽章累积

绩效的数量	徽章
50	青铜盾章
100	青铜星章
150	银盾章
200	银星章
250	金盾章
300	金星章

该机制激励着学生努力争取下一枚徽章并保持良好的行为标准。

但是,必须谨慎管理奖励机制。其一,重要的是不要过度奖励。如果奖励过于频繁,就毫无意义,学生将会仅仅因为做了他们期望范围内的事情就能得到奖励。同样重要的是,只有当学生表现出超越正常期望的行为时才给予奖励。其二,过度奖励会抑制学生的内在动机。如果学生只是为了获得奖励而表现出积极的学习行为,那么一旦奖励被取消,他们就会失去学习动力。当然,奖励不足也存在弊端,因为如果学生觉得即使表现出积极的行为也不太可能得到奖励,他们很快就会放弃积极行为。把握好恰当的平衡是奖励机制的关键,但并不存在可以照搬使用的硬性规则,因为每个学生都是不同的。

一种常见的、无形的奖励是对学生的表扬。这是学生在学校期间亲身体验过的主要奖励方式(考利,2014)。可以确定的是,教师的表扬可以对学生行为产生积极影响〔弗洛里斯(Floress)和詹金斯(Jenkins),2015〕。正如有形奖励一样,据称积极的表扬将激励学生重复恰当的行为,从而减少干扰行为〔波特(Porter),2014〕。然而,表扬也同样不要过于频繁,否则容易变质,导致影响力降低,进而无法对行为产生影响。同理,不夸大表扬也很重要(如“哇,你坐在那把椅子上真棒! 神奇! 太棒了! 我还从未见过有人像你这样坐在椅子上!”),因为学生很快就会意识到你的表扬是虚伪的,从而不会予以重视。

总之,奖励机制和表扬是促进课堂积极行为的有力工具。但是,选择正确的机制并把握好有形奖励和表扬的平衡是这一领域成功的关键。

反思与讨论

（一）反思

参训教师，请观摩指导你的专家教师（或其他教师）的课堂教学。当学生受到表扬或获得奖励时，他们有何回应？询问一些学生他们有多重视自己所获得的奖励。

专家教师，请观摩参训教师的课堂并记录他们运用奖励和表扬的频率。你认为他们把握好平衡了吗？奖励和表扬对学生学习有什么影响？

（二）讨论

参训教师，请向指导你的专家教师分享你对学生获得奖励或表扬后反应的感受。专家教师，请与参训教师分享在你观摩过的课堂中，奖励和表扬对学生的影响。

拓展性资源

Payne, R (2014) Using rewards and sanctions in the classroom: pupils' perceptions of their own responses to current behaviour management strategies. *Educational Review*. 67, 483-504.

（三）惩罚

大多数学校"纪律框架"的最后一个要素是惩罚——若有学生违反规则，为了阻止他（和其他学生）再犯，会对其进行负强化。与奖励一样，学校也有许多不同的惩罚机制来惩戒违反规定的学生：

1. 分级机制，惩罚的严重程度取决于学生行为的严重程度；

2. 累积机制，每当学生表现出不良行为时，惩罚的严重性就会增加（这种方式受到许多学校的青睐）；

3. 零容忍机制，当学生表现出任何不良行为时，实施同样的（通常是严厉的）惩罚。

任何惩罚机制的第一要素都在于你要与学生及其家长沟通清楚。这样做的目的是避免某些学生受到有别于其他学生的惩罚，从而防止机制中出现任何的"不公平"。学生需要知道惩罚机制是什么以及哪些不良行为会招致惩罚。要做到这一点，最好提前公布惩罚机制，如坎特在《果断纪律》一书中概述了累积机制运用的惩罚措施。

第一次：警告。

第二次：独自反思五分钟。

第三次：失去自由选择时间。

第四次：打电话请家长。

第五次：叫到办公室。

（坎特，2010，第35页）

一旦与学生及其家长沟通惩罚机制，重要的是要以公平一致的方式实施惩罚。如果一些学生因为特定行为受到惩罚而其他学生却没有，学生很快就会察觉。这将迅速滋生怨恨，并破坏师生关系。但是，为了让学生看到惩罚实施的公平性，教师往往会掉入公开惩罚的陷阱。

1976年首次出版的《果断纪律》鼓励教师在学生表现出不良行为时，把他们的名字"写在黑板上"，每当学生重复这种不良行为(或表现出另一种不良行为)时，就在他们的名字旁边画一个"×"。但是，人们很快就注意到这种"公开惩罚"经常导致更多的冲突并破坏师生关系。1992年再版的《果断纪律》建议教师私下而不是公开地记录不良行为。不幸的是，到目前为止，《果断纪律》第一版一直以来都最受欢迎，以至于教师没有根据再版中的改变做出相应调整，并继续采用公开惩罚(今天很多时候仍然如此)。我们强烈建议教师要避免公开惩罚，鼓励参训教师在纸上记录学生的不良行为，避免将其公之于众。此外，避免小组或全班惩罚也很重要。因为少数(甚至大多数)学生的行为惩罚其他无辜的个体本身就是不公平的，这也是破坏学生之间友谊最快的方式之一。

与奖励一样，惩罚也存在潜在陷阱。对轻微违反程序规则的行为加以过于频繁的干预，很容易导致不利于学习的消极课堂氛围。学生也有可能开始怨恨教师，导致不良行为的增加，甚至引发对教师的报复(波特，2014)。这可能会导致"教师与学生相互冲突"而非"教师与学生和谐相处"的课堂氛围，后者对于创建积极的学习环境非常重要。然而，一味放纵学生，任其表现出日益恶劣的行为，不采取任何惩罚措施进行干预，很可能迅速导致学生的不良行为进一步恶化。值得再次强调的是，关键在于选择适合每个班级学生的惩罚机制，并公平一致地实施。

反思与讨论

(一)反思

参训教师，请观摩指导你的专家教师(或其他教师)的课堂。他们是用什么非正式策略来处理轻微的不当行为，从而不必使用正式的惩罚?

专家教师，你如何指导参训教师采用非正式策略来处理轻微的不当行为?

(二)讨论

专家教师和参训教师，请讨论可以用来解决轻微不当行为而不动用正式惩罚的策略。什么样的行为可以用非正式策略来处理?哪些行为必须使用正式的惩罚才能应对?

目前为止，本章概述了"果断纪律"理论的基本体系，参训教师可以据此构建纪律框架并利用规则建立行为期望，以及有效利用奖励和惩罚加以维持。

反思与讨论

(一)反思

在阅读本章下一部分内容之前:

参训教师,上述方法的优点和缺点分别是什么?这种方法的关键目标是什么?无论是基于你的教师角色,还是更广泛的教育角色,该方法如何同自己的个人价值观和信念相吻合?

专家教师,你对教师角色有何看法?你能帮助参训教师识别这种方法的优点和缺点吗?

(二)讨论

请讨论一些你们使用的策略,参训教师可能已经识别出哪些策略是基于“果断纪律”理论的保障。

上文讨论的方法构成了行为管理策略的基本框架。毫无疑问,你可能看到过、使用过,甚至曾经经历过。但是,尽管政府持续提供支持,但这类方法仍然存在一些问题。相关批评包括缺乏对情感的关注,以及对教师权力的强调。虽然这类方法提供了一个非常清晰的框架,在短期内对教师会有所帮助,但也由于过度简单化和机械的行为观而受到批评。

特别是如果你感到紧张或遇到难管的班级或学生,很容易快速掉入专注于惩罚而不是表扬的陷阱。同样,我们很容易把关注点放在学生“做错”的事情上,而忽视了学生正在按要求完成学习任务。

反思与讨论

专家教师和参训教师,请讨论你们是否曾经见过或经历过这种对惩罚的专注。你们还记得最初的行为吗?该情况是怎样结束的?现在会采取什么不同的措施?

由于“奖励和惩罚”方法存在问题,一些学校已经开始以关涉情感和情绪的方式来管理行为。这些方法支持学生发展管理自己行为所需的技能,从而将重点从教师控制上转移开来。最近对《初级教师培训》(贝内特,2016)的回顾表明,新教师必须拥有一套可供自己选择的、完整多样的策略工具包,并强调教师根据学生的不同需求,有必要采取多种不同的策略,而“一刀切”的行为管理策略存在很大的问题。斯普罗森(Sproson,2004)描述了一个所有教师都需要的“行为箱”,他们可以混合和变化地使用其中的策略。他认为,学生会把自己的“行为箱”装满,通过观察教师的示范来模仿不同策略,从而开始管理自己的行为。然而,如果只使用奖励和惩罚的策略来管理学生的行为,一些学生的“行为箱”将会空空如也。

现在将讨论两种截然不同的方法:修复性方法和焦点解决方法。这两种方法都将重点从教师控制上转移到学生和教师的赋权上,因为研究表明教师控制会降低自尊和内在动机〔科恩(Kohn),1993〕。

三、修复性方法

警察、缓刑人员、青年工作者和学校都在使用修复性方法〔也是众所周知的RA或恢复性司法(Restorative Justice)〕。汉斯伯里(Hansberry,2016)认为修复性方法可以分为"管理行为"和"管理关系"。修复性方法的核心不是改变行为,而是改变学生"看待"和"感觉"彼此的方式,这会反过来影响自身的行为。修复性方法的焦点在于使学生"正确行事",而不是像奖励和惩罚方法那样只是简单地奖励和惩罚学生。但是,使用修复性方法来管理行为并不是你能单独完成的事情:它需要融入全校的计划和理念当中。然而,一旦该方法得以确立,就可以运用于个人、小组甚至整个班级。

表9.2　权威性方法和修复性方法的比较

权威性方法	修复性方法
聚焦于:	**聚焦于:**
打破规则	对个人的伤害
责备或内疚	责任和问题解决
对抗过程	对话和协商
以惩罚去阻止	修复、道歉并补救
冷漠的过程	人际互动的过程
结果:	**结果:**
对象的需求通常被忽视	满足对象的需求
行为背后未被满足的需求被忽视	满足了行为背后的需求
问责 = 受到惩罚	问责 = 正确行事

〔改编自 Hendry, R, Hopkins, B and Steele, B (2011) *Restorative Approaches in Schools in the UK*. Swindon: Economic and Social Research Council.〕

反思与讨论

(一)反思

在继续阅读下文内容之前:

参训教师,你认为自己需要运用什么技能来帮助学生"正确行事"? 你认为学生需要发展哪些技能? 如何在课堂上促进学生的相关发展?

专家教师,请思考如何支持参训教师开展短期的个人、健康、社会、公民教育(PHSCE)课程或活动,以促进上述技能的发展。

(二)讨论

学生自己主动修复问题而不需要经过成年人的惩罚可能会产生什么好处? 这类方法存在什么问题吗?

亨德里等人(Hendry et al.,2011)指出,修复性方法基于几个关键原则,从而有别于其他方法。这些原则包括:真诚、以人为本、同理心、责任、问责和乐观。你可以看到,这些品质有助于学生的自我实现和生活技能的培养,并且与你在其他方法中可能见到的“控制”学生行为的关注点截然不同。修复性方法有助于发展学生和教师的以下技能:

1.积极倾听;

2.情感修养;

3.耐心;

4.客观性;

5.愤怒管理;

6.应对困难。

在实践中,这些技能得到了培养,问责是由“修复性对话”或“修复性会议”提供的,而不是奖励和惩罚。这些会议是根据一系列问题召开的,能够为主持会议的教师和参加会议的学生提供支持。会议(也称为研讨会)或对话可以是大型的或小型的、正式的或非正式的,但都依赖于所有师生始终如一地使用该流程。对造成“伤害”的学生和“被伤害”的学生都要提出同样的问题。

1.你能告诉我们发生了什么以及你如何置身其中?

2.如果有必要的话:接下来发生了什么?还有其他的吗?(问这个问题,直到他们的故事得以展开。)

3.当事情发生时你正在想什么?

4.随后你的想法是什么?

5.谁由此受到影响或感到沮丧?

6.对你来说最难的事情是什么?

在会议上,当问题被提出并被回答之后,会议协议就此制订。这是关于最初问题或事件的记录,是学生在会议上达成的共识,也可能是对如果协议被打破或事件再次发生将会发生什么的详细说明。接下来重要的一步是设定一个时间审查协议,以确保其适切性和有效性。这一重要步骤有助于发展和维持汉斯伯里(2016)所说的“3Es”,即参与(engagement)、解释(explanation)和期望(expectation)。这些可以确保学生积极参与这一过程并了解自己需要做什么,以及明确对他们行为的新期望。

总而言之,修复性方法是一种基于尊重、责任、修复和重新融合的全校性方法。研究〔科科斯基(Kokotsaki),2013〕表明,该方法具有以下独特的优点:

1.学生觉得教师是公平的,能够表达关心和尊重;

2.学生在学校感到更加安全和舒适;

3.出勤率提高;

4.低层次的干扰减少;

5.特别有益于弱势儿童以及有社会、情感和行为困难的儿童(SEBD);

6.教学活动中高层次的参与和投入增加;

7.成就感提高。

但是，像所有方法一样，研究〔霍华德(Howard)，2009〕表明该方法也存在一些问题，包括：

1.高级领导团队(SLT)的支持至关重要；

2.对于一些教师来说，很难保持中立；

3.修复性方法需要融入学校的理念和价值观；

4.不是“快速修复”；

5.所有相关人员都是自愿接受修复性干预(包括优点和缺点)。

反思与讨论

(一)反思

参训教师，你认为修复性方法的优点是什么？哪些方面你可以在课堂上落实？

专家教师，你使用过修复性方法吗？你是否预见到这种方法存在的问题或任何其他优点？

(二)讨论

请查看修复性方法的问题列表。应该如何解决这些问题？请仔细思考修复性方法的自愿原则，这为什么既是优点又是缺点呢？

四、焦点解决方法(SFA)

焦点解决方法是另一种同传统的奖励和惩罚方法形成对立的积极管理行为策略。该方法源于咨询和治疗方法，与传统的管理行为观或修复性方法中存在的“伤害”概念不同，焦点解决方法是一种纯粹积极的前瞻性思维策略。焦点解决方法可用于个别学生或全班学生。不同于其他管理行为的策略——“问题”是“伴随学生的”，可能会导致给学生贴标签，焦点解决方法基于这样一种观念，即每位学生都有自己的想法和长处，能够决定什么对他们最有效，这样就不再需要从外部成年人那里获得某种形式的“治疗”或干预。在焦点解决方法中，教师与学生合作，并且同修复性方法类似，是教师和学生“一起做”，而不是“教师要求学生做”。

反思与讨论

(一)反思

参训教师，到目前为止，你在学校看到或听到过多少标签或分类？将学生分类或给学生贴标签有什么好处？有什么缺点？

专家教师，请回想你在课堂或学校中使用过的标签。这些标签对教师有什么帮助？它们对教师或学生有什么限制？应该怎样克服？

(二)讨论

请分享你们在反思活动中的想法。

尽量留意你们在教学实践中使用的标签。如果我们停止给学生贴标签，将会发生什么？

令人惊讶的是,焦点解决方法和其他课堂教学实践之间的一个关键区别是:问题本身并不重要。你忙于帮助学生找到解决困难的方法而无暇去探究问题本身〔米尔纳(Milner)和贝特曼(Bateman),2011,第17页〕。对于许多教师来说,这是思维上的一个转变。米尔纳和贝特曼(2011,第17页)发现,学生可能不希望或者觉得根本无法探究他们为什么会遇到困难。他们认为,即使我们的本意是想帮助学生,但是"深入探究问题"对学生来说"可能是无礼的甚至是痛苦的"。然而,如果学生想要分享问题,很显然你必须倾听。不强迫学生讨论"问题"的观点也同焦点解决方法的重要观点有关,即你作为教师既不是问题咨询的专家,也不是问题解决的负责人。同样,这两种观点对于大多数教师的教学实践都是根本性的转变,特别是对于管理行为的传统方法——教师经常告诉学生他们的"问题"是什么,例如,"你不能一直坐着""你无法集中注意力""你一直不停地讲话",然后让自己成为解决方案的持有者,如"你需要移动座位""站起来""游戏时间不准出去玩"等。

有了焦点解决方法,"问题"的解决方案和最好的方法都是学生的责任,你的工作是帮助他们找到解决方法。在此,学生(而不是教师、教育心理学家、医生等)是自己生活中的"专家",拥有解决问题所需的所有技能和知识。你的工作是发展支持性对话,让学生运用自己的知识、优势、技能和能力去解决问题。

> 焦点解决方法的基本理念包括坚信学生有能力找到自己的解决方案——指导原则如果奏效,就继续做。如果不奏效,就做些不同的事情。
>
> (米尔纳和贝特曼,2011,第25页)

反思与讨论

(一)反思

参训教师,你需要什么技能来促进这些类型的对话?你能看出这种方法有什么优点或缺点吗?

专家教师,请反思你自己作为学生问题"专家"并提供解决方案的经验。是否存在成效不佳的时候?

(二)讨论

在继续阅读下文之前,请谈谈这种方法让你感觉如何?与传统的"权威性"方法有何不同?又为何不同?

与修复性方法类似,焦点解决方法是一种非常结构化的方法,在使用新策略时会为你提供"安全保护"。焦点解决方法可用于儿童和成人,聚焦"隧道尽头的光明"而非迎面而来的列车。这个过程非常简单,不需要昂贵的或特定的资源,只需要一支笔、一张纸和一些时间。第一步是考虑学生的长期目标,向学生提出结构化问题,有时被称为"奇迹问题"。詹姆斯(James,2016,第151页)版本的"奇迹问题"很简单:"假设情况好转,你会注意到哪些不同?"更全面的"奇迹问题"是:

假设今晚你在睡觉时,奇迹发生了。奇迹是你遇到的问题已经解决了。但是,因为你正在睡觉,不知道这个奇迹已经发生了。那么当你明天早上醒来时,有什么不同将会告诉你奇迹已经发生并且问题已得到解决了?

(米尔纳和贝特曼,2011,第51页)

你可以看到这些问题都聚焦于解决方法而不是问题本身。简单地让学生设想一件事情立即好转的时刻,就会产生积极的效果。然后可能有必要缩小一点他们的答案范围,或许可以将问题的关注点放在他们将要做什么上。例如,如果在给学生时间思考和“消化”问题后,他们回答“我会很开心”,你可能需要向他们提出更具体的问题,正如米尔纳和贝特曼(2011,第52页)所建议的那样:“当你开心的时候你正在做什么?”“别人怎么知道你什么时候开心?”专注于学生将会“看到”和“做到”的事情,将有助于使目标更加具体而不那么抽象。再次简单地想象自己做这些事情会对学生产生积极的影响。这些类型的问题可以用在个人、小组甚至是整个班级。

作为该过程的一部分,你可以向学生提出“例外”问题。例如,如果学生说,当事情进展顺利时,他们就不会“大声叫喊”,你可以问他们是否能想到一个他们本可以大声叫喊却没有的时刻。学生经常发现这很棘手,所以你可以通过强调这是一个非常难的问题来支持他们,“我不知道”是一个可以接受的最初答案,但不要满足于此。继续鼓励学生思考一个他们没有大声叫喊的情境。这个“例外”表明学生实际上已经在朝着自己的学习目标前进了。

这个过程的下一个步骤是“评级”,学生、小组或班级将自己的等级范围划定在1到10之间。这是非常有用的,因为它提供了一个视觉上的提醒,告诉学生自己正在取得多大的进步,只要有必要就可以经常这样做(在每节课后、早上、一天内、一周内或任何需要的时候)。一旦规则解释清楚了,你只需要花一些时间去执行,所以很容易适应繁忙的学校生活。在量表上,1代表没有实现目标,10代表实现目标。这个策略是针对学生的——教师不能将自己的观点强加给学生。例如,如果学生觉得自己是5,教师就不能上前说:“但你大声叫喊了,你只达到了2!”当学生给自己评级时,你可以通过提出更多的问题来帮助他们,比如,“我看你现在达到3了,如果要达到4你会做什么?那会是什么样的呢?”结束关于焦点解决方法对话的一个最佳方法就是使用称赞:这可能与学生行为的一些改变、与学生取得的进步或与他们参与这个过程的方式有关。随着学生的发展,你甚至可以看到他们会自我称赞。

由此可知,焦点解决方法极力强调积极向前发展,关注进步、取得的成果和持续发展。这往往会引发一个良性循环,而非惩罚的恶性循环,并使课堂成为更快乐、更生气勃勃的地方。

反思与讨论

（一）反思

参训教师，请使用"奇迹问题"去思考你目前担心的教学问题。假如管理行为是一个令你担忧的问题（就像大多数新教师和参训教师一样），问自己一些米尔纳和贝特曼（2011）提出的"奇迹问题"。

当你达到管理行为的特定目标时：

1. 你会注意什么？

2. 你会看到什么？

3. 结果将会有怎样的不同？

4. 其他人和你班上的学生会注意你什么？

5. 在一天结束的时候，你会对自己说些什么？

这是否让你感觉到更有希望和动力？立即尝试评级：在一张白纸上标记1~10。请思考你对管理行为抱有的最好希望。你现在处于哪个阶段？做好标记并注明日期。尽可能有规律地跟进，至少几周内每天都跟踪自己取得的进展。

专家教师，请思考如何与参训教师围绕他们的评级量表开展聚焦于解决方法的对话。鼓励他们阐明评级量表的下一步应该怎么做。你能称赞他们并鼓励他们自我称赞吗？

（二）讨论

请在专家教师会议上开展聚焦于解决方案的对话。

这种方法让你们感觉如何？你们觉得现在可以使用哪些方面呢？想了解更多关于哪些方面的信息？

拓展性资源

1. 一篇非常具有可读性和实用性的文章：

James, G (2016) *Transforming Behaviour in the Classroom: A solution- focused guide for new teachers*. London: SAGE.

2. 附有大量案例研究的、通俗易懂的综合性著作：

Milner, J and Bateman, J (2011) *Working with Children and Teenagers Using Solution Focused Approaches: Enabling children to overcome challenges and achieve their potential*. London: Jessica Kingsley Publishers.

本章小结

希望你通过阅读本章能够了解管理行为的系列策略。许多有抱负的新教师通常特别关注同管理行为有关的问题。但是,对行为进行谨慎的、深思熟虑的积极管理,可以在很大程度上减轻这些担忧。同样重要的是要记住,行为并不会凭空产生,诸多因素包括你的教学计划是否周密、投入的教学资源是否丰富、教学是否具有吸引力等,都会影响学生的行为表现。

尽管你用来管理行为的策略通常由自身的价值观、信念、经验和学校的行为政策所决定,但维瑟(Visser,2005)基于他对学生挑战性行为的支持经验,设计了一份"永恒真理"。他相信这些"永恒真理"是课堂管理中积极实践的特征。"永恒真理"包括:

1.对标签的共同理解;

2.包容性实践;

3.相信行为可以改变;

4.预防胜于干预;

5.可接受的行为需要明确的示范;

6.对话;

7.同理心;

8.设定界限和挑战;

9.积极的关系;

10.幽默。

〔Visser, J (2005) Key factors that enable the successful management of difficult behaviour in schools and classrooms. *Education 3-13*, 33(1), 26-31.〕

反思与讨论

参训教师,请思考将这些"真理"运用到教学实践中会发生什么呢?假设这些"真理"已经生效,你能不能试着举例说明一下如果指导你的专家教师走进课堂,他会看见什么样的场景?你在教学实践中见过多少真理?有哪些是你认为相对而言更重要的?在你目前的教学实践和你所观摩的教学实践中,又存在多少真理?

讨论

本章讨论的哪些策略有助于在课堂中培育这些"永恒真理"?

参考文献

[1] Bennett, T (2016) Challenging Behaviour. In Association of Teachers and Lecturers Changing Behaviour. *Report Magazine*, January.

[2] Canter, L and Canter, M (1976) *Assertive Discipline: A take-charge approach for today's educator.* Santa Monica, CA: Lee Canter & Associates.

[3] Canter, L and Canter, M (1992) *Assertive Discipline: Positive behavior management for today's classroom* (2nd edn). Santa Monica, CA: Lee Canter & Associates.

[4] Cowley, S (2014) *Getting the Buggers to Behave* (2nd edn). London: Bloomsbury.

[5] Department for Education (2012) *The Teachers' Standards.* London: HMSO.

[6] Floress, M and Jenkins, L (2015) A preliminary investigation of kindergarten teachers' use of praise in general education classrooms. *Preventing School Failure*, 59: 253-62.

[7] Hansberry, B (2016) *A Practical Introduction to Restorative Practice in Schools: Theory, skills and guidance.* London: Jessica Kingsley Publishers.

[8] Hendry, R, Hopkins, B and Steele, B (2011) *Restorative Approaches in Schools in the UK.* Swindon: ESRC.

[9] Howard, P (2009) *Restorative Practice in Schools.*

[10] Kokotsaki, D (2013) *A Review of the Implementation of Restorative Approaches and its Outcomes within Durham Local Authority.* Durham: CEM.

[11] James, G (2016) *Transforming Behaviour in the Classroom: A solution-focused guide for new teachers.* London: SAGE.

[12] Milner, J and Bateman, J (2011) *Working with Children and Teenagers Using Solution Focused Approaches: Enabling children to overcome challenges and achieve their potential.* London: Jessica Kingsley Publishers.

[13] Payne, R (2014) Using rewards and sanctions in the classroom: pupils' perceptions of their own responses to current behaviour management strategies. *Educational Review*, 67: 483-504.

[14] Porter, L (2014) *Behaviour in Schools: Theory and practice for teachers* (4th edn). Maidenhead: Open University Press.

[15] Rogers, WA (2012) *You Know the Fair Rule: Effective behaviour management in schools* (3rd edn). London: Pearson Education.

[16] Shreeve, A, Boddington, D, Bernard, B, Brown, K, Clarke, K, Dean, L, Elkins, T, Kemp, S, Lees, J, Millar, D, Oakley, J and Shiret, D (2002) Student perceptions of rewards and sanctions. *Pedagogy, Culture & Society*, 10: 239-56.

[17] Sproson, B (2004) Some do and don't: teacher effectiveness in managing behavior. In Wearmouth, J, Glynn, T, Richmond, R and Berryman, M (eds) *Inclusion and Behaviour Management in Schools: Issues and challenges.* London: David Fulton Publishers, pp.311-21.

[18] Visser, J (2005). Key factors that enable the successful management of difficult behaviour in schools and classrooms. *Education 3-13*, 33(1): 26-31.

第十章 教学中的弱势学生

肖恩·汤普森

本章目标

1.深化你对不同弱势学生的理解,开始识别可能会影响学生进步的学习障碍;

2.考虑在计划、教学和学习等方面采取独特的方法,以吸引和支持弱势学生;

3.深化你对弱势学生提供系列支持和干预的理解,并思考如何促使这些学生的进步最大化;

4.着力监测和追踪弱势学生的进步,以评估你的教学实践对这些学生的影响;

5.反思课堂上弱势学生的需求,思考用各种方法来提升教学实践的质量。

一、引言

英国教育部(2008,第8页)将“弱势学生”定义为“劣势学生”。英国教育标准局(2013)认为,弱势学生是指可能需要额外帮助或干预才能取得最佳进步的学生。

在某种程度上,许多学生由于易受社会或个人因素的影响而可能被描述为“脆弱的”。但是,影响学生学习和进步的因素可能有很多,例如特殊的学习需求、行为困难、上学问题、家庭环境或贫穷等,某些学生群体有可能更需要针对性的帮助。虽然必须注意不要自动给学生贴标签,并根据他们的具体需求或环境对其能力做出假设,但你有必要理解潜在的学习障碍,这可能是相关因素所导致的。

同样重要的是,弱势学生不仅是指有学习困难的学生,能力很强或成绩很好的学生也可能被视为“弱势学生”。如果教师在计划、教学和评价中没有认真考虑足够的挑战和策略来促使这些学生持续提升自身的知识和技能水平,那么很大程度上会影响这些学生的进步。

识别那些已经出现学习困难,或者已被其他机构“贴上标签”或锁定的学生通常要简单得多。但是,作为一名教师,了解那些可能“处于危险中”的学生也非常重要,从而确保尽早为他们提供支持和干预。你可能会开始注意到其细微的行为变化,关注其家庭环境的改变,或者仅仅注意到学生出现的具体困难或焦虑。尽早识别和锁定此类学生有助于预防接下来的麻烦。

反思与讨论

反思

参训教师:

1.请思考你所在班级已经确定为具有特殊学习需求的学生。请和指导你的专家教师讨论这会对他们的学习产生怎样的影响。

2.你所在班级是否还有其他学生可能被视为弱势学生?可以在研讨会上与专家教师讨论,探究可能对你课堂教学实践所产生的影响。

3.请与专家教师探讨你认为哪些是班上“处于弱势”的学生。你的依据何在?反思你对这些学生的观察,以及对自身教学实践可能产生的影响。

专家教师:

1.请思考你指导的参训教师对班级中“弱势学生”的理解或认识。

2.请鼓励你指导的参训教师反思课堂上特殊学生的个人学习需求及环境,这可能会影响参训教师的教学。

3.请与你指导的参训教师讨论各种具体的学习障碍,这些障碍可能出现在个别学生身上。帮助参训教师反思这些对他们制订教学计划和开展教学活动的影响。

4.请与你指导的参训教师讨论哪些学生在课堂上的进步低于或有可能低于预期。帮助参训教师识别这些学生,并明确这对参训教师制订教学计划和开展教学活动所产生的影响。

二、特殊教育需求、残障(SEND)与全纳

基于英国教育部的指南，如果儿童或青少年有学习困难或残障，他们便属于有特殊教育需求的学生：

1. 呼吁满足他的特殊教育需求；

2. 与大多数同龄人相比，在学习上明显有较大的困难；

3. 残障会阻止或阻碍他使用为主流学校或16所主流标杆机构的同龄人提供的设施。

根据2010年颁行的《平等法案》，许多有特殊教育需求的儿童和青少年可能有残障，即：

长期的身体或精神损伤，对他们的日常活动能力产生了很大的不利影响。这个界定包括感官障碍，比如影响视力或听力的障碍，以及长期的不良健康状况，诸如哮喘、糖尿病、癫痫或癌症。

（英国教育部，2015）

根据该定义，教师的工作重点应该放在接纳这些学生上。参照布思等人（Booth et al., 2000，第13页）的观点，“全纳被认为是明确学习和参与的障碍并将其最小化，最大化地使用支持学习和参与的资源”。斯利（Slee，2001）指出，“全纳始于我们自己（作为教师）”。教师期望在此能够发挥重要作用：低期望会产生低抱负。重点不应该放在学生不能做什么上，而应该关注阻碍他们学习的障碍。

你所教的班级中很可能会有学生被确定为具有特殊的学习需求或残障问题。请关注这些学生，并思考他们会有哪些学习障碍。典型的学习障碍可能包括：

1. 集中注意力的困难；

2. 组织困难；

3. 行为困难；

4. 获取学习材料的困难；

5. 用语言交流或理解语言的困难；

6. 面对任务时感到焦虑或沮丧。

（一）对教学计划的启示

了解课堂上学生个体面临的潜在障碍，确保你能够制订合适的教学计划，以最小化或消除这些学习障碍。正如布莱克·霍金斯等人（Black-Hawkins et al., 2007，第31页）所言，“如果忽视恐惧、羞辱、失败、偏狭与愤怒等情感，那么就会增加全纳和成就的障碍”。为了减少或消除这些学习障碍，在你制订教学计划时，请考虑以下事项：

1.你是否为这些学生提供了获得成功的机会?

2.是否将任务分解为可管理的一项项“子任务模块”?

3.是否有可用的资源,例如具体的教学设备、视觉提示、词汇库、关键词汇等,可以用来支持这些学生的学习?

4.你是否提出了可以实现的期望?

5.你能运用同伴或其他成年人的支持吗(如果可能的话)?

6.你在帮助这些学生方面扮演着什么角色?

7.你是否需要额外的资源或项目来克服一些组织性问题?

8.你是否设计了一些学生能够回答进而增强他们自信的关键问题?

9.你基于先前的评价或课程,是否思考过误解或困难可能会成为这些学生学习的阻碍?

你班上的某些学生可能会有一个相应的帮扶计划〔有时可能是个别教育计划(IEP)或教育保健计划(EHCP)〕。如果是这样的话,在制订教学计划时要考虑到这一点——你可能会发现计划中提及了教学的具体资源与策略。

(二)实践运用

通过专注于消除学生的学习障碍,以及精心制订教学计划,希望你考虑到教室的物理环境。

反思与讨论

请思考班上学生的个人需求和教室的物理环境。

专家教师和参训教师,请思考下列问题,考虑如何满足所有学生的需求。

1.教学展示如何支持学习?

2.是否有视觉提示来帮助学习?

3.是否展示了学生的系列作品,确保他们感觉受到了重视?

4.座位安排是否考虑到个别学生的需求(例如容易分心、小组学习等)?

5.个别学生的座位是否需要被安排在教室的最前面或最后面?如果需要的话,这些学生是谁?

6.所有学生都能清楚地看见你及你的演示吗?

在教学过程中,铭记包括消除障碍内容在内的教学计划是非常重要的。例如,如果资源对学生学习有帮助,请你向学生示范如何有效地运用这些资源。

如果在你的课堂中有其他成年人的帮助,应该仔细考虑他们在你教学过程中的角色。在此期间如何最好地借力于他们来帮助学生学习?当学生自主学习时,参训教师有时会陷入有效利用成年人帮助的陷阱,但在教学投入过程中往往没有考虑到其他成年人的支持。这些成年人可能以各种方式支持学生学习,例如,管理行为问题、通过更多的演示或提问来强化学习、借助更多的资源辅助教学等。关键在于应同与你合作的成年人进行有效沟通——他们知道你对他们的期望是什么吗?

案例研究

安娜(Anna)的注意力不集中,她坐在地毯上常常很难理解教师阐述的概念。她很容易分心,上课老走神。教学助理经常和她坐在一起,试图维持她的注意力。当她回到座位上开始着手完成自己的学习任务时,教学助理通常首先要给她重新演示一遍,然后帮助她完成任务。安娜在助教的帮助下,一般能够很好地完成任务。然而,一旦她独自一人时,就会"掉链子",并经常向教师解释是因为她听不懂而且任务太难了。

反思与讨论

专家教师和参训教师,请思考上述案例。在阅读下文之前,请讨论你是否认为在整堂课中教学助理的这种支持实际上为安娜学习提供了最佳机会?

在上述案例中,安娜在课堂上一直借助外力集中自己的注意力并理解学习任务。在大多数情况下,教学助理通常遵循这一惯例,通过与安娜共同坐在地毯上维持她的注意力,教学助理更多地只是管理安娜的行为而不是帮助她学习。此外,安娜特别依赖于教学助理对她的帮助,习惯于教学助理不断给她演示和鼓励,而实际上,过度依赖这种帮助阻碍了安娜独立学习技能的培养。

教师可能希望重新思考如何有效地安排教学助理,以帮助安娜在整堂课中的学习。与其和安娜一起坐在地毯上以维持她的注意力,或许教学助理可以跟上教师的进度,在小组中向安娜(如果合适的话,还有其他学生)进行示范来强化她的学习,使安娜能够从一开始就全身心投入学习。

通过这样做,安娜可能会有信心独立地解决一两个问题或例题,然后教学助理或教师回头检查她的理解是否正确,并把她推向下一阶段的学习。

像安娜这样的学生很容易对额外的帮助产生依赖,尤其是如果他们已经习惯了的话。基于事先与教师的有效沟通,教学助理能够帮助安娜跟上教师的教学,从一开始就支持安娜学习,希望安娜能够逐渐着手自主学习。这种沟通在一段时间内逐渐增加,使安娜能够掌握的自主学习技能。

(三)其他专业人士的帮助

与有特殊教育需求和残障的学生相处共事既会有收获,又具有挑战性。你的关键专业角色之一是与其他专业人士合作,帮助学生取得最佳成绩。可能有各种各样的专业人士,包括校内的和校外的,他们都能够支持班级里的特殊学生。这些人可能包括特殊教育需求和残障协调员(SENDCo)、学习导师、行为协助人员、语音校正专家(SALT)、教育心理学家、理疗医生、学校护士等。这些专业人士都是所在领域的专家。记住:他们不仅协助你,也会帮助你的学生。

家长和监护人在所有学生的学习中起着不可或缺的作用。但是,对于有特殊教育需求和残障的学生而言,家长和监护人必须在学生接受教育的所有阶段都参与其中。教师同家长和监护人的有效沟通可以缓解焦虑和担忧,有益于分享成功的策略或引导学生的特定行为。

反思与讨论

(一)反思

参训教师:

1.你熟悉自身所在班级中针对个别学生的个别教育计划(IEPs)或教育保健计划(EHCPs)吗?这些将如何影响你的教学计划及教学活动?

2.在你的班级里,个别学生学习的具体障碍是什么?哪些策略可以有效减少或最小化这些障碍?

3.请反思你对课堂上所有学生的期望,思考你的期望是否过高,包括对那些有特殊教育需求和残障的学生。请思考在教学计划和教学活动中如何证明这一点。

4.请思考如何充分利用你在课堂中可能获得的任何其他成年人的帮助,以及希望他们对学生学习产生怎样的影响。

5.请安排同特殊教育需求和残障协调员的会面,讨论他们的角色及其可以提供的帮助。讨论他们应该如何帮助全校的学生和教师,以及他们如何协调校外机构、家长和监护人提供的支持。

(二)讨论

专家教师:

1.请与你指导的参训教师讨论他们如何在教学计划中考虑全纳方法。

2.请鼓励并帮助你指导的参训教师在全校探寻可用的支持和资源,以帮助有特殊教育需求和残障学生的学习,以此作为参训教师专业发展的一部分。

3.请思考参训教师的教学计划和你观摩过的课堂,鼓励他们思考在整个课堂中如何安排其他成年人。请鼓励参训教师思考这些成年人在整堂课中是否都能帮助学生学习。

三、接受能力更强的学生与全纳

现如今,课堂上仍然使用“有天赋的”(gifted)和“有才华的”(talented)这两个词。“有天赋的”指的是学习成绩最优秀的学生,而“有才华的”指的是那些有创造性和艺术性的学生。基于本书的写作目的，我们将思考那些被认为是“更优秀”或“最优秀”的学生，或那些被认为是接受能力更强的学生，他们都是谁？由科谢等人（Koshy et al.，2012）的研究和英国教育部的大部分指南可知，这些学生占据了全班学生或全校学生的前5%～10%。

这些学生往往是那些在特定学科中的表现始终远远超过与年龄相关预期的学生，但是要识别他们也绝非易事。你必须谨慎行事，因为你作为课堂实践者的职责是为所有学生设定高期望，并提供一个让所有学生都能茁壮成长的环境。必须确保不会过多纠结于“贴标签”。尽管如此，那些在课堂上接受能力更强的学生，他们的发展和进步也往往容易被忽视。

把控好这些学生的进步至关重要，这可以确保他们继续取得预期的或更大的进步，而不是“随波逐流”。参训教师和一些有经验的教师经常容易犯一个明显的错误，即仅仅简单地为这些学生提供更多的、相同的拓展任务，或者简单地给他们布置下一学年教学目标规定的任务。《国家课程标准》（2013）不支持这种做法，强调教师应该为那些成绩明显远远高于预期标准的学生安排拓展任务，始终心怀这些学生。作为一名教师，你需要考虑培养学生学习和理解的深度与广度，而不是简单地继续朝向下一学年的目标。这同掌握教学密切相关，参见第七章。应该考虑到学生将所学的知识和技能应用到各种各样的情境中，例如数学中的问题解决和调查研究。

反思与讨论

（一）反思

专家教师和参训教师，请利用学校的跟踪系统，观察你班上的学生。在阅读、写作以及数学领域，哪些学生的表现似乎总是超出与年龄相关的期望？

（二）讨论

他们是同一位学生还是因学科而异？当计划在教学过程中面临学生差异或在某些课程中需要将这些学生分组时，如何考虑到这一点？

（一）学习障碍

虽然有些学生会非常开心地钻研数学计算，或者轻松地撰写出篇幅长、结构好的文章，但对许多学生而言，这种单调的学习方法容易使人心生厌倦。这很可能会导致其他不必要的行为，如干扰他人、不愿努力或缺乏兴趣、低质量的学习，甚至可能没有任何进步等。谁能责怪他们呢？你的教学职责是确保自己对学生抱有高期望，一旦他们达到了教学目标，这将会是一个持续的挑战。

(二)对教学计划和教学活动的启示

正如前面所讨论的,有必要了解在不同学科中接受能力强的学生分别是谁。你需要回应他们的需求。

反思与讨论

(一)反思

参训教师,关于教学计划,请思考以下问题:

1.接受能力更强的学生已经掌握了什么?

2.你希望他们在课程结束前达到什么目标?

3.你将如何促进他们的学习?

4.他们是自主学习还是在成年人指导下学习?

5.你如何嵌入目标以加深他们对知识的理解与技能的掌握?

(二)讨论

专家教师,能否向你指导的参训教师分享一些有用的示例,告诉他们你如何支持不同课程中接受能力更强的学生。

成年人支持不应仅限于那些学习很吃力的学生,也需要教授那些接受能力强的学生如何运用自己的知识和技能,并通过准确而清晰的演示来加深他们的理解,还应考虑词汇的积累。这些学生能否清楚地解释数学推理,或解释为什么某种方法比其他方法更有效?他们可以进一步积累应用于书面写作中的词汇吗?他们理解这些词汇吗?仅仅在他们的写作中加入从句是不够的,因为这是你教给他们的,但是他们能够理解为什么以及什么时候使用这些从句吗?他们能有效使用从句来完善自己的写作吗?

你也可以思考在课堂上打算向这些学生提出的问题。他们能解释为什么一个特定的概念能发挥效果或怎样改进吗?这并不是故意为难这些学生或给他们无法达成的目标,而是要教会他们如何反思自己的学习、如何改进、如何接受挑战、如何批判与深化自身的理解。第八章探讨的"提问和对话"将帮助你思考自己可能想要提出的不同问题,并促进高阶思维发展。

反思与讨论

反思

参训教师,请回顾本周早些时候使用过的教学计划,并通过与指导你的专家教师讨论,思考如何关照班上接受能力最强的学生。在讨论这些问题时,你可能希望聚焦于某个学生或小组来加以反思。

1.这些学生是否在你的教学计划考虑之内?

2.你是否使用提问作为拓展学生学习的工具?

3.你是否会寻求其他成年人的支持来扩展和挑战这些学生的学习，或者他们是否能够自主学习？

4.你能否通过清晰的演示以使这些学生能够应用或发展自身的技能？

5.在教学活动结束时，他们能做哪些在教学伊始做不到的事情？

6.他们取得进步了吗？你是怎么知道的？

四、学校免费午餐(FSM)或学生助学金(PPG)

1944年《教育法》首次提出了实行学校免费午餐，目的是确保低收入工薪家庭的孩子每天至少能享用一顿美餐。在当下，这项计划同样适用于符合特定标准家庭的子女，即符合以下条件的家庭：

1.享有收入补助；

2.享有以收入为基础的求职者津贴；

3.享有与收入相关的就业和支持津贴；

4.享有根据1999年《移民和庇护法》第六部分提供的支持；

5.符合养老金信贷的担保条件；

6.享有儿童税收抵免(前提是你无权享有工作税收抵免并且年收入不超过16190英镑)；

7.享有工作税收抵免——在你不再有资格享受工作税收抵免后继续支付四周；

8.符合通用信贷的条件。

(英国教育部，2016)

对于符合享受学校免费午餐条件的学生，学校有义务提供额外经费支持他们，即所谓的学生助学金。除了那些目前正在享受学校免费午餐的学生之外，获得学生助学金资助资格的还包括以下学生：

1.根据2016年1月的学校人口普查记录，那些自2010年5月起就有资格享受学校免费午餐的学生，以及2016年1月首次被认定为符合条件的学生(称为"Ever FSM 6")；

2.过去或现在需要被照顾的学生(LAC)；

3.父母一方或双方在军队服役家庭的学生(称为服役儿童)。

根据2016年1月学校人口普查收集的数据，将这些经费发配给主流学校。教育资助机构(EFA)将直接资助那些学院式学校。

拓展性学校或学院资源

你所在的学校将保存所有符合享受学生助学金条件的学生的关键记录。

(一)学习障碍

菲尔德(Field,2010)指出,一个生活在贫困中的16岁年轻人在30多岁甚至更年长的时间仍然生活在贫困中的风险增加了。家庭社会经济地位可能会对学生的教育成就产生重大影响。许多研究者〔西尔瓦(Sylva)等人,2010〕都明确阐释了家长对学生学习的期望和参与,是如何导致布尔迪厄(Bourdieu,1976)所描述的总体成绩较差的学生产生"累积效应"的。布尔迪厄建议:这些学生必须比同龄人更加成功,才能让他们的家人或教师认识到这一成功,并鼓励其进一步学习。布尔迪厄(1976)接着讨论了家庭生活和背景的影响,尤其是在学校的成功或失败的经历,可能会产生一个自我延续的低抱负观念,因为他们可能目睹了通过教育实现社会流动的客观机会。

(二)教学计划的影响:全纳计划

英国教育部(2013)在修订的《国家课程标准》中,非常强调教师要"对每个学生都抱有很高的期望"(第8页)。正如本章前文所讨论的,必须谨慎行事以确保不使用假设或标签来创造刻板印象,但重要的是,你要了解全班每一位学生,并确保你精心制订教学计划以克服所有学习障碍。通过思考布尔迪厄(1976)的理论,你必须确保自己不会因为忽视对高期望的需求而导致成绩较差的学生产生"累积效应"。英国教育标准局(2013)指出,高质量教学被认为是平等再分配中最有效的因素。精心制订教学计划,以及学校将学生助学金用于支持学习的战略方法,可能涉及以下活动:

1.额外的课堂资源以帮助学习;

2.其他成年人的支持以提高课堂教学质量并改进学习;

3.利用其他成年人的帮助在课外提供教学支持(干预措施);

4.为家庭提供财政支持,使其子女有大量的机会能够参加研学旅行。

反思与讨论

(一)反思

请思考你班上符合享受学生助学金资格的学生。反思以下问题,然后与指导你的专家教师讨论:

1.对于这些学生来说,在学习上有什么特殊障碍吗?

2.这些障碍对他们的学习有什么影响?

3.如何克服这些障碍?

4.在教学中,你对所有学生的期望都很高吗?

5.在教学计划和教学活动中,你如何帮助这些学生克服学习障碍?

(二)讨论

你还能采取哪些举措来提高他们的教育成就?

前文讨论过的许多关于支助有额外需求的学生的策略同样适用于这些学生。你可能需要思考以下问题：

1.课堂上的学习环境是否有助于促进高自尊和高期望？

2.你是否通过诸如建立朋友圈、帮助友谊的发展以及同伴合作等活动来促使课堂上形成全纳态度？

3.你是否通过有效的沟通和联系以保持同家长和监护人的积极关系？

有些学校可能有专门的工作人员来支持有资格获得助学金的学生。这可能是分配给他们的特定角色，也可能是特殊教育需求和残障协调员角色的一部分。你所在的学校由谁来担当这一角色？

（三）其他弱势学生

除了本章讨论过的特殊学生群体外，还有其他因素可能导致学生成为弱势群体。这可能同长期和短期的出勤率有关。出勤率低的学生很可能由于他们的知识缺口而容易受到低教育成就的影响。各种原因可能导致低出勤率：经常需要看医生、家庭问题、文化因素（例如，流动家庭的孩子）等。重要的是，你要关注每一个有出勤率问题的学生，并尝试了解其中的缘由。

拓展性本地权威机构或学院联盟资源

他们将搜集信息并使用特定格式，以便通过“围绕孩子的团队”（TAC）组织记录针对性的支持。

反思与讨论

你班上有没有出勤率低的孩子？如果有，请找出其中的原因。与你的主讲教师或指导你的专家教师或其他相关人员（特殊教育需求和残障协调员、学生助学金协调员、家庭联络员）一起讨论有关出勤率的问题。当学生的出勤变得困难时，学校应该如何帮助这些学生所在的家庭及学生本人？

当然，可能还有其他原因导致个别学生被视为“弱势的”。可能有教师担心班上学生的防护问题或特殊儿童的保护问题。如果存在这种情况，重要的是你要了解这些情况，对有关学生及家庭的需求保持敏感。请记住，保密性是一个关键的专业属性。

五、支持和干预

在思考本章所探讨的弱势学生时，作为教师，你应该通过应用从实践中积累的关于学习障碍的知识和技能，确保这些学生能够获得高质量的教学。本书已经探讨了许多策略，但在反思自身的课堂实践时，你可能需要思考以下问题：

1. 你能否在课堂中给予同伴支持或为指导教师提供机会，以增强同伴关系并促进高期望？

2. 你所在班级是否存在个别学生正在接受校外机构的辅导？如果是这样，你是否与他们保持联系并听从他们的指导？

3. 你是否利用校内其他教师的专业素养来支持你的实践？例如，也许有一名教师表现出优秀的行为管理水平——你有没有去观摩过他的课堂？

在思考用于帮助学生个体或学生群体的干预措施时，应确保干预是恰当的。重要的是，你需要将个人的需求与所提供的具体干预措施进行匹配。这可能与课堂上的形成性评价和终结性评价有关——如果学生的知识或理解存在明显的差距，请确保干预措施与之相符。实施干预的常用方法一般是在系列教学活动之后才进行。虽然这可能非常有效，但可以考虑替代方案——在教授特定序列或内容之前提供干预或支持是否有益？请阅读下面关于马克(Mark)的案例研究，并思考如何在课前予以支持。

案例研究

马克在语言表达和理解语言方面存在特殊困难。当把相关内容第一次教授给他时，他很难立即回忆起具体的事实并掌握新词汇。因此，他变得非常安静，对许多课程缺乏自信，尤其是教授新概念或新词汇时。面对学习任务，他经常会感到沮丧和挫败，因为这需要他应用新概念或使用对他来说不熟悉的词汇。

马克的母亲经常去学校谈论她对马克学习困难的担忧。她同主讲教师和助教保持着良好的关系，并且总是想知道她在家里应该如何帮助马克。

反思与讨论

请思考相关教学主题，如科学或历史。对于上述案例研究中的马克，在你开始教授新主题之前，可以提供哪些支持？你将在该主题中教授哪些关键词汇？在教授这一主题之前，请讨论如何帮助马克熟悉关键词汇表。在你教授新主题之前，你会建议马克的母亲与马克共同开展哪些活动来帮助他？

本章小结

本章探讨了弱势学生的相关示例以及他们可能面对的一些学习障碍。本章还探讨了对弱势学生标签化和刻板印象会带来的问题。考虑到弱势学生的存在，我们已经探索了一系列策略来支持你的课堂教学和专业实践。为了有效帮助这些学生，就制订教学计划和教学活动而言，识别和反思这些学生面临的障碍至关重要。通过反思自己的实践并同指导你的专家教师以及学校其他关键教师讨论，你将持续发展并提升自己的教学实践。

无论在课前还是课后，保持对所有学生的高期望并通过特定的干预来支持他们，都是帮助学生克服学习障碍的有效方法。对成功所需的步骤以及教授学生知识并培养其理解的后续步骤有一个清楚的了解，有助于确保这些学生达到预期目标或取得更大的进步。本章还强调了有效制订教学计划的重要性，以便思考所需的资源或教学策略，确保所有学生取得最佳成绩。阅读本书的第三章、第四章和第五章也有助于对有关弱势学生的教学计划和教学活动进行反思。

参考文献

[1] Black-Hawkins, K, Florian, L and Rouse, M (2007) *Achievement and Inclusion in Schools*. Oxford: Routledge.

[2] Booth, T, Ainscow, M, Black-Hawkins, K, Vaughan, M and Shaw, L (2000) *Index for Inclusion*. Bristol: Centre for Inclusive Studies in Education.

[3] Bourdieu, Pierre (1976) The school as a conservative force: scholastic and cultural inequalities. In Dale, R, Esland, G and MacDonald, M (eds) *Schooling and Capitalism*. London: Routledge & Kegan Paul, pp.110-17.

[4] Department for Education (2013) *Key Stages 1 and 2: Framework Document* (DFE-00178-2013).

[5] Department for Education (2015) *Special Educational Needs and Disability Code of Practice: 0 to 25 years. Statutory guidance for organisations which work with and support children and young people who have special educational needs or disabilities.*

[6] Department for Education (2016) *Pupil Premium 2016 to 2017: Conditions of grant.*

[7] Education England, (1944) Education Act, 1944.

[8] Field, F (2010) *The Foundation Years: Preventing poor children becoming poor adults*. Report of the Independent Review on Poverty and Life Chances. London: Cabinet Office.

[9] Koshy, V, Pinheiro-Torres, C and Portman-Smith, C (2012) The landscape of gifted and talented education in England and Wales: how are teachers implementing policy? *Research Papers in Education*, 27(2): 167-86.

[10] Ofsted (2013) *Unseen Children: Access and Achievement 20 Years On*. Report ref: 130155.

[11] Slee, R (2001) Inclusion in practice: does practice make perfect? *Educational Review*, 53(2): 113-23.

[12] Sylva, K, Melhuish, E, Sammons, P, Siraj-Blatchford, I and Taggart, B (2010) *Early Childhood Matters: Evidence from the effective pre-school and primary education project*. London: Routledge.

第十一章　支持英语非母语学生

埃米·蒙哥马利

本章目标

1.帮助你反思教师如何:

(1)支持双语学习者;

(2)支持所有英语非母语学生的语言学习,包括二语习得(SLA)各阶段的学生;

(3)支持所有学生在多语言世界生活。

2.为你提供机会讨论有关小学课堂英语非母语学习和多样性问题。

3.向你介绍实用的、易获取的资源,以及提高英语非母语学生语言能力的系列策略。

4.为支持和规定英语学习提供理论解释。

一、引言：语言多样性和理解英语非母语

在本章中，"英语非母语学生"一词是指母语不是英语的学生。母语是儿童在早期发展过程中最先接触，并在家庭和社区中持续使用的语言〔英国教育与技能部(DfES)，2007〕。

本章将探讨如果要在小学课堂中为英语非母语学生提供有效教学，那么你需要以更实用的方式建立起语言、读写能力和文化之间的联系(本章后文将对此进行详细阐释)。到目前为止，这些问题都被普遍认为在研究和实践中是相互独立的。以传统的眼光来看，教育者会认为文化不同于语言，除非在最肤浅的方面。我认为，对于一个英语非母语学生来说，学习英语似乎脱离了本土文化对学习的影响〔尼托(Nieto)，2010，第1页〕。但是，当前有研究证明，语言、读写能力和文化在很多方面都有明显的关联，你应该意识到这些方面将如何影响学生的学习。更深入地理解种族、文化与民族，对有效规定和实践英语非母语学习至关重要。

在全球范围内，进入英语教育系统的英语非母语学生人数逐年增加。仅英国主流课堂当前的统计数据显示，把英语作为第二、第三甚至第四语言来学习的学生数量大幅增长，越来越多的学生在进入小学课堂之前很少甚至根本没有接触过英语。现在，大多数教师都有与不同阶段的英语非母语学生(不仅有刚接触英语的学生，还有来自双语居民家庭的学生)交往的经验。这可能是你在参训期间或在小学课堂上亲身经历过的。为了做好后续教学的准备，你必须对英语这门语言有基本的了解，理解语言发展的不同阶段，并认识到双语教育和多语教育的好处及面临的阻碍。

反思与讨论

(一)反思：双语教育和多语教育的好处

参训教师，在继续阅读本章之前，请你要么回想自己熟悉的会说双语或多语的人，要么观看一段多语言课堂学习者的视频短片。请思考假如课堂上存在各种各样的语言，学生能从中收获什么。

1.基于你在学校的观察，通过和其他同事的交流，或对上述视频的观看，分享你注意到是什么促使人们对社区语言持积极态度。

2.在双语或多语课堂，你会遇到哪些阻碍？

专家教师，请回顾你自己与双语学习者或多语学习者合作的经历。请思考要满足学生多样化需求，可能会存在的阻碍。你应该如何在课堂上提倡对其他语言的积极态度？

(二)讨论

专家教师和参训教师，请分享与交流你们反思的结果。存在哪些异同？

二、成为英语非母语学生意味着什么

在思考这个问题时，有必要确认一些初始判断。第一，在英国小学，越来越多的英语非母语学生面临着双重挑战——在进行课程学习和发展写作技能的同时，又要熟练掌握英语口语表达能力。第二，在文献中，目前对英语非母语学生的定义涵盖了广泛的学生群体，他们的需求和学习成效各不相同。母语不是英语的学生，包括英语流利的双语儿童和完全不会说英语的新入学者。这就给认为英语非母语学生仅指那些刚刚接触英语的儿童的误解带来了冲击。海登（Hayden，2006）强调，世界上大约有15亿英语使用者，预计到2015年世界一半的人口（约35亿）将会说英语或学习英语（海登，2006，第163页）。

英语非母语学生的保护伞

所有英语非母语学生都有其不同的经验以及广泛涉猎的语言、读写、文化和学校教育知识，他们要把这些知识带进自己的新课堂，同样需要不同的方法与储备。无论他们的英语水平如何，英语非母语学生都需要得到长期持续不断的支持。正如卡明斯（Cummins）和中岛（Nakajima，1987）在其著作中所强调的，要想完全掌握第二门语言，平均需要五到七年的时间。但也因人而异，一些英语非母语学生可以在短短两年内掌握英语会话能力，而且通常能像母语人士一样说话流利。你需要注意的是，尽管他们的英语口语可能很好，但仍然需要为他们继续提供几年额外的语言学习支持。教师的首要职责是为新来的学生营造安全的环境，确保能接纳和包容所有的学生。新入学的英语非母语学生面临着众多障碍：根本不会说英语会让这些学生变得特别害羞，不知怎样与他人交流。他们往往希望自己与同伴、教师尽量少交往。毕竟，最困难、最令人沮丧的事情之一就是无法与他人沟通，无法告诉他们你的感受或诉求。

表11.1　英语非母语学生的不同定义

高阶双语学习者	第二代和第三代定居的外来移民
零基础英语学习者	刚接触英语的学习者，很少甚至没有受教育经历或其他具备母语读写能力的学习者
难民及寻求庇护型英语非母语学习者	由于战争或其他创伤经历，教育被中断的学习者
孤立型英语非母语学习者	在几乎没有其他双语学生的学校环境中受教育的学习者
旅居型英语非母语学习者	因为父母工作、学习等原因在英国短暂生活的学习者

案例研究

伊莎贝尔(Isabel)是三个兄弟姐妹中最小的一个,他们都出生在英国。尽管都会说流利的英语,但全家人在家中只讲葡萄牙语。伊莎贝尔的祖父母因为工作的原因搬到英国。伊莎贝尔除了周一至周五在当地小学就读外,周末还会到当地的葡萄牙语补习学校学习。

阿萨德(Asad)出生在索马里,但他在很小的时候就随家人离开了故土。多年来,阿萨德一直住在沙特阿拉伯,直至七岁时他和家人来到英国。刚开始住在临时住所,阿萨德也没有立即在当地入学。

纳迪娅(Nadia)是一名五年级学生,在英国一个小村庄的小学就读。她已经在英国生活了三年。但是,她之前并没有就读于现在的小学,而是就读于英国南部的一所大型多元文化学校,那里还有母语为阿拉伯语的其他学生,纳迪娅与他们共处。然而,由于工作需要,纳迪娅一家已搬到身边没有阿拉伯移民的地区。

反思

参训教师,请阅读上述案例并使用表11.1中的定义(见第147页)来确定这些学生分别属于哪一类英语非母语学习者。

上述案例研究介绍了三类英语非母语学生,现在你需要借助表11.1来确定他们分别属于哪一类学习者。每一位学生(伊莎贝尔——高阶双语学习者;阿萨德——刚接触英语的难民型学习者;纳迪娅——孤立型学习者)拥有的特定经验与知识可以被视为小学课堂教学的优势和好处,抑或学习的弱势和阻碍。

为了做好向那些偏于弱势的英语非母语学生提供帮助的准备,有必要了解英语非母语学生的不同类型,这些学生可能因为经历了战争、灾害或创伤而表现出不良情绪。经济和社会文化支持的世界性教育重建,将决定数百万战争幸存儿童的长期福祉。康特(Conteh, 2015)认为,难民及寻求庇护者是需要进一步考虑和思索的额外群体,因为他们的背景不同,而且以前所受的教育可能也存在争议。这些英语非母语学生是一个特别多样化的群体。有些学生也许会与父母双方共同移居英国,或只由父母一方照顾,其他学生可能是与年长的兄姐、亲戚或朋友一起生活,甚至有些学生是独自一人,无人关照。学校和教师在促进难民儿童的福祉、帮助他们重建自尊和友谊以及充分激发其潜力等方面发挥着至关重要的作用。

反思与讨论

专家教师，请与你指导的参训教师讨论你所教授的学生中谁可能属于以下类别的学生：

1.少数民族移民社区的第二代或第三代成员(高阶双语学习者)；

2.新入学者，基本没有受过学校教育的零基础英语学习者；

3.新入学者，具有母语读写能力的零基础英语学习者；

4.因战争或其他创伤经历而中断教育的寻求庇护者或难民；

5.所处学校环境中几乎没有其他双语学习者的孤立学习者；

6.罗马和吉卜赛的学生；

7.因父母学习或工作等原因在英国短暂生活的学习者。

(康特，2015)

根据你们的经验，这些学生的优势和潜在需求分别是什么？

任何进入英语主流课堂的新生都需要尽快掌握英语，卡明斯(1979)将其称为基本人际交往技能(BICS)。这些技能是在特定社会背景下发展适当的语言、掌握流利的口语所必需的。这一水平的语言能力是在熟练掌握认知语言或学术语言技能(CALP)之前需要具备的，因为这是完全具备学术能力所必需的语言知识和读写技能。这意味着学生在能够运用更复杂的语言，包括在学习中使用学术语言之前，他们首先需要掌握基本语言。

三、英语非母语学生如何习得英语

二语习得

在探索英语非母语学生第二语言习得的过程中，需要仔细考虑诸多因素。第一阶段是双语学生学习语言的阶段。如泰伯斯(Tabors，1997，第39页)所述，在二语习得四个阶段的第一个阶段，即使处于第二语言学习环境中，英语非母语学生也仍然有很长一段时间将继续使用他们的母语，甚至可能进入"缄默阶段"。重要的是，英语非母语学生觉得他们可以这样做。并且自身的本土文化也得到了认可和称颂。

在二语习得早期的第二阶段，英语非母语学生也可能进入非语言阶段，因为他们已经开始收集有关新语言的特征信息并尝试新的发音。在"缄默阶段"，英语非母语学生将分辨自己母语和英语发音的异同。在整个二语习得的早期阶段，重要的是确保英语非母语学生能够接触英语语言及生存语言的优秀范例。生存语言是指英语非母语学生每天需要使用的关键词汇，包括关键的课堂词汇、课上和课后帮助自身与同伴交流的语言以及日常生活用语。

反思与讨论

(一)反思

专家教师和参训教师,在二语习得的非语言阶段,请考虑使用下述策略支持英语非母语学生。

1.持续对话——即使学生没有回应。

2.继续将这类学生与其他学生组成小组。

3.提出各种类型的问题,要求学生给出答案并加以解释。

4.将其他孩子作为对话的焦点。

5.推广母语(L1)。

6.接受学生的非语言回应。

7.表扬学习者有限的(极少的)参与。

8.设定清晰的期望,包括学生需要使用重复的单词或计数来回答。

9.构建鼓励学生之间互动的课程教学活动。

10.通过角色扮演提供强化语言实践的活动。

(克拉克,1992,第17—18页)

(二)讨论

专家教师和参训教师,请讨论以上建议。这些策略都能奏效吗?这些策略会怎样随着情境变化而变化?为什么多样化方法是有用的?

在经历了语音阶段之后,英语非母语学生将掌握新语言与自身母语发音的异同,开始使用新语言中的某个单词和短语。通常采用重复和语言游戏的形式来运用语言规则、日常用语和某个单词〔德鲁里(Drury),2007,第37页〕。他们使用语言规则和语言组块作为特定日常用语的现成短语,从而确保英语非母语学生可以与他人交流互动。这些语言组块一般包括在以下场景中使用的常规语言的记忆序列,比如回答登记、需要上厕所或语言中的押韵和故事等。在此期间,英语非母语学生必须浸润在具有良好的英语语言范例、语言丰富的环境中。

最后,英语非母语学生开始更有效地使用第二语言,这标志着他们开始更有效和更复杂地运用英语。他们可以将自己在早期阶段习得的一些语言组块重新进行组合以创生更长更复杂的句子,这些句子更接近他们想要表达的含义。

许多理论框架都试图了解哪种方法在英语教学中最有效,并对二语习得中的互动给予了不同的价值判断。

克拉申(Krashen,1985)的理论对二语教学实践及后续理论都产生了重要影响,他认为二语习得是由可理解的输入量决定的,其水平超出了学生当下的语言能力。类似于维果茨基的最近发展区理论(1962)——学生在没有帮助的情况下能做什么与他们在有帮助的情况下能做什么之间的差异——克拉申的支架教学理论认为，第二语言是在不知不觉中习得的，类似于母语的习得。他进一步阐释了语言习得是如何建立在学生接受能够理解的信息基础之上。教师可以通过各种策略使语言输入变得易于理解，如语言简化，以及利用可视化的方式、图片、图形组织或其他策略。

表 11.2　二语习得理论框架

20世纪前	20世纪初	20世纪40、50年代	20世纪60、70年代	20世纪80、90年代	20世纪90年代至今
语法、翻译	听说教学法、直接教学法	行为主义理论，刺激—反应—联结(S-R-R)	通用语法，语言习得机制(LAD)	信息处理模式	社会互动理论
	布洛姆菲尔德(Bloomfield)、弗里斯(Fries)	斯金纳	乔姆斯基(Chomsky)，克拉申	安德森，马拉夫林(MaLaughlin)	维果茨基，斯诺(Snow)

其他理论框架秉持互动论的立场，承认双向沟通的作用。皮卡(Pica，1994)、朗(Long，1985)等人强调，在特定语境中谈话互动促进了二语习得，在有语言意义的活动中，学生不得不为了语言意义而协商……表达和澄清他们的意图、想法、观点……这使得他们能够相互理解〔莱特鲍恩(Lightbrown)和斯帕达(Spada)，1999，第122页〕。

反思与讨论

当你继续参与本章中的活动时，请回顾并思考是否赞同以下观点。

1. 学习第二语言就像学习母语一样。
2. 应告知父母在家中使用英语，以确保他们的孩子能早日习得英语。
3. 在英国出生的英语非母语学生，上学前就已经习得英语。
4. 孩子的母语会妨碍他们学习英语。
5. 教师是否关注英语非母语学生的母语及其本土文化并不重要，只需确保他们能跟上课程的进度。
6. 年幼的英语非母语学生较年长的英语非母语学生而言，能够更快地习得英语。
7. 英语非母语学生需要在学习基础知识和简单的英语语言结构之后，才能融入主流课堂和课程。
8. 英语非母语学生说英语就像母语为英语的孩子说英语一样。
9. 英语非母语对学生的学业成绩有不利影响，会拉低学校的学业标准。

四、促进英语非母语学生语言学习的实用方法

(一)为新入学者做准备:学习和情感健康的必要条件

在为英语非母语学生的到来做准备时,重要的是要考虑学习的必要条件。学生需要感到安全、安定、有价值、有保障,并且有归属感,学习的基础在于学生知道什么以及他们能做些什么。学校应该承认新入学者可以对学校做出积极贡献,同时他们也需要看到自己的语言及文化在学校中得到积极的回应。对于年幼的学生而言,需要学校和教师重视他们的母语并肯定他们的家庭经历,以便他们有足够的安全感在幼年时就能尽早融入新的语言和文化环境〔西拉杰·布拉奇福德(Siraj-Blatchford)等人,2003〕。任何一位学生都不应该因为踏入了学校的门槛就被迫抛弃自己国家的语言和文化。

影响英语非母语学生学习速度的外因和内因有很多。外部因素包括学生的态度、性别、年龄、社会阶层、族群认同和语言输入,这些都受到新学习环境的影响〔埃利斯(Ellis),1994〕。你有必要理解班上英语非母语学生及其背景,促进他们的情感健康并为其学习做好必要准备,这一点至关重要。

为此,你需要考虑新入学者的文化和语言背景。考虑他们是否:

1.曾在英国或其他国家上过学——完整、中断或没有;

2.具有需要迎合的特定文化、宗教、国家及语言背景;

3.具备一种或多种语言的读写能力;

4.有很强的学习动机;

5.是接受能力强的学生;

6.存在学习困难;

7.与正在经历情感困难的成年人一起生活;

8.正在经历文化迷失以及失落、悲伤和孤立等情感。

(二)多元文化课堂和多元文化教育

多元文化课堂必须充分利用学生的差异性和独特性,并作为学生发展和成长的支柱。多样性和差异性需要合作、问题解决、开放和理解,对于那些致力于将其融入实践的教师来说,他们可以成功创建学习环境来推进教育目标的达成。

作为教师,你需要了解、区分和理解教学在多元文化课堂中意味着什么,并掌握其中所包含的更丰富的内容整合。内容整合涉及你使用来自各种文化和群体的示例及内容,来说

明各种关键概念、原则、概论和理论的程度。通常认为这只能让少数移民学生受益,但实践证明这对所有学生都有好处。

在小学课堂中有来自不同国家的学生是一笔财富:他们带来了不同的背景、文化、信仰和语言,这是我们值得庆祝的事情。不同的文化观点为活跃、生动的辩论提供了机会,相互尊重的需要增加了课堂环境的总体尊严感。

(三)沉浸式语言课堂

许多理论框架都试图找出将英语作为第二语言教学时,哪种方法最有效。交际教学法已被确定为二语习得的关键方法〔皮卡,1998;卡纳尔(Canale)和斯温(Swain),1980〕。口语交流是该方法最重要的组成部分,因为学生可以通过口语交流,在应用语法规则之前掌握必需的第二语言基本知识。将学生完全浸泡在充满英语的包容性情境中被认为是最有效的方法,在第二语言学习方面有困难的学生不仅可以与他们的母语同伴交流,也能够和英语流利的同学一起练习。在这种情境中,母语和第二语言都可以使用,并且是所有教学活动的灵感来源。相关示例为:学生被要求参加写作活动,有机会用母语完成部分内容。学生可以用母语表达自身的主要思想,然后用第二语言进行写作,并且这一部分可以在维果茨基称为"更有学识的他人"协助下完成。

交际教学法还提倡合作学习,这对语言教学极为重要,因为合作学习以语言为中心,并且能让英语非母语学生感觉到亲切友好。合作学习是指两人或多人共同学习或尝试学习的状态,在这类学习中,彼此共享资源和技能,主要关注三个领域:赋权、评价和探索性对话。

1. 赋权——建立并重视学生的先前知识和理解水平,鼓励学生自信地分享自己的想法。

2. 获取——确保学生能够接触到困难的概念或学习领域。一般通过使用可视化教学来完成,并尝试帮助学生由具体观念转化为抽象观念。

3. 探索性对话——通过鼓励伙伴对话来进行学习,而不是增加与教师的对话。

在整个课程中,教授交际技能可以使所有的学生都受益,而不仅局限于那些双语学生。

五、如何评价和监测英语非母语学生

教育、社会和语言经验的差异意味着在英国,英语非母语的同龄学习者尽管付出同等的学习时间,但英语四项技能及其不同领域的发展可能仍然处于非常不同的阶段。一个有效的英语非母语学生评估系统应该:可以测试听、说、读、写技能;与课程所需的语言建立联系;与年龄有关;能够支持教师设计有效的教学活动。为了成功地规划英语非母语学生的发展,特别是在英语习得的早期阶段,形成性评价的有效运用至关重要。然而,最初的正式评价被认为是消极的,因为其往往会导致错误的结论,这可能会严重阻碍学生的进步,尤其是当学习结果要求将学生分到低能力小组中时。近期的学习成绩表和统计数据强调了早期监测与仔细追踪英语非母语学生发展的需求，并显示在早期基础阶段(EYFS)结束时，只有44%的英语非母语学生处于良好的发展水平(GLD)。

《通用语言》(2000)是由英国资格与课程管理局(QCA)编写的一份文件，概述了关于英语的一些要点，可以用于对英语非母语学生的形成性评价，并为如何记录语言发展及进步提供了有效指导。另一个早期形成性评价的示例是英国曼彻斯特教育系统(NASSEA)的"英语非母语学生评价框架"，可以结合起来使用，从而勾勒出英语非母语学生的学习进度。该框架概述了语言习得的各个阶段和步骤，以及四种语言技能培养的每个阶段的关键特征，并提供了相关的案例研究来帮助你识别符合这些关键特征的英语非母语学生，以此设计进度模板。

反思与讨论

(一)反思

在完成这项任务之前，你需要熟悉英国资格与课程管理局的《通用语言》(2000)、英国曼彻斯特教育系统的"英语非母语学生评价框架"(2016)以及学校可能使用的其他评价方法。

参训教师，请在学校选出两名英语非母语学生：一位是零英语基础学生，另一位是高阶英语非母语学生。如果可能，以各种方式对这两位英语非母语学生进行观察，找出相关信息来解答以下问题：

1.这两位学生用什么语言来理解、言说和读写？

2.他们是否参加了辅导班或社区语言班？如果可以，尝试找出他们何时以及出于何种目的使用何种语言。

3.他们出生在英国还是别国？如果他们出生在别国，他们到英国有多长时间了？他们的移民模式是什么？

4.他们在这所学校学习多久了？

5.他们是否有机会在与学校中的其他学生或教师交流时使用自己的母语？如果可以，多久一次？什么时候？他们对此感觉如何？

6.使用英国曼彻斯特教育系统的"英语非母语学生评价框架"(2016)系统确定他们在听、说、读和写方面的二语习得阶段，然后在四种技能中确定每位学生的特定发展区域。

(二)讨论

参训教师和专家教师，请将你们的发现同四种语言技能(听、说、读和写)的评价阶段进行比较。讨论他们在小学主流课堂情境中的二语习得需求，以及怎样满足这些需求。

六、如何为你班上的英语非母语学生制订计划

为英语非母语学生制订计划可能是一项艰巨的任务，但也并非完全如此。在小学课堂中为英语非母语学生制订计划时，你需要牢记以下几个原则。首先，有必要为英语非母语学

生营造积极的学习风气，这种风气反映了你班上所有学生的语言和文化，并且为学生提供了在日常活动中使用自己母语的机会。这也为班上多语言学生提供了进一步确认自己身份的机会（康特，2015，第70页），从而可以在安全可靠的课堂环境中学习。在为英语非母语学生制订计划时，你需要考虑的另一个重要原则是对话的重要性，还有学生能够与他人口头探讨自身想法和概念的机会，以及更广泛、更丰富的实践和动手的机会，从而强化语言学习。这些在进行拓展写作活动之前尤为重要。

为了给英语非母语学生制订高效的计划，你需要考虑通过有趣且颇具挑战性的方式教授课程内容，同时又确保能够支持学生特定的英语语言需求，并把握好这二者之间的平衡。在制订计划时，你需要考虑自己期望英语非母语学生使用他们正在学习的语言做些什么以及他们需要学习的语言种类（康特，2015，第75页）。

反思与讨论

（一）反思

请阅读以下课堂活动示例并思考相关问题。

在复式课堂教学（RE）中，两名新入学的学生在教学助理支持下一起学习，正在给清真寺的图片上颜色。班上的其他学生正在开展另一项活动，掌握清真寺每个部分的名称及功能。

利蒂西娅（Leticia）是五年级的新生，也是英语初学者。她在哥伦比亚的学校报告显示，利蒂西娅具有良好的西班牙语读写能力。主讲教师安排了一些英语语法练习题让她完成，其他学生则正在进行扩展写作练习。

（二）讨论

1.以上示例中有什么好的做法吗？

2.如何改进课堂实践活动？

参训教师和专家教师，请你们比较彼此的想法，讨论你们答案中的异同。

学校中有许多方法可以吸引英语非母语学生参与到教学活动中。尼科尔斯（Nichiols，2010）的研究呈现了一些方法：

1.全脑学习法，整合了学生不同的学习和获取信息的首选方法的理论。

2.使用多种训练技巧和活动，以促进多元智能的发展和吸引学生的广泛参与。

3.为学生创造一个无压力的环境，推广学习是有力且有趣的理念。

4.由于速成学习基于活动的特性，减少了花费在课堂上的时间以及设计学习规划的时间（参见图11.1）。

（尼科尔斯，2010，第6页）

四阶段速成学习周期是经过验证的、有效的学习程序，是速成学习的基本组成部分，参见图11.1。其中，联结阶段是指建立学生与已学内容之间的联系，包括激活学生的先验知识。这可以从心理启动器的使用中看出,学生有机会重温之前的学习,其中可能包括对关键词汇或语法形式的复习。激活阶段涉及获取解决问题所需要的信息。这一阶段通过运用视觉、听觉和动觉型(VAK)学习风格及多元智能来激励学生。第三阶段是展示阶段,包括向学生提供应用所学内容展示自身理解的机会。巩固阶段强调为学生提供反思的机会。学生可以反思自己的学习,然后将其与之前的联结阶段相关联:我现在明白了哪些以前所不能明白的内容?

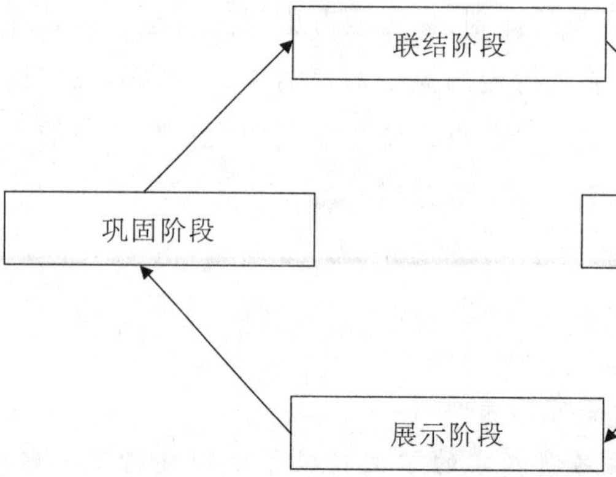

图11.1　速成学习周期

〔史密斯(Smith),洛瓦特(Lovatt)和怀斯(Wise),2005,第20页,尼科尔斯进行引用,2010,第8页。〕

反思与讨论

下面你将看到一个为英国义务教育第一关键阶段英语非母语学生制订的简要教学计划,教学重点是“编故事”。

请查看教学计划,并思考计划中的各个部分应该如何与上述四阶段速成学习周期建立联系。

表11.3　教学计划示例

阶段	年龄组:义务教育 第一关键阶段低段	语言等级: 初学者
教学目标: 1.鼓励学生以创造性方式使用英语 2.发展倾听技能和视觉技能 3.享受聆听故事的乐趣 4.绘制一本图画书 5.通过视觉提示来复述一个故事		

续表

阶段	年龄组：义务教育 第一关键阶段低段	语言等级： 初学者
启动	在黑板上画一幅图画以阐释一则故事，向学生提问："这是什么？"基于故事进行课堂讨论。通过以下问题来生发想法： 1.你最喜欢的故事是什么？ 2.你喜欢什么类型的故事？ 3.故事中出现了哪些人物？ 4.你喜欢（童话）故事吗？ 5.你喜欢看故事书里的图画吗？	
介绍	1.如有必要，请使用抽认卡、简单绘图、模仿等方式预先教授或复习故事中的一些关键词汇。比如：地毯、商店、魔术、丛林、沙漠、冰、雪、山、雾、森林、多风、岛屿、打雷、闪电、风暴 2.告知学生将要听到一则故事，他们应该试着想象自己所听到的一切。如果他们想闭上眼睛来帮助集中注意力，也是可以的	
研讨会	1.引出故事的主要情节，然后标好序号写在黑板上： (1)阿里在他叔叔的店里发现了一块地毯 (2)地毯开始移动并说话 (3)阿里坐在地毯上飞向丛林 (4)阿里坐在地毯上飞向沙漠 (5)阿里坐在地毯上飞向南极 (6)阿里坐在地毯上飞向高山 (7)阿里坐在地毯上飞到森林 (8)阿里坐在地毯上飞到一座岛上 (9)阿里飞回商店 2.把学生分成不同小组，分发数字1~9并且每位学生都会得到两个数字。向学生解释这些数字是与故事中的关键时刻相对应的，学生需要为这些场景绘制插图并做成一本图画书 3.再次播放或阅读这个故事，提醒学生注意场景中的细节 4.学生绘制和着色自己的插图	
全班参加	在小组中，学生使用图片来复述《阿里与魔毯》的故事，每位学生都讲述他或她所绘制插图的那部分故事	

拓展性研究资源

卡明斯关于支持英语非母语学生应遵循的原则：

1.确定语言和内容目标；

2.提前下载课程资源；

3.提供输入内容；

4.能够进行语言输出(口语和写作)；

5.评价语言和内容目标。

七、当前开展的教学实践活动是什么

英国教育捐助基金会(EEF)和贝尔基金会(The Bell Foundation)最近受委托编写了两份报告，可以作为分析英语非母语学生学业成就的证据。这些开创性的报告全面概述了当今学校共同面临的英语非母语学生的相关问题。

当前《教师标准》在第五条中，强调了对英语非母语学生的要求：教师必须考虑到英语非母语学生，承认他们的参与能力可能超过他们的英语沟通技巧(英国教育部，2012)。这引发了一个问题，即当学生语言发展还处于早期阶段时，我们如何教会他们有效应对课程学习的挑战。在小学阶段培养的读写技能，是中学阶段继续推进学业学习的基础。

当学习一门新语言时，教师有时会被错误的语言学习观念以及根深蒂固的"传闻"所误导。

拓展性研究资源

斯特兰德(Strand)的报告(2015)对2013年以来最新的英格兰国家小学生数据库(NPD)进行了深入分析，讨论了"哪个群体是英语非母语学生中风险最大的群体？导致这些学生低成就的预测变量有哪些"等问题。墨菲(Murphy)的报告系统回顾了一项国际性研究，该研究关注旨在提高英语非母语学生英语水平和读写能力的干预措施，以确定最有成效的方案和干预措施(墨菲，2015)。

反思与讨论

请分析下面的误解。一起讨论为什么教师可能会产生这些误解，在教学中应该如何避免发生这类情况。

1.语言应该分开学习，否则学生会感到困惑——干扰。

2.学生在课堂中自然而然就能学会英语，他们不需要专门教学——浸染。

3.语言多样性是一个问题，如果学生总是说英语，那就更好了。

4.在低年龄段，学习一门新语言是不可能的或者是非常困难的——关键期。

所有学生都需要掌握重点的语言知识。语言是我们所有学习活动的工具,是我们个人生活和社会生活,我们身处的文化背景,以及明确“我们是谁”不可或缺的一部分(康特,2015,第33页)。许多英语非母语的小学生都在努力学习更加被动和更能接受的语言技能,尤其是听力和阅读理解〔麦肯德里(McKendry)和墨菲,2011〕。重要的是你要对语言和读写技能的发展有一个全方位理解,以便能够提供适当和有效的教学支持。每位学生都具备学习能力,但学习方式却截然不同。你需要掌握如何调和其他相关因素——社会、文化、情绪、情感和认知资源、政治和历史因素,这些因素有助于或会阻碍学生的学习体验。

教师另一种可能的误解是混淆了英语非母语学生和有特殊教育需要的学生。不应将语言需求视为学习需求,英语非母语学生本质上不能归类为有特殊教育需求者。

拓展性研究资源

卡明斯(2001)认为,有关“英语非母语学生”和“有特殊教育需要的学生”概念交叉的现象可能会产生消极的学习结果。这会导致当评价确定英语非母语学生有学习需求,并且正好是语言需求时,会将其归于有特殊教育需要的学生。他们需要特定的语言支持来协助养成四种技能(听、说、读和写),特别是当他们需要满足小学课程要求时。卡明斯的理论模型将帮助你理解英语非母语学生体验语言学习的不同方式。

本章小结

在本章中,我们已经思考过多语言学生和英语非母语学生给你的课堂带来的丰富多样的经验和知识,以及帮助新入学者融入新文化体验的策略。我们还讨论了认识并反思自身在语言多样性和种族方面的经验对教师专业发展的重要性。

在本章的第一部分,我们已经查阅了一些研究成果,提出了二语习得的有效方法,以及怎样运用理论方法来强化我们对语言和学习之间联系的认识与理解。此外,还通过有效的评价和计划,进一步思考了促进英语非母语学生语言学习的实用方法。本部分介绍了听、说技能对学习与合作学习的重要性,并深化了你对如何制订教学计划和实施教学以促进整个课程中语言学习的理解。

最后,我们还探索了当前小学课堂的教学内容和教学实践,提出了一些实用性建议帮助英语非母语学生进行语言学习。

在整章中,我们面临的挑战是思考小学课堂如何在所有学生的独特性中蓬勃发展。多样性和差异性要求开展合作、问题解决、开放与理解。通过这些方式,你将可以创建一个促进所有学生达成教育目标的学习环境。

参考文献

[1] Canale, M and Swain, M (1980) Theoretical bases of communicative approaches to second language teaching and testing. *Applied Linguistics*, 1(1): 1–47.

[2] Clarke, P (1992) *English as a 2nd Language in Early Childhood*. FKA Multicultural Resources Centre. Richmond: Victoria, Australia.

[3] Conteh, J (2015) *The EAL Teaching Book*. London: SAGE.

[4] Cummins, J (1979) Cognitive/academic language proficiency, linguistic interdependence, the optimum age question and some other matters. *Working Papers on Bilingualism*, 19: 121–29.

[5] Cummins, J and Nakajima, K (1987) Age of arrival, length of residence, and interdependence of literacy skills among Japanese immigrant students. In Harley, B, Allen, P, Cummins, J and Swain, M (eds) *The Development of Bilingual Proficiency: Final report*. Toronto: Modern Language Centre, OISE.

[6] Cummins, J (2001) *An Introductory Reader to the Writings of Jim Cummins*. Clevedon: Multilingual Matters.

[7] Department for Education (2007) *Ensuring the Attainment of Pupils Learning English as an Additional Language: A management guide*. Ref: DfES 00011–2007.

[8] Department for Education (2007) *New Arrivals Excellence Programme Guidance*. Ref: 00650–2007BKT–EN.

[9] Department for Education (2011a) *Schools Pupils and their Characteristics*.

[10] Department for Education (2011b) *Teachers' Standards*.

[11] Department for Education (2012) *Teachers' Standards*. DFE–00066–2011.

[12] Drury, R (2007) *Young Bilingual Learners at Home and School*. Stoke–on–Trent: Trentham.

[13] Ellis, R (1994) *The Study of Second Language Acquisition*. Oxford: Oxford University Press.

[14] Hayden, M (2006) *Introduction to International Education: International schools and their communities*. London: SAGE Publications.

[15] Krashen, S (1985) *The Input Hypothesis*. Beverly Hills, CA: Laredo Publishing Company.

[16] Lightbrown, PM and Spada, N (1999) *How Languages are Learned*. Oxford: Oxford University Press.

[17] Long, MH (1985) Input and second language acquisition theory. In Gass, S and Madden, C (eds) *Input in Second Language Acquisition*. Rowley, MA: Newbury House, pp.377–83.

[18] McKendry, M and Murphy, VA (2011) A comparative study of listening comprehension measures in English as an additional language and native English–speaking primary school children. *Evaluation and Research in Education*, 24: 17–40.

[19] Murphy, V (2015) A systematic review of intervention research examining English language and literacy development in children with English as an Additional Language (EAL). Oxford: Oxford University Press.

[20] Nichiols, G (2010) Accelerated learning and elearning: an overview. IT6930, Internship in Information and Learning Technologies.

[21] Nieto,S (2010) *Language,Culture,and Teaching: Critical perspectives*. New York: Routledge.

[22] Nonchev, A and Tagarov, N (2012) Integrating refugee and asylum-seeking children in the educational systems of EU member states. Bulgaria: Center for the Study of Democracy.

[23] The Northern Association of Support Services for Equality and Achievement (NASSEA) (2016) EAL assessment framework. Bury: NASSEA.

[24] Pica, T (1994) Research on negotiation: what does it reveal about second language learning conditions, processes and outcomes? *Language Learning*, 44: 493-527.

[25] Pica, T (1998) Second language learning through interaction: multiple perspectives. In Regan, V (ed.) *Contemporary Approaches to Second Language Acquisition in Social 13-14 Contexts: Crosslinguistic perspectives*. Dublin: University College Dublin Press, pp.9-31.

[26] Quality and Curriculum Authority (QCA) (2000) *A Language in Common: Assessing English as an additional language*. London: QCA Publications.

[27] Siraj-Blatchford, I, Sylva, K, Taggart, B, Melhuish, E, Sammons, P and Elliot, K (2003) *The Effective Provision of Pre-School Education (EPPE) Project: Technical Paper 10 'Intensive Case Studies of Practice Across the Foundation Stage'* (DfES Research Brief, RBX 16-03).

[28] Smith, A, Lovatt, M and Wise, D (2005) *Accelerated Learning: A user's guide*. Stafford: Crown House Publishing.

[29] Strand, S (2015) *English as an Additional Language (EAL) and Educational Achievement in England: An analysis of the National Pupil Database*. Oxford: Oxford University Press.

[30] Tabors, P (1997) *One Child, Two Languages: A guide for Preschool Educators of Children Learning English as a Second Language*. Baltimore, MD: Paul Brookes Publishing.

[31] Vygotsky, L (1962) *Thought and Language*. Cambridge, MA: MIT Press.

第十二章　与教学助理的合作策略

埃玛·克拉克

本章目标

1.深化你对如何与学校其他专业人士合作的理解；
2.思考如何最好地配置教学助理(本章以下简称为“助教”)；
3.了解最近有关怎样配置助教的研究及指南；
4.反思自身的价值观和信念,这些价值观和信念会影响你与助教的合作方式。

一、引言

《教师标准》(英国教育部,2011)第八条中提出了有效配置辅助人员的要求与履行教师更广泛的职责有关。与其他成年人尤其是助教一起工作,是大多数教师的工作现状。教育捐助基金会的研究〔沙普尔斯(Sharples)等人,2015〕指出,目前英国小学的助教比教师还多。所以你与助教合作的机会非常多,必须恰当处理好这类重要关系,这点非常关键。但是,助教并不是在学校工作的唯一成人群体:你可能还会遇到家长帮手、办公室职员、政府官员、行政人员、宗教领袖等。虽然本章内容聚焦与助教的合作,但探讨的诸多策略、技能及要点也同样适用于与学校其他成年人的合作。

反思与讨论

(一)反思

参训教师,请思考你在学校可能会接触到的所有不同角色的成年人。

专家教师,请与你指导的参训教师分享一些其他成年人在你所在学校承担的角色。

(二)讨论

专家教师和参训教师,请讨论在学校工作的其他成年人所具备的优点。

二、助教的不同期望和角色

与助教合作时常出现的一个关键问题在于他们的角色非常多样化,并且因学校而异。历史上,有人曾将助教比作"妈妈的油漆锅备用垫圈"〔巴赫(Bach)等人,2006〕。令人欣慰的是,这种负面的、轻蔑的观点已经逝去,现在一些学者将助教视为"专业教师的助手",承担了许多合格教师的角色。但研究表明〔布兰德(Bland)和斯莱特霍姆(Sleightholme),2012〕,学生仍然没有注意到助教的教学作用,主讲教师也只是经常要求助教为他们递上咖啡和饼干,这显然未能有效发挥助教的功能。

近年来,助教在学校中扮演的角色发生了巨大变化。自1981年《教育法》颁布以来,助教的数量首次大幅增加。该法案鼓励有特殊教育需要的学生从特殊学校转到主流学校。在20世纪80年代后期,随着《国家课程标准》的颁布,助教数量继续增加,但助教数量的持续增长被视为一种缓解教师日益增加的官僚主义需求的方式。2003年,随着《提高标准和减轻工作量:一项国家协议》(英国教育与技能部,2003)的颁行,高级助教(HLTA)的角色得以创生,再到后来提出了要空出时间让教师用于制订计划、准备和评价(简称为PPA)的要求,助教的角色也因此得到了扩展。学校要求许多高级助教填补主讲教师不在课堂的PPA时间。这在某种程度上引起了对高级助教和主讲教师的关注。

最具争议性的观点是期望助教在学校中扮演越来越重要的教学角色，这同时引起了对主讲教师和助教的担忧。助教角色的一些变化深受欢迎，有学者认为，助教现在是一种职业而不是二等公民〔高尔顿（Galton）和麦克贝斯（MacBeath），2008〕。助教的角色也变得越来越有趣和越来越专业化，并且逐渐抛弃了“助教是一个每天8小时只能贴东西到黑板上的人”这样一种观念〔科克罗夫特（Cockroft）和阿特金森（Atkinson），2015〕。尽管如此，一些学者仍然认为，由于主讲教师和助教之间的角色界限模糊，导致主讲教师的职业地位下降（布拉奇福德等，2007），而这种角色演变对主讲教师而言是一种威胁。这种角色演变也被认为是对主讲教师和助教的同等重视，助教在某种程度上觉得自己被迫承担了他们没有受过培训或没有资格承担的责任〔安德森和芬尼（Finney），2008〕，而一些主讲教师则认为助教角色的日渐扩展会威胁到自身的自主性和专业性。

助教这个职业过去曾被人们视为家庭主妇为了赚一点补贴家用的小钱而从事的兼职（史密斯等人，2004），现在助教的身份已经发生了根本性变化。有研究（布拉奇福德等人，2007）表明，助教现在承担“直接教学角色”的时间甚至比主讲教师还要多。但是，这种观点的转变导致许多学校对助教的期望缺乏共同、清晰且一致的理解。这可能会导致你在课堂上与助教合作变得困难，因为这会让你不清楚自己的定位，处于一种不确定自己可以做什么，也不能合理配置助教的状态。学校会颁布助教的工作职责规定，但是主讲教师通常会忽视这些规定。

反思与讨论

（一）反思

参训教师，请思考助教需要承担的任务范畴。练习和助教讨论一些你希望他们做的具体任务。

（二）讨论

专家教师，请简要说明你所在学校如何配置助教以及助教的职责范围。

专家教师和参训教师，请思考配置助教的各种方式对于主讲教师而言，是有益的还是有问题的。

当你与助教坐下来面对面交谈，了解他们在课堂上通常需要做什么、他们想做什么和不喜欢做什么时，这种做法是有益的。有必要了解与你一起工作的助教所具备的具体技能或强项，以及他们是否愿意与你分享。例如，如果你有一个精通艺术或音乐的助教，便可以丰富你的教学活动；如果你的助教会说两种语言，那么他们可以支持你的语言教学。

对助教的配置因学校和主讲教师而异，一些助教在很大程度上承担着教学角色，而另一些助教则只是辅助主讲教师。重要的是你需要弄清楚主讲教师或所在学校是如何配置助教的。例如，有些助教可能需要一对一辅导有特殊困难的学生，有些助教可能需要执行管理任务，有些助教（通常是高级助教）可能要把控整个课堂，而还有一些助教可能需要采取具体的干预措施。学校根据助教的不同级别与其签订不同的雇佣合同，其中一些助教，尤其是高级助教，可能比其他助教要承担更大的职责，因此，你可能会以不同的方式配置他们，并对他们抱有不同的期望。

本章将专门关注这类助教，他们要么被分配到你班上做主讲教师，要么在你的指导下开展工作。

三、如何在课堂上与其他成年人建立专业工作关系：研究

麦肯齐（Mackenzie，2011）在研究中发现，主讲教师与助教之间的关系会表现为紧张、误解甚至敌对。早在30年前，托马斯（Thomas，1992）就指出良好的团队合作关系是难以实现的，他对专业人士之间的合作提出了担忧，因为这些专业人士可能对“课堂上应该做什么”以及“关于教育的意义”持有截然不同的观点。

上述观点很显然否定了“主讲教师和助教之间存在密切合作伙伴关系”这一观点，而主讲教师与助教之间的良好关系被认为可以显著提高教学质量（HMI，2002）。有研究（布拉奇福德等人，2007）表明，主讲教师认为助教会对学生的学习动机、社交技巧和学习行为产生积极影响。主讲教师还指出，与助教一起工作也有利于提高学生的学习成效，为学生提供更多的教学支持，以及改善课堂管理（布拉奇福德等人，2004）。高尔顿和麦克贝斯（2008）后来的研究也证实了这一观点，他们发现教师在有针对性辅导小组学生或特定学生时特别重视助教的作用。英国教育捐助基金会（沙普尔斯等人，2015）最近的研究证实了主讲教师与助教合作的好处。例如，解放主讲教师，以便他们能够有更多的时间用在“教学的核心功能”上；有助于减轻主讲教师的工作量，这在另一些研究中得到了证实：主讲教师对压力和工作满意度的认知有所改善。重要的是，主讲教师认为有助教在场增强了他们的自信和应对问题的能力（高尔顿和麦克贝斯，2008）。

反思与讨论

（一）反思

参训教师，你知道与其他成年人一起在课堂上工作的好处或坏处吗？有什么是上面没有提到的吗？你会怎样处理上述问题？

专家教师，请分享你在课堂上与其他成年人一起工作的经历，积极的或消极的都可以。你如何处理好这种关系的消极影响，并转化为积极的效果呢？

（二）讨论

专家教师和参训教师，研究表明，助教提高了教师的应变能力。你认为这意味着什么？助教是怎么做到的呢？

由于助教的角色不断变化和演进，往往很难确定对他们的期望。研究表明，如果没有明确界定助教的角色，这一空缺往往会被对主讲教师和助教之间“依赖关系”的不满意所填补。由此可见，这并不是一种专业的处理主讲教师与助教之间关系的方式。重要的是要确保你

能够与助教保持友好的关系，这将帮助你自己、你的助教、最重要的是你班上的学生从这种和谐的关系中受益良多。很有必要理解研究中出现的一些主要问题，其中包括以下两种。

（一）时间：这可能是与你的助教或所有助教建立专业关系时需要考虑的最重要的问题之一

韦伯斯特（Webster）等人（2011）发现，四分之三的受访教师没有正式留出与助教一起制订教学计划和进行讨论的时间，导致了讨论的简短性和临时性。这证实了早期研究〔马尔（Marr）等人，2001〕的结果，该研究发现了类似的问题，但也指出在合作实施计划和开展反馈时，仅有五分之一的助教愿意付出额外的时间。格施尔（Gerschel，2005）的研究表明，缺乏事先通知以及忽视解释课堂教学的必要性是导致助教经常抱怨的原因之一。类似的报告（布拉奇福德等人，2012）指出，三分之二的主讲教师和四分之三的助教认为用于准备和反馈的时间产生的效果不佳，并重申了对助教的信任及依赖的重要性。沙普尔斯等人（2015）的研究也反复出现这些主题，助教表示他们经常盲目地参与课堂，正如之前所说，交流常常依赖于助教在无薪时间参加会议。

由此可知，你必须认真与自己合作的所有助教进行联络，并确保（除非学校已经下达通知）有时间与助教讨论你的课程内容，你期望他们在课堂上做什么，并且最好能在交谈结束时留出一些时间给助教提供反馈意见。在一些学校，这可以在教师集中的时间进行；而另外一些集中时间很短的学校则依赖于“交流手册”。即使你倾向于写作而不是交谈，也要确保在一天或一周的某个时候能够抽出时间与你的助教交流。不过值得注意的是，游戏时间和午餐时间并不总是很方便，而且很多助教在学校规定的工作时间之外都是不带薪的。本章后文提出的一些实用性想法基于这样的假设：你将花时间与助教讨论这些问题，而不是简单地在谈话中给他们下达命令。

（二）培训：这是需要注意的一个关键方面

诸多研究〔包括但远不止这些：塔克（Tucker），2009；赛姆斯（Symes）和汉弗莱（Humphrey），2011；沙普尔斯等，2015〕揭示了助教所接受的培训水平与日益苛刻的角色要求之间不匹配。英国教育与就业部（DfEE，1997）提醒，许多助教很少或根本没有接受过与他们所从事工作相关的培训。英国教育标准局（2008）承认，在助教的培训和配置方面仍然存在不足。随着对助教培训水平关注的不断增加，这一点在后来的研究中也不断被强调（韦伯斯特等人，2011；沙普尔斯等人，2015）。因此，重要的是，你需要花一些时间与助教进行交流以便了解他们是否接受过某种专业的培训，以及具体关于哪些方面的培训。如果你的助教没有接受过任何近期培训，那么记得给予他们支持和指导，如在你要求他们执行特定的、有针对性的教学干预任务时。

案例研究

皮帕(Pippa)是一位经验丰富的教师,而乔(Jo)是她的助教。他们在新学年开学之前见了个面,利用这段时间讨论各自可以为课堂教学贡献的优势和技能。皮帕发现乔是一位才华横溢的艺术家,他们讨论了如何向学生教授这些技能;如何确保双方都知晓针对特定学生的教学计划和进度安排,并且一致认为共享的交流手册是有用的。接着皮帕还谈论了每周的教学计划,乔也补充了关于特定学生和更全面的进度反馈信息。他们还同意就一起在操场上值日的那一周进行一次非正式的交谈。这确保了他们之间具有一系列策略来保持沟通顺畅,并且清楚彼此的具体优势。

反思与讨论

(一)反思

参训教师,你所在学校或其他你曾经工作过的学校是如何应对这些挑战的?你看到了哪些有效的方法?

(二)讨论

专家教师,请谈谈你所在学校为了应对其中一些挑战正在实施哪些举措或计划采取什么举措。

参训教师,你觉得此处的"最佳实践"是什么?你将如何应对这些问题?

四、如何有效配置助教:研究展示了什么

关于学校应如何配置助教的指导方针一直在稳步增加,但提出的一些策略仍然需要全校教职工协商,而不能总是由个别教师加以实施。现在我们将要探讨经过研究提出的、你可以独立实施的一些关键理念。

1.教学对象是接受能力差的学生、有特殊教育需求或残障的学生:曾经助教的教学对象就是这类学生,要么在校内,要么在校外的"退学群体"中对他们开展辅导。

研究(韦伯斯特等人,2012;韦伯斯特,2014)强调了一些学校和家长坚持的信念,即认为助教本质上就应该支持有特殊教育需求或残障的学生。但是,也有研究结果(布拉奇福德等人,2012)表明,当助教向接受能力差的学生或有特殊教育需求的学生提供同步帮助时,实际上对这些学生的学业成就产生了消极影响。

然而,有一些方法能够将助教配置给那些最需要支持的学生,并可以对学生的发展带来积极影响,这需要通过结构化的短期教学干预。沙普尔斯等人(2015)强调,只有在具有高质量支持和培训的结构化环境中,助教才能发挥积极作用。因此,在规划教学干预措施以及向特定群体配置助教时,必须牢记上述要点。

2. 协助而不是替代主讲教师：重要的是不要指望助教承担你的教学角色。

仔细思考你的专业技能和专业知识在何处能够发挥最大功效，助教应该如何支持你抽出时间来单独辅导某些学生，以确保所有学生都能取得进步。在制订教学计划时，请确保你不会让助教在很长一段时间内只帮助同一组学生。如果你已经要求助教在课外对一组学生实施特定的计划干预，那么请确保这种情况持续的时间不会很长。学生和助教都应该参与课堂集体活动，长时间的课外辅导对学生和助教都没有好处。

案例研究

露西是一位经验丰富的助教。她意识到自己现在合作的教师经常要求她在课堂外对一大群学生实施短期教学干预。露西觉得自己被边缘化了，担心自己不被视为班级的一员。她觉得被要求在课堂外工作，导致她无法与教师或学生建立紧密的关系。因此，她觉得这会妨碍她进行任何需要“量身打造”的工作，由于她不太了解学生，也觉得很难理解主讲教师想要什么，所以她不知道学生在课堂上要怎样才算达到了学业要求，也不了解日常的惯例和期望。

发展学生的独立性

研究（韦伯斯特，2014）表明，长期依赖助教的学生，尤其是那些接受一对一辅导的学生，与主讲教师及同伴的接触明显要少得多，他们所进行的互动主要来自与助教的合作。

助教与同一学生或同一学生小组的这种密切合作模式引发了“复述教学”问题，即助教只是简单重复主讲教师所说的话；也引发了“无缝”模式，即助教与一名或多名学生之间过于密切的合作以致无意中减少了与其他学生之间的互动。这不但强化了学生对助教的依赖，同时也弱化了学生的自主性——而这正是作为主讲教师需要着力培养的学生品质。研究〔拉塞尔（Russell）等人，2013；韦伯斯特和布拉奇福德，2013；沙普尔斯等人，2015〕表明，助教与学生的互动不同于主讲教师与学生的互动。助教通常优先考虑教学任务是否完成，而不是对教学目标的清晰理解，并提出封闭式而非开放式问题。此外，助教对学生的支持与“用勺子喂食”也有所不同，因为助教通常不会给学生足够长的时间来回答问题。这不仅强行终止了讨论（拉塞尔等人，2013），而且加强了模糊性解释，有研究也表明助教是在限制学习而不是强化学习。然而，只要经过认真配置，助教这些问题都可以被最小化。沙普尔斯等人（2015）建议应鼓励助教重点关注以下方面：

1. 在适当的时间向学生提供适当的支持：这将有助于培养学生的自主性和探究能力，而不是让学生简单地等待助教来告诉他们答案。

2. 鼓励学生在学习中乐于冒险：这与前一点相关。鼓励助教坐下来等待，支持学生提出自己的想法、观点和理解，而不是简单专注于完成教学任务。

3. 起初尽量不要给予帮助，让学生自主完成学习任务：同理，这与上述几点紧密相关。支持你的助教提高学生的自主性：这可以通过确保助教不会一直与同一学生小组或同一学生长时间合作来实现。

4. 使用开放式问题：图 12.1 被建议用于帮助助教（以及主讲教师）开发挑战性和开放式问题。

复杂性 →（横向）；复杂性 ↓（纵向）

	是……	做了……	会……	可能会……	将会……	也许会……
主体						
事件						
地点						
时间						
原因						
策略						

图 12.1　开放式问题的使用

［详见沙普尔斯等人（2015）撰写的《充分发挥助教的功能：指导报告》，伦敦：英国教育捐助基金会。］

反思与讨论

（一）反思

参训教师，请思考怎样通过提问支持学生学习。使用图 12.1 在课堂上提出一些复杂程度递增的问题。

专家教师，请使用图 12.1 为参训教师提供一些问题的范例。以你们或他们正在教授的内容为主题，指导参训教师使用图 12.1 来设计提问，逐渐转向提出越来越复杂的问题。

（二）讨论

参训教师，请讨论研究中指出的问题会对你在课堂上配置助教的方式产生什么影响。

五、如何有效配置助教：实用性建议

本章前文重点阐述了与其他成年人尤其是助教共同开展教学时可能具有的一些优势和问题。本部分将为你提供一些在课堂教学中有效配置助教的建议。研究（韦伯斯特等人，2012）表明，助教在课堂上一半的时间都处于“被动”状态并且听命于主讲教师。如果这个“被动”的时间是计划之外的，那么显然不能有效利用每一个人的时间，也并非一种好的做法。你必须考虑如何最小化这类“被动”时间，并确保学生和作为主讲教师的你在课堂上能够受益于助教的帮助。

你可以尝试使用其中的一些策略，让助教参与主要的教学或讲解中。

(一)助教可以把学生的建议写在黑板上

这一策略不仅可以确保助教在你教授整堂课时能够积极参与课堂教学，并且还有许多其他优点，包括：

1.推进你的教学节奏——因为你不必停下来板书；

2.支持你的行为管理——你不会错过与学生之间的眼神交流；

3.直接教学不会中断——当你将产生的想法记录下来时，不会被打断；

4.助教能够“预见”——他们可以是主讲教师的另外一双“眼睛”，评价哪些学生理解了、哪些学生可能需要帮助、哪些学生很投入等。

但是，这种方法需要你和助教持续进行实践和协商，以确保你们都知道将要写什么、在哪里写以及怎样写。你还需要衡量助教是否适合做这些，至少他们的书写、语法和拼写要达到你要求的水平。

(二)在讨论过程中，助教可以提出特定问题来询问特定群体，例如，接受能力强的学生(HA)或接受能力差的学生(LA)

这种提问能否支持或扩展学习，具体取决于学生自己。然而，重要的是要铭记于心，如前所述，长时间与同一学生合作的做法并不妥当。但是，该方法非常适用于以下情况：

1.鼓励沉默寡言的学生积极参与并表现自我；

2.扩展接受能力强的学生的学习范围，使他们的学习朝不同的方向发展；

3.使主讲教师能够有时间单独辅导这群特定学生，同时助教要支持课堂中的其他学生、检查学生是否专注于教学任务并鼓励学生积极参与等。

(三)在讨论期间，助教可以充当“移动报告者”

当教师单独辅导特定小组、两个或单个学生时，助教可以四处走动并观察学生按照主讲教师引导行事的情况。助教可以倾听：

1.引发的最佳讨论；

2.提出的最佳问题；

3.给出的最佳答案；

4.使用的最佳词汇。

助教随后可以向学生反馈，谁(以及为什么)给出了“最佳答案”、引发了“最发人深省的讨论”等。该策略对助教会有所帮助，因为可以向助教提出一个明确的目标，而不是让其仅仅“关注学生”。如果学生知道有成年人正在认真倾听他们的谈话，也能达到鼓励学生讨论和辩论的效果。

(四)助教可以充当抄写员

助教可以与特殊学生(有行为障碍、注意力难以集中等的问题的学生)合作，并将他们的精彩点子、重点词汇和关键想法写在便利贴上，这样学生或助教就可以在课堂上与全班同学分享。

这是一种收集学生想法的有用方法，不管出于什么原因，要记录下这些学生的建议很难。

(五)助教可以在主讲教师讲解期间与特定学生小组合作，以扩展学习、设定挑战或巩固先前的学习

如果助教可以跟进主讲教师对学生的详细评语，有针对性地支持学生具体某一方面的学习，那么这不失为一种有效的方法。同样重要的是，并不需要一直对同一组学生或在每堂课开始时都使用该方法，但该方法可以确保关键问题得以解决，并给予学生必要的支持，从而使学生的学习可以过渡到课堂教学内容最核心的部分。

(六)助教可以和接受能力强的学生共同制订成就标准

参照教师提供的教学目标，助教可以与特定学生一起制订成就标准。该活动可以很好地扩展接受能力强的学生的学习。同样，这也需要你和你的助教进行详细的交谈，这样助教才会有底气和学生们进行讨论。

反思与讨论

(一)反思

参训教师，请思考我们刚刚讨论过的配置助教的方法。这些方法的优点和局限性分别是什么？

专家教师，请思考你或多或少使用过哪些策略。为什么会使用这些策略？是否有其他方法可能会帮助或启示参训教师？

(二)讨论

根据上述建议，请设计一份你想要和助教在课堂上共同尝试使用的策略列表，开启合作以评价助教的成就。

六、铭记事项

1.当你在制订计划时,思考需要助教帮助的学生数量。

2.确保你的助教不会对接受能力差的学生进行定期辅导,除非是实施简短的、有针对性的并且与课堂学习有明确联系的教学干预。

3.思考如何运用助教的技能及经验辅助你的教学。例如,当你单独辅导一个重点小组时,助教能承担起引导班上其他学生继续完成教学任务、鼓励和支持、回答问题等角色吗?

4.仔细思考如何更大程度地彰显助教的价值,基于你们的关系提早告知助教你的教学计划并得到他们的支持,将促使课堂上每个人都能了解并明确自己正在做的事。

5.科克罗夫特和阿特金森(2015)的研究发现,主讲教师平易近人有助于提高助教的工作效率。基于这一点,你必须抽出时间与助教沟通交流并一起努力成为最高效的合作团队。

本章小结

在本章中,我们探讨了如何有效地配置高技能和经验丰富的成年人。在讨论与助教合作存在的优势及问题时,参考了各类研究成果。可以认为,助教对你和你的班级来说都是真实存在的财富,并且在得到有效配置时可以增强教学的储备。

参考文献

[1] Anderson, V and Finney, M (2008) *I'm a TA not a PA!* In Richards, G and Armstrong, F (eds), *Key Issues for Teaching Assistants: Working in diverse classrooms*. London: Routledge.

[2] Bach, S, Kessler, I and Heron, P (2006) Changing job boundaries and workforce reform: the case of teaching assistants. *Industrial Relations Journal*, 37(1): 2–21.

[3] Bland, K and Sleightholme, S (2012) Researching the pupil voice: what makes a good teaching assistant? *Support for Learning*, 27(4): 172–6.

[4] Blatchford, P, Russell, A and Webster, R (2012) *Reassessing the Impact of Teaching Assistants*. Abingdon: Routledge.

[5] Blatchford, P, Russell, A, Bassett, P, Brown, P and Martin, C (2004) The role and effects of teaching assistants in English primary schools (Years 4 to 6) 2000–2003. Results from the class size and pupil-adult ratios (CSPAR) KS2 Project. *British Educational Research Journal*, 33(1): 5–26.

[6] Blatchford, P, Russell, A, Bassett, P, Brown, P and Martin, C (2007) The role and effects of teaching assistants in English primary schools (Years 4 to 6) 2000–2003.Results from the class size and pupil–adult ratios (CSPAR) KS2 Project. *British Educational Research Journal*, 33(1): 5–26.

[7] Cockroft, C and Atkinson, C (2015) Using the wider pedagogical role model to establish learning support assistants' views about facilitators and barriers to effective practice. *Support for Learning*, 30(2): 88–104.

[8] Department for Education (2011) *Teachers' Standards*. London: DfE.

[9] Department for Education and Employment (1997) *Excellence for all Children: Meeting special educational needs*. London: DfEE.

[10] Department for Education and Skills (2003) *Raising Standards and Tackling Workload: A national agreement*. London: DfES.

[11] Galton, M and MacBeath, J (2008) *Teachers Under Pressure*. London: SAGE Publications.

[12] Gerschel, L (2005) The special educational needs coordinator's role in managing teaching assistants: the Greenwich perspective. *Support for Learning*, 20(2): 69–76.

[13] HMI (2002) *Teaching Assistants in Primary Schools an Evaluation of the Quality and Impact of their Work* (PDF format). London: HMI.

[14] Mackenzie, S (2011) "Yes, but ...": rhetoric, reality and resistance in teaching assistants' experiences of inclusive education. *Support for Learning*, 26, 64–71.

[15] Marr, A, Turner, J, Swann, W and Hancock, R (2001) *Classroom Assistants in the Primary School: Employment and deployment*. London: The Open University.

[16] Ofsted (2008) *The Deployment, Training and Development of the Wider School Workforce*. London: Ofsted.

[17] Russell, A, Webster, R and Blatchford, P (2013) *Maximising the impact of Teaching Assistants*. Abingdon: Routledge.

[18] Sharples, J, Webster, R and Blatchford, P (2015) *Making Best Use of Teaching Assistants: Guidance report*. London: Education Endowment Foundation.

[19] Smith, P, Whitby, K, and Sharp, C (2004) *The Employment and Deployment of Teaching Assistants*. Slough: NFER.

[20] Symes, W and Humphrey, N (2011) The deployment, training and teacher relationships of teaching assistants supporting pupils with autistic spectrum disorders (ASD) in mainstream secondary schools. *British Journal of Special Education*, 38(2): 57–64.

[21] Thomas, G (1992) *Effective Classroom Teamwork: Support or intrusion?* London: Routledge.

[22] Tucker, S (2009) Perceptions and reflections on the role of the teaching assistant in the classroom environment. *Pastoral Care in Education*, 27(4): 291–300.

[23] Webster, R (2014) Code of Practice: how research evidence on the role and impact of teaching assistants can inform professional practice. *Educational Psychology in Practice*, 30(3): 232-237.

[24] Webster, R, Blatchford, P and Russell, A (2012) Challenging and changing how schools use teaching assistants: findings from the Effective Deployment of Teaching Assistants project. *School Leadership & Management*, 33(1): 78-96.

[25] Webster, R, Blatchford, P, Bassett, P, Brown, P and Russell, A (2011) The wider pedagogical role of teaching assistants. *School Leadership & Management*, 31(1): 3-20.

第十三章　教师的专业责任

休·兰伯特

本章目标

1. 帮助你思考什么是安全保护(包括反激进主义议程);

2. 帮助你做好时刻应对的准备,例如,当某个学生向你透露某些小秘密或者你想关注某个学生的言语行为时;

3. 鼓励你思考"英国基本价值观"(FBV)的含义,了解自身的价值观和信念,以及如何将其运用于实践。

一、引言

作为一名教师，尝试广泛的专业角色非常重要，这是你成为高效的、应付自如的教师的关键所在，能够确保你在法定框架内行事，并且规定了你的专业义务和责任（英国教育部，2011）。在当前的教师个体和专业行为标准（英国教育部，2011）第二部分，阐述了教师需要持续表现出高标准的个体和专业行为。然而，事实远非如此简单。教师承载着社会大众的信任，需要为学生创设安全的环境。学生可能会乐意告诉你他们正在努力理解的事情，或者让他们感到沮丧和困惑的难题。他们也许会将你作为学习的榜样，所以你要意识到自己的言语、行为和角色可能对他们产生的影响。

同样重要的是，你要融入学校，成为更广泛社区的一部分。正如尤恩斯（Ewens，2015）提出的，当你刚开始就职于一所新学校时，需要竭尽所能地了解学生所处的社会文化背景。你要明白“学生在进入学校之前就已经形成了自己的观点和期望，这些反映了他们的家长与监护人的信念和价值观”（第213页）。同时，你需要倾听同事的意见、熟悉学校环境、熟读学校规则，以便自己能够自信地成为学校的一员，并清楚学校对你的期望，让你在更广泛的专业角色中发挥作用。

在本章中，通过反思、案例研究、与专家教师交流想法等活动，你将会开始思考专业角色发展所需的方法及策略。你需要了解和理解选择的自由、容忍与避免偏见或歧视性行为，尽管这些行为可能是无意的。你还将探索在保护学生方面需要承担的角色和责任。当在保护学生或保密问题方面需要建议和帮助的时候，你要自信地主动承担责任。本章还将帮助你想办法去支持那些同你分享安全保护问题的学生。

二、价值观、信念和英国基本价值观

我们基于自身的经历——个人的、教育的、社会的、环境的和文化的影响，形成了自己的价值观和信念。作为一名教师，你需要思考自身的价值观和信念是什么，这样你就不会在无意中诋毁他人的价值观，也不会表现出不宽容或缺乏尊重。同样，你需要避免将自己的价值观或信念强加给学生。这对你来说是一个挑战。正如布特罗伊德（Butroyd，2015，第31页）所言：

作为教师，我们总是意识不到自己在传递价值观。学生能够解释价值观，他们不是简单的被动接受者。我们需要意识到价值观并考虑其影响。

海斯（Hayes，2015，第175页）也认为，你需要思考怎样培养自己想要的积极课堂行为，同时又能够抵制不良诱惑……而你的方法就是唯一的方法。

你需要把握好一个平衡，尽管学生想要一名友好的教师，但是又不需要你成为他们的朋友。他们希望你对你与他们的互动方式以及你希望他们相互之间如何互动建立一个期望模型。在你初次教学时，可能很难做到这一点，尤其是当你在培训结束后还没完全适应主讲教师这一角色时。

反思与讨论

（一）反思

参训教师和专家教师，请独立思考以下问题：

请用十个词来描述你的价值观，你认为一名教师应该具备以及如何践行这些价值观？请将这十个词列出来。

（二）讨论

请分享你们的清单并寻找其中的异同。讨论你们自身价值观和信念的重点，阐述在与学生交往时你们为什么要意识到这些。

当你已经积累了更多经验，观摩了各种角色教师的课堂教学，并掌握了什么适用或不适用于课堂时，你关于教学的价值观和信念也会随之慢慢改变并趋于成熟。想要树立合适的价值观和信念，反思学生对你的看法很有必要。

作为一名教师，你将被期望表现出持续的、高标准的个体行为和职业行为。下述内容来自《教师标准》第二部分，界定了期望的教师行为和态度。

教师要捍卫职业的公众信任，并通过以下方式维持在校内以及校外的高标准的道德和行为：

1. 尊重学生，建立相互尊重的关系，时刻遵循适应教师专业地位的恰当界限；

2. 依据法定条文，关注学生幸福保障的需要；

3. 彰显对他人权利的宽容和尊重；

4. 不诋毁英国基本价值观，包括民主、法治、个人自由和相互尊重，以及对不同宗教和信仰的包容；

5. 确保个人信念不以利用学生弱点或可能导致他们违法的形式来表达。

（英国教育部，2011，第14页）

反思与讨论

（一）反思

参训教师，请回想你所在学校的教师或者你观摩过的教师。你是否能列出他们的行为方式，或者他们的所做所言，以反映出上文所强调的教师专业角色？

专家教师，请反思你对教师广泛的专业角色的理解。在课堂中，你是怎么做、怎么说、怎么表现的，从而达到上述期望？请思考你可以和参训教师分享的经验，帮助他们提高课堂教学的专业水平。

（二）讨论

参训教师和专家教师，请对比并讨论你们已经确定的经验，相同还是有所不同？请讨论参训教师在课堂上如何践行已确定的经验。

三、英国基本价值观

“英国基本价值观”这一术语在媒体和学校中引发了一些混乱并引起了激烈的讨论。有些人认为“英国”一词具有排他性而非包容性，而另一些人则认为术语中的“价值观”是针对所有人的积极价值观，并促进了包容性的公民精神。在学校推广这些价值观是你的职责之一，也是学校的职责之一，而且英国教育标准局的检查报告中也强调了这些价值观。英国基本价值观的推广主要通过精神、道德、社会和文化课程以及公民教育，尤其是基于英国义务教育第三和第四关键阶段的教育。

反思与讨论

（一）反思

参训教师，请参见《教师标准》（2011）第221页中的第四点，了解英国基本价值观是怎样界定的。你能想出一些示例向他人解释这一价值观吗？请思考你应该如何向一个对英国一无所知的人解释这一点？

（二）讨论

专家教师和参训教师，请讨论参训教师提出的示例。这些示例与你界定英国基本价值观的方式有何异同？

反思与讨论

情境：在课堂中，你无意中听到一位学生对另一学生穿着的负面评论：“你不可能像我一样拥有漂亮的衣服，因为你爸爸没有工作。”其他学生也跟着嘲笑起来，被嘲笑的学生显得十分沮丧，独自一人坐在远离其他同学的角落。

（一）反思

参训教师，请思考可以采取哪些策略来应对上述情境中的负面评论，从而在你的课堂上建立尊重、宽容和理解的价值观。你知道应该向谁述说吗？你需要记录什么内容？你知道学校解决这类问题的方式吗？如果没有，那么请查找反欺凌的相关政策和程序，以便你能够自信地采取相关行动并在与指导你的专家教师讨论中谈及该问题。

专家教师，请回想在课堂或操场中你是否成功解决过类似问题。你有做记录吗？和谁分享过？

（二）讨论

参训教师和专家教师，请讨论同这类事件类似的相关政策和程序，以及曾经在课堂上所采取的解决这类问题的策略。本部分的后续内容提出了一些建议，希望对你有所帮助。

四、树立尊重、宽容和理解的观念

下文提出的一些建议可能有助于探索课堂实践中的价值观和信念。学校可能有特定的材料和帮助解决所提出问题的访学者，因此你一定要和指导你的专家教师讨论该问题。下文中提到的资源和活动可能会对你有所帮助。

1.圆圈时间——鼓励学生在他们的圈子里对身边的同学说一些积极的事情，或者开展圆圈式讨论，“在……时候我会感到伤心”“在……时候我会感到高兴”。确保学生认为圆圈时间是一个可以释放情感的时间，此时相互尊重非常重要，所有人的任何反应都会得到重视、不会被嘲笑。

2.创建一个朋友圈或利用伙伴系统来支持学生建立友谊小组。

3.角色扮演——换位思考。创设情境并询问学生当他们扮演被欺负或被捉弄的角色时有何感受，借此来培养他们的同理心。讨论他们可以运用的策略，明确他们可以向谁求助，并教会他们如何以自信的方式表达自己的观点。

4.为课堂创造黄金法则，例如，每个人都有学习、被倾听和被尊重的权利——讨论这些规则的重要性，明确其在实践中的样态。这将会帮助学生对环境有一种归属感。

5.将角色重新组合。剪切学生的某种角色，然后让学生将其重新组合。这可以促进对某种角色被打破后是否可以复原的讨论，进而引发关于情感、尊重以及被欺凌或不被重视如何改变一个人的讨论。

6.社会、道德、精神和文化课程讲授了课程、资源以及故事的使用。

7.利用本书第九章所阐述的修复性方法也许会有所帮助。

五、安全保护

本部分你将学习更多关于保护学生的知识。这与上文探讨的价值观、信念和英国基本价值观具有密切联系。这对你思考怎样支持学生学习知识、掌握技能和加深理解至关重要，这样学生就能够掌握相应的策略来应对困境，也能够最大限度地减少冒险行为并做出明智的选择。你需要提前做好准备以便以下情况发生时知道应该怎么行动、应该向谁述说以及如何记录：突然有学生向你透露某些小秘密，或者你想关注某位学生的言谈举止。

保障和促进学生的福利被界定为：

1.保护学生使其远离虐待；

2.避免学生的健康和发展受损；

3.确保学生在安全和悉心照料的环境中成长；

4.采取行动促使学生获得最好的发展。

（英国教育部，2015a，第5页）

“保护学生”是指为保护正在遭受或可能遭受重大伤害的特殊儿童而开展的一项活动。

熟悉学校的安全保护条例对你开展工作是必不可缺的。当你听到学生发生了什么不好的事情后会感到非常不安，但是你要对学校的政策和程序充满信心。当你第一次处理安全保护问题时学校会与你进行交谈，确保你知道应该采取什么行动，以及你需要询问哪些问题。学校也应该考虑保密问题，所以要始终保持专业的态度，不要试图向学生打探可能违反保密规定的信息。表13.1呈现了你需要注意的虐待类型。

表13.1 “共同努力保护儿童”中关于虐待的定义

忽视	情感虐待
如果长时间无法满足儿童的基本生理和心理需求，那么可能会导致儿童的健康或成长受到严重损害 这种情况可能是由母亲怀孕期间滥用药物所导致的 孩子一旦出生，被忽视可能是因为父母或监护人没有做到： 1.提供充足的食物、衣服和住所（包括被逐出家门和被遗弃） 2.保护儿童远离生理和心理上的伤害或危险 3.确保充分的监管（包括不称职的监护人） 4.确保获得适当的医疗护理或治疗 也可能包括不理会或者忽视儿童的基本情感需求	对儿童长时间的情感虐待会对其情感发展造成严重且持久的不利影响。可能涉及： 1.传递出他们只有在能够满足他人需求时才是有价值的，否则就是无用的、无人关爱的或不够优秀的 2.不给他们表达自己想法的机会，故意迫使他们沉默，或“取笑”他们所说的话或沟通方式 3.强加不合适的发展期望；交往超出了儿童的发展能力 4.过度保护和限制儿童的探索与学习 5.阻止儿童参加正常的社会交往 6.看到或听到其他儿童被虐待 7.严重的欺凌使他们经常感到害怕或处于危险中 8.剥削和压榨 所有类型的儿童虐待都会涉及一定程度的情感虐待，尽管情感虐待可能单独发生
性虐待	**身体虐待**
1.无论儿童是否知情，强迫或引诱儿童参与性活动，不一定涉及严重暴力 2.身体接触，包括侵入攻击，如强奸、口交；或者非侵入行为，如手淫、接吻、隔着衣服揉搓和触摸 3.非接触活动，如让儿童观看性图片或参与性活动，诱骗儿童产生不恰当的性行为，借此诱导儿童做好接受虐待的准备	虐待的方式可能包括： 1.毒打、摇晃、抛掷、投毒、灼烧、烫伤、溺水、窒息，或对儿童身体造成伤害的其他方式 2.父母或监护人故意忽视病症或故意诱发疾病，也会造成儿童身体上的伤害 3.致使婴儿和无法自由行走的幼儿受伤

（来源于英国教育部，2015a，第93页。）

六、关于虐待的可能迹象

请记住,专业的判断是最重要的,本书不可能列举所有的虐待迹象。

有些行为可以表明学生正在遭受虐待,但同样的,学生也可能会故意表现出一些并不能证明他们正在受到虐待的迹象。有时学生行为、外貌或健康的变化会敲响警钟,引起你的注意,但并不总是如此。重要的是分开思考每种情况,不要忽视你对学生的担忧。学生:

1. 可能会迟到,或者逃学,或者早到迟退,似乎不想回家;
2. 可能会很安静、孤僻,不愿意与人交流;
3. 议论别人对他们"所做的事情";
4. 脸部、胳膊、腿部或臀部等有瘀伤,他们可能会试图对此进行解释,但不会谈及受伤的原因;
5. 可能会出现明显被忽视的迹象(参见表13.1);
6. 可能很瘦,或缺乏朝气;
7. 可能还有其他难以解释的伤痕,如烧伤、擦伤、咬伤或抓伤等。

反思与讨论

讨论

专家教师和参训教师,请共同讨论学校的安全保护制度。讨论结束后,请参训教师思考是否能够回答下面的问题。如果你(参训教师)不能完全回答这些问题,请与指导你的专家教师交流,以确保你真的清楚应该采取什么行动。

1. 谁是学校指定的保护学生的专门负责人?你是否有机会与他们进行交流?
2. 你知道要和谁交流以及记录什么吗?
3. 你知道地方当局政策制定官员(LADO)的职责吗?
4. 你是否阅读过要求所有教职工都预先阅读的关键文件及相关指南,如要求阅读英国教育部(2016年9月)出台的《保护儿童安全》的第一部分。

无论哪位学生向你透露小秘密,你都需要给予他们安全感,认真倾听并且不要进行评价。本部分的结尾将介绍一些指导思路,但需要你先阅读情境材料再思考你的方法,并与指导你的专家教师一起讨论。

请阅读下面这则情境材料并思考你会采取什么行动。

反思与讨论

情境：你注意一个平时很开心且喜欢和其他同学共同玩耍的学生突然变得非常安静，也不吃午饭了，而且经常不开心，这种状况已经持续了好几天了。课间休息时，刚开始所有学生都待在教室里，直到其他同学都离开了，他才敢与你交谈，问你是否能够帮他保守这个秘密。

（一）反思

参训教师，请思考你将会怎样对这位学生做出回应。

专家教师，如果学生对你说过这样的话，请分享你对他们的回应。

（二）讨论

专家教师和参训教师，你们能构思参训教师可以使用的"脚本"吗？以便他们在这种情况下可以立即做出恰当的回应。

决不向学生承诺保密，这一点非常重要。如果学生因此决定不告知你，你也不能强求他们。你需要记录这种情况，即学生本来想跟你透露小秘密，但是你不能承诺为他们保密后，他们欲言又止。给他们其他机会与你交谈是有帮助的，但是请不要强迫或诱导他们告诉你什么。

反思与讨论

情境：你听到有两位学生在议论杰克(Jake)，他们听到从杰克家中传来很大的争吵声，而且他们的父母看见杰克深夜独自一人待在花园。在课堂上，杰克看起来非常疲倦而且一言不发，对任何与家有关的事情更是只字未提。

（一）反思

参训教师，请思考你将如何处理这种情况。有什么事情是你不确定的吗？做好相关记录，并在与专家教师讨论的时候分享。

专家教师，请思考参训教师在处理这种情况时需要考虑哪些重要事项，你将如何处理这种情况。请在讨论中分享。

（二）讨论

专家教师和参训教师，请讨论以下问题：针对参训教师提出的不确定问题，这种情况中必须做什么，以及怎么做才是有帮助的。可以使用以下问题作为提示：

1.是什么让情况变得如此棘手？

2.需要记录什么以及如何记录，如事件、日期等？

3.针对这位学生及其家庭而言，接下来应该如何帮助他们？

4.谁来跟进这件事？

以下是从反思、讨论和情境材料中总结的一些要点。如果某位学生向你透露了一个安全保护问题，你需要：

1.做一名有效的倾听者。注意你的面部表情，如何才能让学生感觉到你在认真倾听，并且很开心他们愿意向你透露这些小秘密。保持冷静。思考谈话结束后你需要跟他们说些什么。例如，“我很高兴你愿意主动和我谈论这些，我也很认真地听了。现在我需要做的是……”

2.不要随意评判。虽然很难不流露出你的感受，但是如果你表现出很震惊或很生气，孩子可能会认为你在评判他们，他们将会停止与你交谈。

3.千万不要打断学生对事件的回忆。努力倾听而不是质疑，但是如果你确实需要提问，请确保提出的是一个开放性问题，例如，“你还有什么想告诉我的吗?”不要做任何可能会阻碍学生讲述的事情，例如，询问一些引导性问题，或者你自己尝试进一步调查。

4.一定要诚实。不要向学生承诺保密，或者你做不到的事情。学生需要知道，你会怎样尽最大努力来保证他们的安全。

5.做好交谈记录，包括时间、地点、在场人员及交谈内容。要根据学生的口吻进行记录。在学生与你交谈结束后，尽快完成记录。与专门负责安全保护的人员进行交流，他们将会为你提供帮助。

七、网络欺凌

网络欺凌中的一些因素被视为儿童虐待，应该遵循上文讨论的程序予以应对。网络欺凌包括：

1.发送粗鲁或侮辱性的信息，或者羞辱某人；

2.散布不真实的信息故意去嘲弄他人、散布谣言或流言蜚语；

3.故意使用攻击性或极端性的语言，从而享受幸灾乐祸的感觉；

4.故意冒充某人并发布不真实的、令人尴尬的或恶意的内容，故意在群体中孤立某人；

5.此外，网络跟踪可能会触及法律，这取决于具体的所作所为。

对于学生而言，网络欺凌是非常令人痛苦的，你需要思考在学校能够采取什么行动预防这类欺凌的发生，如果你意识到这类欺凌正发生在学生身上，你应该怎么办。确保你自己知晓学校的反网络欺凌政策，以及对于网络欺凌，你要教给学生什么。

反思与讨论

情境：虽然课堂上不允许使用手机，但是你在课堂上听到一群学生在议论他们从另一位同学那里看到的信息和图片，一个年龄大一点儿的学生威胁他们说放学后要“收拾他们”，而且没有人会帮助他们，因为他们没有朋友。你注意到受威胁的学生忧心忡忡，放学后都不敢离开学校。

（一）反思

参训教师，面对这种情况你应该如何处理？请想想学校对这种情况有哪些应对措施？

（二）讨论

专家教师和参训教师，请讨论参训教师提出的解决措施。有什么是他们不确定的？你们遇到这种情况会怎样解决？

八、儿童在线保护

有许多领域需要考虑，包括儿童在线培训和激进主义，这些内容在本章下文将详细阐述。儿童和青少年可能对他们网上聊天的对象缺少防范意识。对于觉得自己没有什么朋友或不合群的处于弱势的儿童来说该现象尤为明显，但事实并非如此。有大量的网站可以帮助保护儿童。

这些网站提供的信息包括：协助儿童和青少年思考友谊和人际关系；提高对危险行为的警觉；如果他们关心自己或他人，就应知道该做什么，该和谁联系或交谈。价值观和信念部分提到的策略对探索这一点也很有用。学校也可能提供特定的资源和范例来帮助学生知道应该怎么做，或者联系谁。所以，请与指导你的专家教师交流这个问题，并熟悉学校使用的资源。

反思与讨论

情境：简（Jane）十分担忧，因为一个朋友告诉她，自己有了新男朋友。但他们之前根本没有见过面，最近几周都是通过Facebook和短信联系，简的朋友认为他们很快就会见面，并让简保守这个秘密。最近课堂中有很多关于网络安全的课程。简会问你一些问题，关于你如何知道网上交往的某个人是否真的是朋友。简没有直接提到她的朋友，但是你非常担心她提出的这些问题的真实含义，可能有人正处于网络诱骗的危险中。

反思

参训教师，如果你担心学生在网上被侵害，你知道应该如何应对吗？请思考这种情况下你要怎么做。请记录任何你不确定的事情并与指导你的专家教师共同讨论。

专家教师，你有遇到过这种情况吗？如果有，你是怎么处理的？如果之前没有，假如遇到了你又会如何处理？

专家教师和参训教师，请讨论遇到这种情况你们将会怎么做。你们是否会采用相同的方法？如果不是，区别是什么？可以使用以下问题作为提示：

1.学校用什么资源来支持对学生进行网络侵害教育？

2.学校是否有教程和范例来支持对学生进行电脑以及精神、道德、社会和文化课程的教学？

3.你需要知晓哪些政策。

4.学校处理网络侵害问题的程序是什么？请反思你是否有所遵循。

5.你可以将自己的担忧向谁诉说？

6.你要记录哪些内容以及在何处记录？

反激进主义议程

该部分与上文内容紧密相关，因为这是一个安全保护问题，如果你担心学生有极端主义或激进化的风险，就需要这样对待他们。学校在这一点上发挥着关键作用。新闻媒体报道了这类案例，儿童和青少年在网络或现实中受极端主义材料或极端主义者影响后，在一定程度上表现出了激进行为。有些学校处于“重点预防区域”，所以你需要核查并确认自己参加培训所在的学校是否属于这类区域。

学校需要广泛且均衡的课程来推行英国基本价值观和强有力的安全保护政策及程序。作为“预防议程”的一部分，学校还需要培训专门的工作人员，他们不仅能够识别有风险的学生并且了解转介程序，还需要保护在校学生免受网络极端主义或恐怖主义信息的侵害。学校有责任抵制极端主义的观点，如同抵制偏见或歧视性的语言或行为一样。

价值观和信念部分也非常重要，因为它通过创建促进尊重、包容和理解他人的课堂环境，来帮助你防止儿童和青少年变得易受极端主义和激进主义的影响。

学校的‘预防议程’基于以下前提：保护儿童免受激进主义危险应当成为学校和保育人员广泛的安全保护职责之一，同保护儿童免受其他伤害（例如，吸毒、帮派、忽视、性侵害）的性质类似，无论这些伤害来自家庭内部还是来自外部影响。

（英国教育部，2015b，第4页）

反思与讨论

情境：你需要教授一堂关于移民的课，鼓励学生在世界地图上标记出他们来自何处。你也要向学生谈及历史上从早期的入侵者、定居者到近期的移民，包括从英国移居到世界其他地方的人。在操场上，你无意中听到一群学生在谈论该堂课，其中一名学生说：“我爸爸说你应该回到你自己原来的地方，因为你并不想融入这里而且你这种人总会制造麻烦。”

（一）反思

参训教师，你会立刻采取什么举措？你、指导你的专家教师、这名学生以及全班学生要如何跟进这件事？

专家教师，请思考如果出现这种情况，你将采取哪些措施来支持参训教师？

（二）讨论

参训教师和专家教师，请讨论参训教师在跟进该事件时需要考虑什么，以及需要记录和报告的内容。你可能还会让谁来处理由此引发的更广泛的问题？

本章小结

本章论述了教师专业角色的各个方面，可能向你提出了一些问题，同时也向你提供了思考广泛的教师专业角色以及自身价值观和信念的机会，思考接下来需要采取什么行动来培养自己对专业角色的自信。

对你而言，最重要的是牢记任何安全保护问题都需要得到解决，并且存在一种全校性的方法。作为一名教师，你也是广义上学校社区中的一员，了解你所教的学生、一起工作的同事、学生家长和监护人以及学校所在的社区，对你的专业发展十分重要。你的课堂应该营造一个安全的环境，儿童和青少年能够提出问题并进行探索，支持制订相关策略以确保他们自身的安全，培养其包容、尊重和宽容的品性。

参考文献

[1] Butroyd, R (2015) Relationships with children and young people. In Denby, N (ed.) (2015) *Training to Teach: A guide for trainee teachers* (3rd edn). London: SAGE, pp.19–32.

[2] Department for Education (2011) *Teachers' Standards.*

[3] Department for Education (2015a) *Working Together to Safeguard Children.*

[4] Department for Education (2015b) *The Prevent Duty Departmental Advice for Schools and Childcare Providers.*

[5] Department for Education (2016) *Keeping Children Safe in Education.*

[6] Ewens, T (2015) The school community: being part of a wider professional environment. In Hansen, A (ed.) (2015) *Primary Professional Studies* (3rd edn). London: SAGE, pp.204–20.

[7] Hayes, D (2015) Establishing your own teacher identity. In Hansen, A (ed.) *Primary Professional Studies* (3rd edn). LondonF: SAoGrE, pRp.1e70–v86i.

[8] Ofsted (2015) *Safeguarding Children and Young People and Young Vulnerable Adults Policy.*

第十四章　教师学术写作策略

埃玛·克拉克　阿什莉·康普顿　简·夏普

本章目标

在学术阅读和写作过程中为你提供以下帮助，包括：

1.如何阅读非小说题材的资料；

2.各类资料的使用；

3.学术写作的标准和特征；

4.反思型写作；

5.审视你的写作。

一、引言：学术阅读

学术阅读本质上是有目的的阅读：通过查找相关信息以达到深度理解。学术阅读的类型包括阅读学术期刊、书籍章节以及政策文件等，应该像阅读非小说类资料一样积极地、有选择性地对待学术阅读，而不是从头读到尾。为了实现积极阅读，重要的是你要清楚自己想从资料中获得什么，这也将促进你的阅读更具选择性和有效性。

1. 检索文献的标题、副标题、章节标题和所有关键词，这些看起来有用吗？如果你不确定，请将资料放在一边，随着你的了解不断深入，能够做出更明智的决定，并且期望能填补你的研究空白时，可以再返回来查找。

2. 浏览前言、结论和每段的首句，这些都可以概述全文内容、寻找关键词或短语。

3. 通过略读来获取对原资料或者你已经确定可能相关部分的整体感觉。

4. 详细阅读可能出现的相关要素，如果遇到不熟悉的概念或术语，那么这一阶段可能需要明显地放慢阅读速度。这样阅读是为了深度理解。

〔恩特威斯尔(Entwhistle)，1997〕

阅读学术性文章要始终保持批判性思维。重要的不是全盘接受呈现的内容，而是质疑假设，测试相关知识及逻辑，评价所提供的论据，思考研究所采用的方法，以及查缺补漏、探寻存在的局限和结果的替代性解释。从根本上而言：质疑，质疑，再质疑！

二、资料

你可以利用各种类型的资料来获取信息。你需要思考自己正在使用的每一类资料存在的优点和局限。在同一个观点中使用多种资料会让你形成更开阔的审视问题的视角。

三、检索策略

对于所有已出版的、可利用的材料，你都需要开发检索策略来帮助自己寻获更多的相关信息。你可能会首先使用互联网搜索引擎和一些关键词查找可用的内容。但是，你不应该只接受出现的第一个条目，尤其是某些公司可以通过付费让他们的网站排到搜索栏的前列。你需要检查资源的：

1. 可靠性——作者是谁？为何而著？

2. 相关性——何处何时而著？

3. 严谨性——论据是什么，或者提出了什么观点？

你也可以使用图书馆检索目录(library catalogue)、期刊数据库(journal databases)或诸如Open Athens等门户网站进行关键词检索。尝试检索同研究主题相关的不同关键词。当你找到相关文献时，检查它的摘要中是否还列出了其他关键词，然后使用这些关键词进行搜索。如果你找到一些相关资料，可以将其视为初始检索资料，并参照其中的参考文献列表找寻额外的资料。尝试使用你找到的资料中提及的作者姓名再次进行检索。始终铭记你可以向友好的图书管理员寻求帮助。在寻找图书时，你也可以利用像亚马逊(Amazon)这样的图书销售网站，通过他们的推荐找到一些相关著作。

表 14.1　资料的类型及其优点和局限

资料	描述	储藏区域	优点	局限
图书 例如：艾丽斯·汉森(Alice Hansen)的《儿童在数学学习中的错误》	范围：从学术讨论到“给教师的建议”	大学图书馆、教职工办公室、书店	可以深入探讨一个主题，同时覆盖一系列相关主题；有利于概述主题；作者通常是该领域的专家	不清楚作者是基于研究、经验还是个人观点而著
同行评审期刊 例如：《教育 3-13》	期刊上发表的学术论文；可能基于研究或更为理论化；通常在4000~5000字	也许可以在大学图书馆找到纸质版，但更多是通过图书馆检索目录或诸如谷歌学术(Google Scholar)和 Athen 等搜索引擎获得电子版	在出版前，相关领域的其他研究者和作者会对文章进行审核并统稿，以此提高可信度；通常是基于研究证据提出结论，以便你自己进行判断	可能会觉得这类学术型文章很难读懂；聚焦研究结论可能无法完全适应你的年龄段、主题、所在的国家背景等
专业期刊 例如：《教师》	趋向于比同行评审论文更短；使用更通俗易懂的语言写作；由教学工会和学科协会等组织撰写	经常是会员付费订阅；通过图书馆和相关组织的网站获得	内容的编辑控制不如同行评审过程严格；语言通俗易懂；经常描述课堂经验，从而更容易与你自己的实践经历相联系	可能是基于个人经验，无法通用于其他情境
政府和相关官方机构文件 例如：《国家课程标准》《英国教育标准局主题报告》	法定文件或咨询文件	通常只能通过政府网站获得电子版	提出官方的立场	注意文件的日期，因为之前政府出台的文件可能已经不再适用于当前；意识到文件背后的政治影响

续表

资料	描述	储藏区域	优点	局限
报纸 例如:《泰晤士报》	《泰晤士教育增刊》是一份专业的教育类报纸,但大多数报纸都将教育相关的故事作为其新闻报道的一部分。报纸分为小报和大报,大报更有名	印刷版和电子版随处可得,而且便宜	拥有最新的信息和前沿观点;提供前沿研究和问题的摘要	英国大多数报纸都有明显的政治倾向,影响着编辑政策和报道方式。小报以危言耸听的故事闻名。记者自己可能也无法完全理解正在撰写的内容
电视或广播 例如:《约克郡的教育》	新闻和纪录片都提供了真实信息,但是戏剧和情景剧可以提供虚构的事例	很容易在现场直播和日益增加的点播服务中获得	用易于接受和引人入胜的方式提供最新信息	与报纸的局限等同
博客和推文 例如:作者迈克尔·罗森	公开分享个人言论;博客文章是非正式写作,如个人日记或日志;推文限制在140个字符内,所以信息量很小	互联网上可以免费获得	针对最新事件发表一系列观点	可能是基于不知情的观点而不是事实;可能是强烈的个人偏见;可能很难确定作者是否是该领域的知名人士
网站 例如:TED演讲(某网站)	聚焦个人经历、观点、事实信息、广告、研究、小说等	搜索引擎可以引导访问大量的网站	容易获取大量的信息;一些网站被认为是可靠的信息源	需要仔细判断网站上的信息是否值得信赖;还需要核实是否存在偏见和利己主义

四、你在检索信息时可能发生的情况的一个示例

2016年8月，有推测认为英国时任首相特雷莎·梅(Prime Minister Theresa May)打算恢复文法学校。在谷歌搜索引擎中，使用“重新恢复文法学校”词条进行检索，出现超过20万个结果。其中一些是近期的报纸文章，例如《太阳报》中的“特雷莎·梅在‘常识的胜利’中让文法学校重获新生”〔贝克(Baker)，2016〕、《卫报》中的“为文法学校的回归找到一个有力的理由？说出来……”〔米勒(Millar)，2016〕。这些展示了不同报纸如何针对同一话题提出不同的观点。搜索“第四电台文法学校”，会出现《或多或少》中一段节目报道是关于文法学校能否提高成绩和改善社会流动性的统计证据，以及《简报室》中有一集节目回顾了保守党对文法学校的态度。

在推特(Twitter)上检索“文法学校”，可以获得一系列由个体和机构发表的推文与博客。检索大学图书馆的目录，会出现关于社会流动和文法学校真实情况的研究论文，以及争论这类学校优点的论文。大多数论文似乎都反对文法学校的恢复，然而国家文法学校协会官网上的研究报告却表示支持文法学校。用图书馆的目录检索关于该主题的图书时不是那么顺利，因为关于这个主题的大多数图书都是20世纪50年代和60年代出版的。亚马逊的搜索结果显示了各所文法学校的历史和文法学校学生的回忆录。但在所有的检索结果中，许多结果都与英语语法有关，而与文法学校无关。

从该示例中，你可以看出对这些资料的整合使用很重要，能够帮助你发展一个更广泛的论点，绝不能单单依靠一两类资料。

五、撰写笔记

做笔记也是一个主动的过程，涉及总结和评价你的阅读。笔记将帮助你记录和组织学习内容，确认需要探索的其他领域，并与其他阅读、理论和实践经验建立联系。笔记可能有四种基本的组织结构：

1.直接在文本上评注或突显，既可以是电子形式，也可以是纸质形式；

2.线性笔记包括要点、编号列表和子类别；

3.表格笔记是基于表格设计的，基本上是需要完成的方框，可以用于比较和集中阅读来回答特定的问题；

4.绘制思维导图或模型笔记对于组织想法和探索联系特别有帮助。

在教研实践中，你可以在不同阶段使用相应类型的笔记。通过开发一种表格来检索资料，以及将最终的笔记生成思维导图，从而开启对问题的组织、论证和深入的追问，这是十分有帮助的。不言而喻，笔记既可以手写，也可以采用电子版，而且像思维导图工具——Inspiration，这样的专业软件也随处可见。

反思与讨论

参训教师和专家教师，请选择一篇近期的政策、报告或研究论文，通过阅读来探究实践者关注的核心问题。比较你们的笔记，找出每个人从文本中获取信息的异同，并思考你们的不同观点怎样以及为何可能影响这一点。

六、引用和杜绝抄袭

做笔记时，你必须采用某种策略去仔细、全面地记录每种来源的参考信息，这将会节省时间，避免之后的麻烦，以及避免无论有意还是无意的抄袭。引用会影响你的思维、为你的写作提供可靠资料，应确保它们容易被识别和追踪。重要的一点是，你要知道自己的笔记中哪些引文是完全照搬原文，可以加上引号，以及哪些引文是你用自己的话来解释或总结的。请记下引文页码，以便于你可以快速进行二次查找。通常情况下，用自己的话解释一段文字或一种观点时，页码也需要作为引文的一部分。当总结一本书、一种理论、一篇文章或某种资料的一部分时，可以不用注明具体的页码。你需要熟悉自己写作的参考和引用要求。

存在一系列简化引用过程的电子工具。大多数电子数据库，如图书馆目录、期刊数据库和谷歌学术等，都有生成引文信息的功能。一些诸如EasyBib的应用程序可以通过扫描条形码生成引文。引文可以下载到诸如EndNote和RefWorks等目录工具中，这些工具有助于保存和重组引文并生成参考文献列表。文字处理程序(如Word)有助于创建系列不同样式的引文和参考文献列表。引用是良好学术实践的基石，从个人和专业发展的角度而言都很重要。

七、学术写作的特征

当同伴或讲师建议你在写作中要“改述”更多，提问要有“批判性”，或者在写作中需要表现出更多的“综合性”时，你也许会发现自己在不断地点头表示赞同。在学术写作过程中，你需要展示很多关键术语。如果你没有完全理解这些关键术语，那么非常容易“卡壳”。本部分的目的之一是让你明白学术写作时常用的一些关键术语，以及如何将其运用到你的写作中。

首先，请思考术语“概述”“改述”和“引用”之间的区别，这些术语经常在讨论你如何借鉴他人的论文或研究时被提及。这些术语是学术写作的重要组成部分，你要有效地运用它们。掌握概述、改述和引用的技巧非常重要，可以增加你论点的分量并充实论点，同时增强行文的深度和广度。

当你在发展写作能力时，这些技巧对比较不同的观点也非常有价值，有时还能帮助你远离与自己立场不同的观点。要运用这些技巧首先需要仔细精确地引用。毋庸置疑，引用是所有学术写作的核心。各学校就如何实现这一目标提供了非常明确的指导，不同大学之间存在较大差异，重要的是你要明确你所在的机构希望你如何引用，然后每一个字母、括号和句号都严格遵循其要求。

概述需要你用几句话凝练作者的成果或研究的要点。概述是一个宽泛的整体观点。例如，如果我们思考墨菲对蛋糕的开创性(或虚构性)工作，他的发现可以概述为：

墨菲(2016)发现，在他的研究中，几乎所有的参与者都认为人们很少吃咖啡蛋糕，而草莓蛋糕和冰激凌蛋糕在六月份已经销售一空。

改述则是一种不同的技巧，即作者的成果或研究中具体的一部分内容被你改写成自己的话语。改述通常要比对整篇作品内容的概述更言简意赅，并侧重于成果或研究的特定领域。与对墨菲成果的概述相比，改述如下：

研究表明蛋糕销售呈现出季节性趋势，墨菲(2016)的研究证实草莓蛋糕在6月份达到销售峰值，而水果蛋糕的销售峰值则在10月份。

引用尽管毫无疑问是三种技巧中最简单的一种，但需要你在选择引文时做出更精准的判断。理想的情况是，你应该只在作者表达得非常好或者通过转述明显无法准确表达作者的主题或观点时才加以引用。引用可以直接摘抄作者的原话，学校通常会规定特定的格式(以下是哈佛大学规定的引文的示例)：

研究结果表明，在英国的受访者中咖啡蛋糕的销售量最低(墨菲，2016，第65页)。

对你而言，要想在学术写作中取得成功，有必要了解其他常用术语，包括综合、评价和质疑，以及理解批判性的含义。

综合涉及从至少两种资料中提取主要观点并发现其中的相似之处。如果你也能够在自己的论文中找到相似之处并建立关联的话，将会产生很好的效果。综合在本质上与分析(分析时你是在分解想法)相悖，因为你正在寻找共同的主题或观点，并使用它们来强化(或诋毁)其他观点。

评价，尤其是批判性评价，是指陈述、观点或研究发现的真实性。批判性评价是通过与他人的观点和研究结果等比较或对比实现的，以此来证明你如何得出最终的结论。批判性评价与描述相反：不是让你告诉读者“是什么”，而是告诉读者“怎么做”和“为什么”。

质疑和批判并行不悖。在学术写作中，质疑并不是指你论文中使用的反问句，而是对你使用和引用的论据提出疑问：

1.论据可靠吗？你怎么知道？

2.研究中是否存在任何明显的(或不明显的)偏见？作者是否明确了与自身研究相关的基本事实，例如，研究访谈(或观察、调查)了多少人？

这也适用于批判性的概念。批判性是指对你引用的资料、作者或研究进行批判性地考查。请记住，仅仅因为他们或他们的成果出现在一本书或一本期刊中，这并不意味着它始终是最高标准。只需要表明你对此有过思考，就可以显示出你的批判性要素。

八、构建论点

教育领域的学术写作就是要确定并构建一个论点，通过一系列恰当的论据来探索这一观点，并得出相应的结论。可以从问题或标题开始确定你的特定观点，确保你能够理解所需内容和关键术语的含义。请思考你已经了解的内容。

用不同的规划策略进行试验。你可以：

1. 记下你想回答的问题；

2. 使用图表使关联更加清晰；

3. 使用流程图阐释过程、顺序或时间线；

4. 自由写作来发现你的所知所想；

5. 着手起草初稿让思路得以延伸。

这一阶段的核心目标是明确你真正想要陈述的内容，可以称为你的论点、观点或中心思想，并用简短的陈述、要点或句子将其表述清楚。本质上，这就是你对这个问题的“答案”。通过选择和组织你将要使用的想法与论据来提出论点，写下该论点可以为你的论文结构奠定基础。确定你想要重点关注的问题，着手整理论据以便深入探索其中的每一个要点。充分利用已经发表的研究成果、政策、课程文件、相关理论观点以及你自身具有的实践性知识。

你现在可以开始起草初稿了，每次完成一节或一段，也许可以从你觉得有信心的问题着手写作。在写作时很容易不自觉地想要展示自身知识的广博，但一定要抵制这种诱惑，集中精力深入研究一些问题。每一部分应该：

1. 与问题或主题相关；

2. 详细探索问题的各项细节（分析），确保每个部分与中心论点具有清晰的相关性（评价），以及在回答“那又怎样”的问题之前，进行一些语境化的描述；

3. 展示不同观点和问题之间的联系，并为读者清晰地呈现过渡。

你的结论应该：

1. 重新回到主题；

2. 总结呈现的论点和论据来支持你的观点，并与你自己作为实践者的经验建立联系。

更高层次的要求：

讨论更广泛的含义，例如，察觉到政策与哲学或实践之间的关系。

最后，最容易撰写的前言应：

1. 反映问题或主题；

2. 明确你特别关注的某一方面和情境；

3. 界定重要概念；

4. 概述有待探索的主要问题；

5. 清晰呈现你的论点。

九、学术水平

学术写作就像是一种奇特的野兽,事先得到警告就能有备无患。表14.2旨在让你全面了解不同的学术水平都有哪些相应的特征,展示了在研究过程中你需要在学术写作方面取得的进步。当你在校对或者重新起草作品时,该表格也可以成为检查清单的基础项。这些标准摘自《高等教育资格框架》(FHEQ,2014),涵盖了英格兰、威尔士和北爱尔兰等地所采用的标准。其中苏格兰学分和资格框架(合称为"SCQF")的要求大致相似,但如果你在苏格兰学习,那么有必要详细研究其具体要求。

表14.2　《高等教育资格框架》

《高等教育资格框架》(2014)	水平4	水平5	水平6	水平7
	本科一年级	本科二年级	本科三年级且具有专业的教育学证书	教育学硕士研究生
知识与理解	基本概念的相关知识	知识和批判性理解;在新的情境中应用	系统性理解和概念性理解;一些属于学科前沿	以批判性思维对当前问题的系统性理解和概念性理解;在应用中的独创性
知识局限性	不适用(N/A)	认识到自身知识的局限性及其对分析数据的影响	认识到不确定性和模糊性	在缺乏数据的情况下做出合理的判断
探究	呈现、评价和解释数据	关于探究的主要方法的知识;对数据的批判性分析	独立探究和分析	对方法的全面理解;对方法论的评价
问题解决	评价方法	批判性的评价方法;提出解决方法	批判性评价;做出判断以得出一系列解决方法	处理并解决复杂问题的独创性
交流	结构化、条理分明的论点;清晰	形式多样;专业和非专业的观众	专家和非专家	了解专家和非专家
自学	在结构化和管理环境中发展技能	承担责任	管理自我的专业方法	持续专业发展(CPD)的主动性

〔来源于高等教育质量保障局(QAA),2014。〕

在检查和重新起草你的论文时需要考虑以下问题，是否呈现了：

1.你对学科主要领域的理解？

2.与其他领域有何联系？

3.讨论你所在领域主要的理论学者、原理以及问题？

4.采用哪些资料可以进行比较和对比？

5.尝试加以综合？

6.逻辑思考和分析？

7.对他人论点的批判性评价？

8.支持和发展自身论点的证据？

9.(如果合适的话)清晰地展示、分析和评价你的数据？

10.论点的多面性？

反思与讨论

参训教师，通过阅读表14.2，你认为自己已经达到或超越了哪些方面？哪一点对你最具挑战性？

专家教师，请浏览水平6和水平7的标准，能看出这些与你作为教师这一角色的联系吗？

参训教师和专家教师，请讨论如何在专业情境中恰当地应用相关水平的标准来支持你的专业实践。

十、写作类型

课程可能会要求你怀揣不同目的为相应的读者尝试不同类型和不同风格的写作。表14.3列出了一些你可能需要掌握的写作风格，以及每种风格的一些关键特征。大学可能具有特定的指南，确保你仔细阅读了相关要求。

表14.3 写作类型及其主要特征

写作类型	关键特征
学术论文	1.正式的、篇幅较长的写作 2.发展和维持论点或某种特定视角的观点 3.需要广泛地阅读背景材料、参考文献和使用大量的资料 4.必须正确且准确地呈现使用过的参考资料 5.客观地写作 6.可能是为广大专业人士和学术读者所著(特别是如果考虑出版的话，可能要经过同行评审) 7.经常计入机构的相应奖励 8.可以以电子版方式提交

续表

写作类型	关键特征
研究报告	1.正式的、篇幅较长的写作 2.可能以第一人称或第三人称撰写 3.经常出现在特定的副标题(例如,摘要、前言和方法论等)下面 4.清晰引用并呈现定量数据、定性数据或两者都有 5.分析所收集的数据,得出结论和建议,通常期望能够展示出这些会怎样影响你的后续实践 6.需要广泛地阅读背景材料、参考文献和使用大量的资料 7.必须准确地呈现使用过的参考资料 8.可能是为广大专业人士和学术读者所著(特别是如果考虑出版的话,可能要经过同行评审) 9.经常计入机构的相应奖励 10.可以以电子版方式提交
教学计划	1.通常以表格形式出现在特定的副标题下面 2.通常只是为了给你自己或你的指导教师提供参考,所以不需要遵循任何学术惯例 3.可以使用缩略语、缩略词、首字母缩略词、笔记和权威观点 4.通常被看作一种工作文件,所以积极鼓励评注、强调等 5.通常为打印稿,可能需要很多份(一份给你,一份给你的指导教师)
学生报告	1.被许多不同的读者阅读,通常包括班主任、家长和学生 2.需要准确地措辞,但同时也应容易被父母(也可能包括学生)理解 3.通常需要综合使用专业语言和日常用语来报告学生的进步,同时也表明你很了解他们 4.可能以第一人称撰写 5.不能使用首字母缩略词、缩略词和缩略语 6.通常呈现在副标题下面 7.可能包含照片(视学校的具体要求而定) 8.通常可以是电子稿或打印稿 9.学校通常有非常具体的指南来说明应该如何撰写,包括强调正确的拼写、语法和标点符号的正确使用
反思日志或博客文章("博文")	1.通常是私人的,为了促进自身的发展 2.读者可能是学校的专家教师和大学教师 3.通常以非正式的语气撰写,可以使用笔记、权威观点或副标题 4.可以遵循一种特定的格式,但通常期待描述相关事件、你的反应以及对将来的影响 5.可以使用缩略语、缩略词、首字母缩略词、笔记和权威观点 6.通常被看作一种工作文件,所以积极鼓励评注、标注等 7.可能以第一人称撰写 8.可以是电子版或纸质版 9.通常根据《教师标准》评价教师的发展

续表

写作类型	关键特征
介绍信或简历	1.正式的,以第一人称撰写 2.通常遵循特定的格式和结构 3.可以使用权威观点 4.不能使用缩略语、缩略词、首字母缩略词和笔记 5.这通常是对你的第一印象,因此需要非常仔细地校对和编辑 6.通常简明扼要 7.可以是电子版或者纸质版

反思与讨论

参训教师,请思考你作为一名合格教师或参训教师,可能被要求的所有类型的写作。是否符合上述类型?还有其他不同的类型吗?如果有,请列举。

专家教师,请检查参训教师所确定的写作类型。这些与你作为合格教师时列出的写作类型相同吗?请讨论你们共同确定的不同写作类型,以及可能采取的形式,例如,学校自评文件、教育健康和护理计划以及课堂时事通讯等写作类型。

参训教师和专家教师,请讨论教师的各类写作类型中存在的"非协商性"。例如,拼写和语法错误是否可以被接受?学校对此有何指导?你能制订一项行动计划来为参训教师的书面英语写作提供支持吗?

十一、反思型写作

第一章详细探讨了反思性实践,包括引用了"反思性实践者"(舍恩,1983)和科尔布的"经验学习"(1984)的概念。舍恩的事后反思以及科尔布的反思型观察和抽象概念化可以通过练习反思型写作得到发展,这类写作有时候被称为"学习日志",因为在写作过程中,反思有助于澄清概念,促进新的学习(穆恩,2006)。仅仅拥有这些经历并不足以保证从中有所学、有所获,许多大学要求特定形式的反思型写作来促进这类学习。穆恩(2006)提出了各种技巧来发展反思性实践,包括对关键事件的分析,即你描述了一个重大事件后仍需要多问几个"为什么"来进行反复修改和完善,并从简单描述过渡到对本质问题的深层次分析。你也可以引入理论、深度观察及其他相关的知识和经验。因为强调的是个人学习,反思型写作是用第一人称来完成的。

十二、审阅你的成果

一旦你完成了初稿，接下来需要审阅你的成果。这一过程可以分为三个阶段。

第一阶段，检查你的写作内容及其连贯性（确保要点的关联性和成果的流程性）：

1.你的论点或观点清晰吗？

2.比较前言和结论。你已经完成了自己一开始确定好的所有内容吗？

3.结构是否符合逻辑？

4.相关问题之间的联系是否清晰？

5.过渡是否明显？

6.是否对成果中的每个问题及整篇内容都反问过"如果……会怎样"？

如果你的成果篇幅偏短，请思考是否有足够的论据支持你的论点，包括相反的观点，以便加强你分析的深度。相反，如果你的成果篇幅偏长，检查每一段和每一句是否有重复，尽可能在不改变原意的情况下进行删减（例如，"换言之……"），这样，你的成果就会更加言简意赅。

第二阶段，校对拼写、标点符号和语法（SPAG）：

1.如果可能，请将你的成果搁置48个小时。

2.打印出来。

3.慢慢地大声读出来。这样的话，你才可能阅读自己真实的成果，而不是你想象中的成果。如果一个句子很难读懂，请检查语法和标点符号。

4.核实"拼写检查程序"是否设置为英式英语格式。

5.注意普通文字处理软件中的绿色（或红色、蓝色）波浪线（语法检查程序），它不是绝对正确的，但很有用。

第三阶段，再次检查参考文献。对照参考文献列表检查脚注，对照脚注再次检查参考文献列表，确保它们符合你所在学校的规定。

本章小结

本章阐述了你可以用来学习更多关于教育、学习和教学的资料，以及如何用批判性方法来进行学术性和专业性的写作。为了完成学术任务，你需要确保自己达到了相应水平的要求。显然，这些关于学术阅读和写作的技能不只是为了完成任务，而是与你的整个教学生涯密切相关。为了与时俱进，持续不断地阅读十分重要，但尤为重要的是批判性阅读，而不仅仅是盲目地接受最新思潮。作为一名教师，你将为不同的读者进行专业写作，而你在学术写作中培养的技能将在这方面派上用场。

参考文献

[1] Baker, N (2016, August 6) Theresa May to bring back grammar schools in 'victory for common sense'. *The Sun*.

[2] Entwhistle, N (1997) Contrasting perspectives on learning. In Marton, F, Hounsell, D and Entwhistle, N (eds) *The Experience of Learning: Implications for teaching and studying in Higher Education*. Edinburgh: Scottish Academic Press.

[3] Kolb, D (1984) *Experiential Learning: Experience as the source of learning and development*. Englewood Cliffs, NJ: Prentice-Hall.

[4] Millar, F (2016, August 23). Got a good argument for the return of grammar schools? Bring it on... *The Guardian*.

[5] Moon, J (2006) *Learning Journals* (2nd edn). London: Routledge.

[6] Quality Assurance Agency (2014) The frameworks for higher education qualifications of UK degree-awarding bodies.

[7] Schön, DA (1983) *The Reflective Practitioner: How professionals think in action*. New York: Basic Books.

第十五章　国际培训师导师指南：训导与教导

亚当·霍恩斯洛·艾尔

本章目标

1.向你介绍教导与训导之间的区别；

2.讨论怎样以及何时使用教导和训导的方法，以确保它们更有效；

3.在不同“水平”的实践共同体情境中考虑教导和训导的复杂性，以及可能存在的紧张关系（如果存在的话）。

反思与讨论

（一）反思

参训教师和专家教师，请写出教导与训导的简要定义*以及两者之间存在的三点主要区别。

（二）讨论

参训教师和专家教师，现在请分享你们写下的定义以及三点主要区别*。开始讨论你们对各自写下的定义和区别的比较结果*：是相似的还是大相径庭的？这会如何影响你们教导与训导*的经验？你们怎样着手克服这些区别？

（*该活动可以集中于一个或两个学期，也可以作为两个不同的活动完成，活动间隔数周或数月。在这两种情况下，都可以忽略主要的区别，继续分享你们的定义。）

一、引言：一个类比

作为最初的起点，教导可以描述为被教导者与经验丰富的他人之间更直接的、"手把手"的关系。在教导关系中，双方的讨论将集中于思考与专业标准，通常是与国家标准相比，被教导者取得的成就。训导可以描述为在两位专业同事之间"保持一定距离"的关系。在训导关系中，双方的讨论将集中于与商定的标准或自行制订的标准相比，受训教师取得的成就。这两种关系都是建立在专家教师（或训导教师）与参训教师（或受训教师）或同事之间（分别地）相互信任的基础上。

该过程类似于教人学骑自行车。在这个类比中，学习的最初阶段呈现出一种教导关系：有经验的骑手可能一步一步地"手把手"地教新手，在给他们建议和鼓励的同时，扶着自行车的椅背和把手。所提供的建议将反映成功骑自行车所需达到的标准："先抬起一只脚，一脚踩在地板上，一脚踩在踏板上，用力蹬。"学习骑自行车的最后阶段类似于训导关系。两个人现在都已经会骑自行车了：更熟练的骑手可能站在离经验较少的骑手有一段距离的位置，给予鼓励并提出问题。所提出的问题将反映更熟练骑车的标准："……当你掉头时你需要记住什么？在拐角处时你需要以多快的速度转动你的把手？……"即使从这个最初的类比中，也可以看出教导关系与训导关系之间的区别既不是离散的，也不是固定的。

二、教导关系

对参训人员进行教导是目前教育、医疗和工业等各个领域发展的普遍方法。这种方法的广泛传播可能令人惊讶，因为它的起源是矛盾的。"导师"一词来源于荷马史诗《奥德赛》中的人物角色门特（Mentor）。在这部诗意的史诗中，门特是奥德修斯（Odysseus）委托留在家里的老朋友，他既要照顾奥德修斯的儿子忒勒玛科斯（Telemachus），也要照看他的宫殿,而奥德修斯则离开去参加特洛伊战争(Trojan War)。但是,门特在《奥德赛》中作为一个值得信赖的"家庭仆人"的角色受到了质疑。他是一位有经验的长者——忒勒玛科斯的老师和监护者,但他在更广泛的角色中却丝毫没有发挥作用。当这位名义上的英雄奥德修斯结束了20年的冒险之旅返回家中时,他发现自己的宫殿被年轻的贵族们侵占,这些贵族们还追求他的妻子佩内洛普(Penelope)并强迫她再婚,以此剥夺了他儿子忒勒玛科斯的长子继承权。

当代研究表明,虽然教导是一个普遍存在的术语和方法,却很难进行界定与实施,这进一步强化了最初门特的这种无能为力的特征。高希(Ghosh,2013)最近的一次系统性回顾表明,仅在教育领域就确定了十二种对教导的不同定义。

表15.1　教导的定义

学者	教育领域中教导的定义或描述
安德森和香农(Anderson,Shannon,1988)	教导是一个培养过程,在这个过程中,一个更熟练的或更有经验的人,作为榜样、教师、赞助者、鼓励者、忠告者,与一个不太熟练的或缺乏经验的人交朋友,这样做的目的是促进后者的专业发展及个人发展
雅克(Jacques,1992)	教导不仅仅是有效的实用工艺技能,还是一个将实践和原则传递给另一位成年人的过程
阿迪(Adey,1997)	教导是一位经验丰富的教师与一位新手教师之间的相互关系,后者的期望是无论在课堂还是更大范围的学校,他们的"关键朋友"都会为处于发展阶段早期的新手教师提供必要的、接受挑战的机会
博伦和尼戴(Boreen,Niday,2001)	教导不仅仅是一个提供建议的机会,也是倾听和提问的双向交流
费尔班克斯等人(Fairbanks et al.,2000)	教导由复杂的社会互动组成,指导教师和新手教师为了各种专业目的而进行建构和协商,以此回应他们身处的情境
费曼·内姆瑟(Feiman-Nemser,2001)	教导是一种教育实践,基于对优质教学和理解教师学习的明确愿景,从而超越强调情境适应、技术建议和情感支持的传统方法
埃瓦亚等人(Awayaa et al.,2003)	教导是专家教师与新手教师之间的一种特殊的私人关系,避免导致与监督模式相关的狭窄层级,并且在双方之间存在一定程度的自由选择
史密斯和英格索尔(Smith,Ingersoll,2004)	教导通常是学校中由经验丰富的教师为新手教师提供的个人指导

续表

学者	教育领域中教导的定义或描述
洛佩斯-里尔和宽(Lopez-Real,Kwan,2005)	教导可以被看作一个重要的二元体,是一种协同工作的关系和过程
林格伦(Lindgren,2005)	教导关系可以被视为一个过程,新手教师(参训教师)作为学习者具有最佳的参与方式和建设性的自我意识,专家教师自身的发展是有潜力的,因为新手教师的问题、价值观和行为为其提供了未实现的和新的可能性
李和芬(Lee,Feng,2007)	教导是通过更富有经验的专业人士的指导和支持来实现参训教师的社会化
霍布森、阿什比、莫尔德里斯和汤姆林森(Hobson,Ashby,Malderez,Tomlinson,2009)	教导被定义为经验丰富的实践者(专家教师)对新手教师或经验较少的实践者(参训教师)的一对一支持,主要是协助新手教师发展专业知识和专业技能,并促进他们融入专业文化(这种情况下是指教学)和特定的地方情境(这里是指学校)

〔数据来源于高希(2013)。〕

反思与讨论

(一)反思

参训教师和专家教师,请回顾上述高希所梳理的教导的定义。哪一种教导的定义能与你产生共鸣,或与你产生共振?请明确是定义的哪方面吸引了你?

(二)讨论

参训教师和专家教师,现在请交流你们所选择的定义,以及吸引你们的具体方面。你们的选择是完全一致还是截然不同?在你们教导关系的建立和发展中这意味着什么?

三、教导的共同特征

从高希的系统性回顾中可以清楚地看出,教育领域对教导的界定较为模糊,而且众说纷纭。但是,在所有定义中,也有可能存在一些共性。毫不意外,教导被定义为新手教师与经验更丰富或更熟练的实践者之间的互动。然而,这种互动分别被描述为“成为朋友”“扮演关键朋友”“支持”以及一个“过程”或“培养过程”,有时还带有挑战因素。除了对经验较少的实践者和经验更丰富的实践者之间关系的描述外,还有一个共同的关注点在于:教导是一个“社会化”的过程或“实践与原则”的引入,并强调诸如倾听和提问等技巧。

反思与讨论

讨论

参训教师和专家教师,教导关系发展成"友谊"的利弊分别是什么?

1.在轻松、友好的关系中更容易接受发展性反馈?有可能最大限度地提高新手教师的理解力和改进其后续表现?

2.对朋友负责可能更难,会导致教导关系无效或过于"亲密"?请共同讨论。

本章接下来的内容将关注教导关系新出现的共性以及倾听和提问的技巧,本章最后将探讨与实践共同体相关的社会化的第三个共性。

四、成功教导的几个方面:建立关系

前述可知,建立教导关系不可能是贯穿整个教导期间一成不变的一个简单"事件",相反,专家教师和参训教师都将进入一个动态的发展过程。这种动态的关系必然会受到一系列因素的影响。这些因素可能是个人的或专业的:个人因素包括专家教师和新手教师各自的年龄和性别,而专业因素则包括参与者潜在的"教育哲学"知识,例如,在某种程度上以儿童为中心。这些因素自身并不会妨碍牢固教导关系的建立,实际上,明确关注这些个人和专业因素可能会形成一个有趣的视角,从而促进教导关系的形成。

反思与讨论

反思

参训教师和专家教师,请思考可能的破冰活动,以此建立彼此之间融洽的关系。简言之,一次"了解你"的初次会面对建立教导关系非常有帮助。但是,这种初次会面可能会使人"紧张",因为专家教师和参训教师彼此还是陌生人。一个预先安排好的类似于以下描述的破冰活动,也许可以提供一个起点。

1.通过写下五个要点或提供五张图片,分享你的职业愿景或教育信念。

2.简历交换——完成一份带有分类要求的常用形式的表格,以便发现专家教师和参训教师更广泛的经验,例如,"隐藏才能""曾经养过的所有宠物""内疚的电视乐趣"。

3."我的学习之旅"海报设计——海报演示是通过使用电子演示软件展示20张图片,每张图片呈现20秒。图片自动播放,你可以根据图片进行交流。

在建立了这种关系之后,接下来可能是确定(或反思,如果文件中有具体规定)专家教师和参训教师的角色及职责。坚持每天或每周的例行公事有助于形成一种有利可图的合作关系。对于双方而言,在教导关系的初级阶段始终坚持达到这些期望有助于增强双方之间的信任，这一点至关重要。随着关系的成熟，可能会更灵活地审查或满足这些角色和职责的需求(例如，因为学校的其他任务，把每周的例会从某一天改为另一天)。

反思与讨论

反思

情境：各方同意在周四结束时召开每周例会，审查下周计划制订的进展情况。

参训教师，你的一周没有按计划进行。但现在已经是星期四上午了，你仍然没有任何材料可以带到例会上，你会怎么做?

1. 等到会议结束时，才坦白自己没有可供商讨的材料。
2. 试图利用周四白天的时间“拼凑”一些材料。
3. 通过电子邮件(在星期三晚上或星期四早上)向指导你的专家教师坦白自己缺少相关材料。
4. 星期四早上的第一件事就是向指导你的专家教师当面坦白缺少相关材料。

专家教师，你的一周没有按计划进行。现在已经到了星期四早上，今天结束时可能无法举行例会，因为你马上要参加高级领导团队会议。你会怎么做?

1. 申请不参加高级领导团队会议，而去和你的参训教师召开例会。
2. 在与参训教师见面后，尽快赶去参加高级领导团队会议。
3. 通过电子邮件取消与参训教师的本周例会。
4. 当面告知参训教师本周的例会取消。

维持动态教导关系的关键在于专家教师与参训教师在问题出现时合作解决问题的能力，以及专家教师感觉参训教师有多大可能可以独立应对新出现的挑战。解决问题的能力反过来又会受到新出现的关系是“正式的”还是“私人的”的影响。这两种方法都是可行的，但只有当专家教师和参训教师之间的期望不匹配时，才显得至关重要。

如前所述，教导的某些定义将该关系视为专家教师有义务与参训教师(在一种更私人的关系中)“成为朋友”。另一些定义则强调(在一种潜在的、更正式的关系中)“进入这个行业”。上述活动中的建议试图缓和与预期的任何不匹配，否则这些不匹配可能会导致参训教师认为专家教师的实践是“有害的”。“有害教导”(toxic mentoring)或“无能的指导教师类型”(disabling mentor types)术语源于20世纪80年代达林(Darling)的医疗保健研究。达林定义了四种类型的“有害教导”。

表15.2 “有害教导”的类型(达林，1986)

类型	特征
逃避型	一位难以捉摸的专家教师，永远无法帮助学习者设置和回顾他们的实践与目标，或为他们提供支持、挑战和角色模型
阻碍型	专家教师过度监督或隐瞒知识和信息，从而阻止学习者学习，阻碍他们的发展

续表

类型	特征
毁灭型	专家教师利用挑战和策略,诸如羞辱,摧毁学习者的自信
抛弃型	这种类型的专家教师相信"听任沉浮、不论好歹",常常会故意将学习者置于他们能力所不能及的境地

有必要强调的是,这些行为中至少有一部分(逃避型或抛弃型)可能会受到更广泛的制度压力的驱动,"听任沉浮、不论好歹"可能是对形势的恰当反应。正是这些类型教导的持续应用才使得它们变得"有害"。重点在于建立一种教导关系,无论这种关系最终以何种形式出现,这一点非常重要。钱伯斯等人(Chambers et al.,2002)发现,参训教师普遍关注的三个问题(导师与学生之间的关系、学生预期工作量以及在校学生对专业形象的看法),以促使他们终止中学专业教师学位证书课程的学习。

反思与讨论

反思

钱伯斯等人发现,从1996年到1997年,中学专业教师学位证书课程的退学率从相对稳定的每年5%~6%上升为每年11%。目前的退学率似乎在每年15%左右徘徊。是什么导致了这些变化?会对学校的教导和训导实践产生什么影响?

为了维持和发展专家教师与参训教师之间的有效关系,无论采用正式的或非正式的方法,以结果为中心的协作解决问题的态度最为关键。《教师标准》(英国教育部,2011)和任何与课程相关的文件中对结果的关注都可以形成一个中立的焦点,围绕该焦点,讨论需要采用哪些方法才能达成这些结果。这样的协作讨论可以清晰地为参训教师制订一个可达到的目标,并为专家教师提供明确的观察要点。

接下来的讨论是提供(展示)什么证据来证明专家教师和参训教师都一致认为已经达到的一个结果。李等人(Lee et al.,2006)将这一整体前景描述为"解决、再解决、进展"。这种观点引出了最初的协助解决问题的过程,接着是对改变实践的承诺,并以一个令人难忘的术语回顾了改变所产生的影响(这个术语对下文关于训导的讨论也很有用,因为训导教师会抵制"解决"问题的因素,并由受训教师接受)。

反思与讨论

反思

是否可以将"解决、再解决、进展"的方法应用于上文中周四例会的情境中?

参训教师和专家教师,请反思上述情境,你们将会从中产生什么"解决方案"来指导发展中的教导关系呢?

五、成功教导的几个方面:倾听和提问

在动态和扩展的教导关系中,专家教师和参训教师之间开放与清晰的沟通渠道显然至关重要。一段成功的教导期需要专家教师和参训教师都掌握良好的倾听和提问技能。

积极倾听,全神贯注于所说的话,用所有的感官"倾听"(观察肢体语言和面部表情),并且专家教师和参训教师都需要全身心关注言说者。但是,倾听很难真正活跃起来。琼斯等人(2006)对积极倾听的潜在障碍进行了有趣的分析,如表15.3所示。

表15.3 积极倾听的障碍

积极倾听的障碍	具体表现
"装样式"倾听	对言说者所说的话妄下结论;把大脑封闭起来,因为"我们学不到什么新东西"
"开关式"倾听	在课堂上我们花时间去思考接下来要说什么;当这种情况发生时,我们并没有听到言说者在说什么
"虚假式"倾听	我们看着言说者,但是并没有在听,因为我们的心思在其他事情上
"预警式"倾听	我们屏蔽或打断言说者,因为关键词引起了情绪反应
"主动式"倾听	重复事实,却不断遗漏新的事实:这是过度使用肯定的反馈所致。重复对方的话语,点头,过度频繁地说"嗯"
"逃避式"倾听	不听或要求澄清,因为觉得主题太难或太复杂
"结果式"倾听	我们已经决定了结果,因此,抗拒自身的思想和观点受到挑战
"主题式"倾听	事件的细节和事实变得比人们自身所说的话更重要。存在忽视关键事实和言说者言论的危险
"零"倾听	允许外界干扰(走廊噪声、电话等)分散我们的注意力

这些不积极的倾听方式可能是由于时间压力和工作负担或"阻力"造成的:部分参训教师接受建设性、批判性的反馈,或部分专家教师承认创新实践挑战了他们的假设。了解这些障碍对积极倾听的危害,将有助于教导关系变得更加开放和有效。

反思与讨论

反思

参训教师,你已经设计并教授了一堂"创新课"。你的指导教师在每周例会上对这堂课保留意见,但是同意你尝试这种方法。这堂课并没有完全按照计划实施,事实上,专家教师提出的许多潜在问题都发生了。在对这堂课的反馈中,你将如何保持积极的倾听?

专家教师,参训教师设计并教授了一堂“创新课”,你对此保留意见,并在每周例会上做出了明确的表示。这堂课远远超出了参训教师的预期,学生们大声呼喊,表示期望“所有的课程都要这样上”。在对课堂的反馈中,你将如何保持积极的倾听?

专家教师使用一系列问题类型的能力,以及适当的提问方式,将对教导关系产生重要影响。提问是向学员提供反馈的必要组成部分,反馈往往发生在参训教师发展的“关键”时期(因此也会带来压力)。虽然封闭性提问(引出“是”或“不是”的回答)和开放性提问(引发更广泛的答案)之间存在明显的区别,但是除了积极倾听外,对成功提问影响最大的是提问的开放性和“问题链”中采用的多样方法。

就一系列问题或一个“问题链”而言,最常用的方法是将其比作漏斗或金字塔。在漏斗方法中,问题链从非常普遍的提问发展为逐渐集中(并有潜在的针对性)的提问。在金字塔方法中,问题链正好相反,是从一个非常聚焦的初始问题(也许是针对已经发生的一个关键事件)开始的。虽然“问题链”的方法很重要,但是可使用的提问范围也十分重要。表15.4列出了一些可能的问题类型,阐释了它们的目的并提供了可能的范例。

表15.4　可能的问题类型

问题类型	目的	最初的想法
诊断	找出问题根源,从原因中剥离症状,并及时反思经验	1.为什么你认为他们会做出那样的反应 2.在这件事之前发生了什么 3.你对此有何感受
信息探寻	收集事实,避免做出假设,确保你对情况有真实的理解	1.你对此有何反应 2.你对此做了些什么 3.你考虑了哪些选择
探索	让某个人多说话	1.你能不能多说一点…… 2.你能把这个想法再扩展一下吗 3.也许你想告诉我……
缓冲性挑战	探讨其他可供选择的观点 用具有挑战性的问题来缓解对抗感(如果认为必要的话)	1.你这么说的原因是什么 2.是什么让你得出了这个结论 3.你认为其他人会这么看吗 4.我很好奇…… 5.我想知道…… 6.你能告诉我……吗
行动	促进深度思考和行动计划	1.能做些什么来改善现状 2.你如何才能做到这一点 3.具体而言,你打算做什么

续表

问题类型	目的	最初的想法
优先和顺序	进一步梳理要做的事情及其顺序,澄清思路,并将任务分解成可管理的任务块	1.你首先要做什么 2.下一步行动是什么 3.是否有一个合乎逻辑的顺序推进下去
预测	管理风险,解决已提议的行动方案可能产生的任何问题	1.如果你采取这种行动,你的预期结果是什么 2.这可能会带来什么后果 3.还有其他可能的后果吗
假设	预演或"构想"一个已提议的行动方案	1.如果……你会怎么做 2.你将如何处理…… 3.如果你做了……你认为会发生什么
扩展	发展批判性思维技能	1.这意味着……吗 2.你从……得到了什么真知灼见 3.你从这次事件中学到了什么
普遍化	推动进一步反思,并将变化纳入未来的反应系统中	1.有什么普遍性原则可以用于其他情境吗 2.下次你能做什么不同的事情 3.这种情况和你处理过的其他情况有什么相同之处吗
总结	确保或检查以强化理解	1.所以,你说的是…… 2.我听到的是…… 3.从你的角度来看……

(改编自墨尔本大学教导工具,出版日期未注明。)

除了"问题链"中的漏斗方法或金字塔方法之外,还有"沙漏"类比,从一般性提问到具体性提问,然后回到一般性提问。

反思与讨论

反思

专家教师,利用上表所述的开放性问题类型,使用"沙漏"方法构建一个问题链。首先列出问题类型的顺序,然后按照上表中的(或你自己的)示例为每个类型提出一个问题。当使用这种类型的"问题链"时,你能够联想到最近的情境吗?

总之,克拉特巴克(Clutterbuck,2004)为教导关系提供了以下首字母缩写单词。

M:管理关系(Manage the relationship)

E:鼓励(Encourage)

N:培养(Nurture)

T:教授(Teach)

O:相互尊重(Offer mutual respect)

R:回应学习者的需求(Respond to the learner's needs)

(克拉特巴克,2004)

在深入探讨了"教导"之后,现在可以开始讨论"训导"了。

六、训导

在本章开头所使用的类比——教人学骑自行车——中,训导被描述为"保持一定距离",对专业发展指导较少的方法。训导关系的重点是磨炼和最大化表现,通常与同事们一致同意的高度关注点相违背。在学校情境中,一对或一组同事可能会共同探讨在个人、班级、部门、关键阶段或整个学校层面上可感知的发展领域。虽然训导的重点也许同专业或国家标准有关,但它有更具体的、地方性的意义。

如前所述,训导方法与教导方法有许多相似之处:两者都需要动态发展的信任关系(尽管在教导方面,这可能更具有学院性质),使用积极的倾听和提问。前文对教导的广泛讨论反映出教导与训导之间的这种共性,在这里提出一个重要的观察点:教导方法和训导方法被视为一个连续的实践体,并非两种完全不同的、"密封的"分类。

就教导而言,当与表现出色的参训教师一起工作时,在他们专业发展的某些方面采用训导方法可能更合适。而在训导中,特定时间内安排一个教导"时刻"或教导元素也许更可取。这种重叠被训导自身的范围所加强,可以在"聚焦解决方案"的其中一个范围,即更具指导性的形式(如上文所讨论的在学校情境中),或另一个范围,即完全"非指导性"的形式中被实施。并且这种重叠通常用于领导能力的发展,诸如中小学校长国家专业资格。

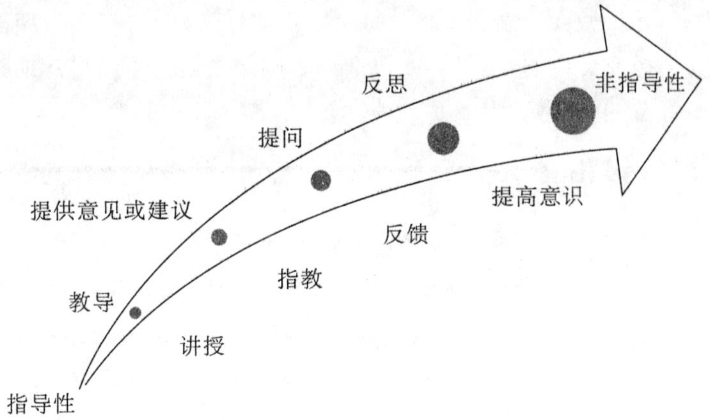

图 15.1 训导方法的范围〔唐尼(Downey),2003〕

参考唐尼的分析,本章到目前为止详细阐述的教导方法可以被视为"指导性训导"。基于克拉特巴克为教导关系提供的首字母缩写单词,其与训导的最显著区别可能是缺乏非指导性训导形式的教学。

训导最初常与体育训练相比较，这一观点在前文讨论中可以看到，训导被描述为一种提高表现的学院式方法。但是，训导传统与人文主义传统的联系更加紧密。非指导性训导的人文主义观点认为，被训导的个体自己有资源来处理和解决所考虑的发展区域。克兰(Kline，2014)对此的经典表述为："通常包含问题的大脑，也包含了解决问题之法。"

从罗杰斯研究工作的基础开始，通过其在心理学、咨询、教育和商业组织方面更广泛的影响，以人为本或人本主义方法重点在于促使个体成为一个"机能充分发挥的人"(罗杰斯，1961)，目的是让个体通过思考去探索和发现解决问题的方法。在训导的非指导性范围内，需要使用一种在教导关系中不存在的技能。训导教师将"回放"受训教师的想法和话语，以帮助他们建立联系，并承诺改变未来的实践。回放技巧中有两个重要方面需要指出：抵制治愈的冲动和必须使用"干净语言"。

在非指导性训导关系中，重要的是训导教师不去教，不"陷入"指导性实践中。唐尼(韦斯特和米兰，2014)认为，训导教师必须抵制解决、修复或治愈受训教师的问题或关注的领域。也许存在争议，但唐尼进一步主张，训导教师不能帮助受训教师使其所处情况好转，也不能给受训教师出谋划策，这一点至关重要。从教导的角度看，这可能被视为"有害的"实践，即"阻碍"或"放任"。但是，从人本主义、非指导性训导的角度而言，这有助于促进受训教师自己思考并找出其中的解决之道。

为了真正确保最高程度的非指导性训导，使用"干净语言"也很重要。"干净语言"这一概念源自格罗夫(Grove)与创伤受害者的合作研究〔沙利文和雷斯(Sullivan，Rees)，2009〕，他们明确注意到患者所使用的隐喻和措辞，并在随后对患者的提问中使用和重复(回放)这些术语。在非指导性训导实践中，重点同样是回放受训教师在讨论和提问中使用过的单词与短语，因此，交流的语言需要保持"干净"，不能让它被重新措辞所"污染"。训导教师应该特别注意不再重新措辞，这一点至关重要，因为在训导教师看来，任何重新措辞都可能被他们认为是存在欺骗的(表扬或惩罚的)偏见。如果训导教师想要避免重新措辞或解决受训教师的问题，那么，"干净语言"的使用最为重要。

反思与讨论

情境：围绕着教师越来越多地使用开放性问题这个焦点，已经形成了一种训导关系。在一节观察课上，受训教师最初使用了一些开放性问题；在收到学生的有限回答后，教师的提问就不断转向封闭性问题。在反馈的时候，受训教师说道：

太可怕了，我以为会是那样的。他们只是没有能力，只是还没有准备好。有太多事情需要做，如果他们不敢回答问题，他们将如何取得进步？

反思

训导教师，请使用"干净语言"，你将如何给受训教师"回放"他们的想法？写下一个你最想问的问题去询问受训教师(参见表15.4中的"问题类型")。

显然,在这种非指导性训导的末期,实践已经与一名专家教师明显分离了。需要铭记的是,教导的一个基本方面可能被视为“对优质教学有明确愿景”的“角色榜样”,而非指导性训导则被视为“污染”和受训教师自我发展的阻碍。这两个角色之间的差别有助于解释为什么人们普遍认为,训导教师不需要在受训教师的专业或背景方面成为专家,或具备相关知识。这两种方法有时需要的时间长度也不一样——教导关系持续的时间比训导关系更长。但是,鉴于前文探讨过的教导与训导的复杂性与机会范围,这种直接的结合存在争议就不足为奇了。本章最后将阐述“实践共同体”概念,从而构建教导和训导的社会化功能同所运用的时间长度之间的联系。

七、实践共同体

“实践共同体”(CoP)概念最早出现于拉韦(Lave)和温格(Wenger)的研究中,后来温格(1998)将其定义扩展为“一群人对他们所做的事情有共同的关注或热情,并在定期交流中学习如何做得更好”。温格认为,实践共同体有三个基本特征:第一,实践共同体有一个“共同领域”,一个共享的兴趣领域,例如,教育或英语教学;第二,实践共同体需要一个社会团体,换句话说,一个参与共享活动的积极团体;第三,实践共同体要求参与者成为实践者,要开发出一套适用于自身实践的实用性资源。

很明显,教导和训导可以被视为体现实践共同体的基本方面。教导和训导都需要一对或一组个体围绕着一个共同的焦点进行合作,制订一系列策略来发展更有效的实践。在具体的教学活动中,可以观察到实践共同体在不同层面(课堂、关键阶段、部门、学校、学校链、地理区域、国家甚至国际专业)的操作。数字技术在全球范围为教学实践共同体提供了越来越多的机会,可以认为,教育“原理”国际研究的传播,正是国际教学实践共同体发展的一项重要成果。

反思与讨论

反思

参训教师和受训教师、专家教师和训导教师,你们的实践共同体的基本组成部分是什么或成员是谁?你们的实践共同体有多广泛(宽度和深度)?如果有必要的话,你们如何扩展自身的实践共同体?

这种对当代实践的乐观评价可能会受到挑战,因为全球教育发展的特点是各国之间以及同一国家范围内的不同学校之间的教育市场日益分散并且竞争越来越激烈。在不同国家之间、同一国家范围内不同类型学校之间竞争的背景下,发展实践共同体的范围可能会被边缘化。这种不太乐观的观点同教导和训导以及每种实践的时间表都有联系。

这一不太乐观的评估表明,越来越多的人在专业发展中转向短期训导实践。这种方法不仅可以产生非常积极的结果,而且在特定背景下可以优化表现。因此,一个学校链可以确定一个共同的关心领域，发展一套可以在整个学校链中通用的方法，从而提高教师的表现和学生的成绩。这可以被描述为“培养自己的”针对性解决方案和教学专业人员。在不那么积极的前景下，这种训导与长期教导过程形成了不利的对比，后者是对参训教师终身学习的承诺。这可以被描述为引导反思性实践者进入这一行业。普林格(Pring,2011)提出了一个不太乐观的观点：

因此，教师(或“劳动力”)是“改善结果的传递者”，或是那些必须达到目标的人的培训者——而不是关注可能结果的思考者。正如彼得·阿贝斯(Peter Abbs)……描述的我们的处境：“……教师成为学科的技术人员，既不是长期文化的关键守护者，也不是接生那些富有创造性潜能的孩子的助产士。”

(普林格,2011,第3页)

普林格援引阿贝斯(1994)的观点，试图捕捉的张力可以应用到专业发展中，而且似乎致力于国家或国际层面的实践共同体，需要长期教导而不是短期训导。

本章小结

正如本章所探讨的内容，教导与训导之间的紧张关系和模棱两可是复杂的。在一个由专业人士组成的共同体中，驾驭这种复杂性会得心应手，这群专业人士非常清楚支持专业发展的教导方法和训导方法之间或内部的选择范围。

参考文献

[1] Abbs, P (1994) *The Educational Imperative: A defence of Socratic and aesthetic learning*. London: Falmer Press.

[2] Chambers, GN, Coles, J and Roper, T (September 6, 2002) Why students withdraw from PGCE courses. *The Language Learning Journal*, 25, 1: 52-58.

[3] Clutterbuck, D (2004) *Everyone Needs a Mentor*. London: Chartered Institute of Personnel & Development.

[4] Darling, LA (January 1, 1986) What to do about toxic mentors. *Nurse Educator*, 11:2.

[5] Department for Education (2011) *Teachers' Standards in England from September 2012*. London: DfE.

[6] Downey, M (2003) *Effective Coaching: Lessons from the coach's coach*. New York: Cengage Learning.

[7] Ghosh, R (June 1, 2013) Mentors providing challenge and support: integrating concepts from teacher mentoring in education and organizational mentoring in business. *Human Resource Development Review*, 12(2): 144-76.

[8] Jones, J, Jenkin, M and Lord, S (2006) *Developing Effective Teacher Performance*. London: Paul Chapman.

[9] Kline, N (2014). *Time to Think: Listening to ignite the human mind*. London: Cassell Illustrated.

[10] Lee, S-H, Theoharis, R, Fitzpatrick, M, Kim, K.-H, Liss, JM, Nix-Williams, T, Griswold, DE, Walther-Thomas, C (January 1, 2006) Create effective mentoring relationships: strategies for mentor and mentee success. *Intervention in School and Clinic*, 41(4): 233-40.

[11] Pring, R (2011) *Bring Back Teaching*.

[12] Rogers, CR (1961) *On Becoming a Person: A therapist's view of psychotherapy*.

[13] Sullivan, WJ, and Rees, J (2009) *Clean Language: Revealing metaphors and opening minds*. Bancyfelin: Crown House. University of Melbourne (n.d.) *Mentoring Tools*.

[14] Wenger, E (1998) *Communities of Practice: Learning, meaning, and identity*. Cambridge: Cambridge University Press.

[15] West, L and Milan, M (2014) *The Reflecting Glass: Professional coaching for leadership development*. Basingstoke: Palgrave Macmillan.